善沟通：
讨人喜欢的说话方式

宇琦 主编

浙江工商大学出版社
ZHEJIANG GONGSHANG UNIVERSITY PRESS

图书在版编目（CIP）数据

善沟通：讨人喜欢的说话方式 / 宇琦主编 . — 杭州：浙江工商大学出版社，2018.9

ISBN 978-7-5178-2742-9

Ⅰ . ①善… Ⅱ . ①宇… Ⅲ . ①语言艺术－通俗读物

Ⅳ . ① H019-49

中国版本图书馆 CIP 数据核字（2018）第 101056 号

善沟通：讨人喜欢的说话方式

宇琦 主编

责任编辑	任晓燕	
封面设计	思梵星尚	
责任印制	包建辉	
出版发行	浙江工商大学出版社	
	（杭州市教工路 198 号　邮政编码 310012）	
	（E-mail: zjgsupress@163.com）	
	（网址：http://www.zjgsupress.com）	
	电话：0571-88904980，88831806（传真）	
排　　版	北京东方视点数据技术有限公司	
印　　刷	三河市兴博印务有限公司	
开　　本	710mm×1000mm　1/16	
印　　张	18	
字　　数	278 千	
版 印 次	2018 年 9 月第 1 版　2018 年 9 月第 1 次印刷	
书　　号	ISBN 978-7-5178-2742-9	
定　　价	52.00 元	

前 言

当今世界，懂得如何说话已经成为一个人综合能力的重要标志，成为个人在社会上生存的重要能力之一。在生活中，通过出色的语言表达，可以使陌生的人产生好感，结成友谊；可以使相互熟识的人之间情更浓，爱更深；可以使意见分歧的人互相理解，消除矛盾；可以使彼此怨恨的人化干戈为玉帛，友好相处。

说话是人们最简单、最直接的表达方式，它的重要性不言而喻。在复杂的现实生活中，更深刻地领悟语言的真谛，学会如何说话，显然是势在必行的。说话不仅是一种技巧，更是一门艺术。它看似很简单，但是要说得有水平，容易被人理解、接受的话则需要下一定的工夫。

一个会说话的人，遇见陌生人时，知道如何说话能跟对方达成一种"一见如故"的默契；和同事共事时，知道如何说话能得到大家的欢迎；拜访客户时，知道如何说话能赢得客户的心，从而决定购买自己的产品；跟恋人或朋友说话时，知道怎样给对方带来乐趣，加深彼此间的感情……

学会讨人喜欢的说话方式，才能把话说到对方的心坎里，获得对方的好感，成为人见人爱的说话高手。一语可以成仇：一句话说错了，会破坏人际关系的良好互动；一句话说错了，会导致功败垂成。一语可以得福：一句话说对了，可以得到方便；一句话说对了，也许会向成功迈近。

学会用讨人喜欢的方式说话，是一件既容易又很不容易的事。说容易，是因为我们每个人都会说话，都知道说话要做到讨人喜欢；说不容易，是因为把握别人的心理很难，而且绝大多数时候说话是即时的，容不得你仔细考虑。难怪台湾著名的成功学家林道安说："一个人不会说话，那是因为他不知道对方需要听什么样的话。假如你能像一个侦察兵一样看透对方的心理活动，你就知道说话的力量有多么巨大了！"说话不得体，不讨人喜欢，会惹来麻烦，达不到预期的效果。一个不善言谈和说话不讨人喜欢的人，很容易给他人留下能力低下和思想匮乏的印象。这样的人不管处在哪一个社会层面都不会轻松地获得成功，也不会得到足够的器重和赏识，甚至只能沦为无足轻重的边缘人。说话方式讨人喜欢是获得上司赏识、下属拥戴、同事喜欢、朋友肯定、恋人依恋的必要条件，是一个人做人办事、行走社会的通行证。为了帮助大家快速掌握高超的说话本领，把话说得讨人喜欢，成为一个受大家欢迎的说话高手，我们精心编写了本书。

本书全面系统地介绍了各种讨人喜欢的说话方式，其中涉及初次见面、社会交际、为人处世、职业生涯、商业谈判等多个层面，帮助你掌握与不同的人说话的技巧、不同场景下的说话艺术，提高说话能力，把话说得漂亮、得体、讨人喜欢，赢得友谊、爱情和事业，踏上辉煌的成功之路。

目 录

第一章

说话，原则很重要

说话要有准确性

一个说话准确的人，总可以准确、流利地表达出自己的意图，也能够把道理说得很清楚、动听，使别人很乐意接受。

在日常交谈的话语中，有不少词语在不同的条件下使用，往往有不同的含义，有的甚至完全相反，这就是"同语异义"的现象。它会给你带来不少麻烦，但也会带来许多便利。巧用"同语异义"比直言更能对听者产生强烈的吸引力，但如果运用不好则会带来很多麻烦。

《三国演义》中描写的曹操误杀吕伯奢一家的故事就很有借鉴意义。

曹操刺杀董卓未成，便与陈宫一道投奔曹父的义兄吕伯奢，去他家求宿。吕伯奢热情接待。

曹操坐了一阵，忽然听到后院有磨刀的声音，于是，与陈宫蹑手蹑脚进了后院，只听得有人说："捆绑起来再杀！"

曹操对陈宫说："不先下手，咱们就要死了！"

说着，便与陈宫拔剑冲了过去，见一人便杀一人。他们搜寻厨房，这才看见那里有一只被捆绑起来等待宰杀的猪。

这个故事虽反映曹操疑心过重，但"捆绑起来再杀"这句不明确的言辞，对促成曹操杀人也起了很大作用。这说明"同语异义"的言辞一定要谨慎使用。

第二次世界大战期间也发生过因"同语异义"而误会的事。当时，由于德军经常空袭伦敦，所以英国空军总是保持高度警惕。在一个浓雾漫天的日子，伦敦上空突然出现了一架来历不明的飞机，英国战斗机立即升空迎击，到两机接近时，才发现这是一架中立国的民航机。

英国战斗机向地面指挥部报告了这一情况，请求指示。地面指挥部回答："别管它。"于是，英国战斗机发出一串火炮，把这架民航机打落了。后来，英国为此支付了一笔巨额赔偿才了事。英国战斗机和地面指挥部都负有不可推卸的责任。

首先是地面指挥部，不该用"别管它"这样语义不明的言辞来回答战斗机的请示。这既可以理解为"别干涉它，任它飞行"，也可以理解为"甭管它是什么飞机，打下来再说"。

战斗机的责任是在听到这样可作完全相反理解的命令后，应该再次请示，然后再采取行动，这样就不致铸成大错了。

可见，这个"别管它"就是一种"同语异义"的言辞。在遇到这种言辞时一定要慎重处理，切勿模糊不清，否则它会成为你与人沟通的障碍，甚至会得罪人。

一个公司的人事流动是正常的，对一个高明的部门主管来说，当有人走了以后，他要做的事情应该是通过自己的语言影响力来稳住留下来的人。但是，有很多部门主管并不注意这一点。

一个公司的部门经理手下有 10 个员工，有一天，4 个员工提出辞职，这位经理感到很不安，他对留下来的 6 名职员说："那些精明能干的人都走了，我们的将来可是前途未卜了！"显然，这句话得罪了留下来的 6 位雇员，使部门的气氛更加紧张。

也许这位部门经理对留下来的 6 位雇员并无贬低之意，可是由于他的不准确表达，使这 6 位雇员心理上产生阴影，在日后的工作中，肯定会产生对抗情绪。

一个说话准确的人，总可以准确、流利地表达出自己的意图，也能够把道理说得很清楚、动听，使别人很乐意接受。有时候还可以立刻从问答中测定对方言语的意图，并从对方的谈话中得到启示，增加自己对对方的了解，与对方建立良好的友谊。说话有失准确的人，不能完全地表达出自己的意图，往往会令对方听得费神，而又不能使人信服。

1916 年，美国化学家路易斯在一篇论文中首次提出了"共价键"的电子理论。这个理论对于有机化学的发展具有重大意义。可是这一理论发表后，在美国化学界并未引起应有的反响，其中一个重要的原因便是路易斯不善言谈，没有公开发表演说，宣传自己的见解。

3年以后，美国另一位著名化学家朗缪尔发现了路易斯见解的可贵。于是，朗缪尔一方面在有影响的美国化学会会志等刊物上发表多篇论文，阐述和发展路易斯的理论，同时又多次在国内外的学术会议上发表演讲，大力宣传"共价键"。由于朗缪尔能言善辩，对"共价键"做了大量宣传解释工作，才使得这一理论被美国化学界承认和接受。一时间，美国化学界纷纷议论朗缪尔的"共价键"，而几乎把这理论的首创者路易斯的名字忘却了，有人甚至把它称作朗缪尔理论。

说话要有针对性

说话首先要看对方年龄，与长辈说话和与晚辈说话的分寸就各不一样。

说话要有针对性，人与人之间的差异有时是惊人的。独特的个性、爱好，独特的知识结构、心理态势，使某个人只能是"这样"而不能是"那样"。因此，与不同的人交谈，就要采取不同的谈话方式。

我们主张说话一定要看场合和对象是为了遵循交际规律，在真诚待人、平等互利的基础上看准对象才说话，以科学的态度掌握人际交流的艺术。

长辈，特别是上了年纪的人的一大特点是喜欢追怀往事，如果你能令他回想起曾经历过的某一段美好时光，他会变得很快乐，喜欢同你说话，而一旦打开话匣子，就会有说不完的话。在同年纪较大的长辈说话时，应避免过多地谈及"老"，这样会使他觉得自己行将就木，感叹人生短促，引发他的伤感情绪。如果遇到一位"不服老"的人，他将会对你产生不满。因此，与长辈说话，不应该像与平辈说话那样无所顾忌、不注意分寸。

与长辈谈话，也不必过分表示你的恭敬有礼，或者勉强自己一定要听完他的长谈。由于老年人一般讲话缓慢，有时碰上一位融洽的闲聊者便会滔滔不绝，话无止境。因此，听他讲多长时间应随自己的兴趣而定。不管他如何漫谈，可以让他讲完一个完整的故事，然后借机离开。离开前对他的谈话表示热情的感谢，再礼貌地告别。

有些长辈，虽然年纪不小了，还能保持年轻人的心态，他们会以幽默克服自己的弱点，对于社会仍能事事关心，甚至完全不觉得自己老。

但也有不少长辈，在独处时，会感到寂寞，有的还会因为老来多病而苦恼。对于他们，我们应该多给予关心，多讲一些安慰的话。想一想，总有一天我们也会像他们一样老，唤起自己的同情之心，同长辈谈话的分寸也就好掌握了。

如果是跟晚辈说话，不要摆老资格。经验这个东西绝非万能之物，如果老年人张口闭口就是"我当年如何如何……""你们年轻人该如何如何……"这样的话，相信没有哪个年轻人爱听。

长辈与晚辈相处，应多谈一些年轻人感兴趣的话题。所谓的经验，有时是有局限性的。此一时，彼一时，此一地，彼一地，环境千差万别，经验不可能永远万能。

有些老人在与晚辈谈话时，经常漫不经心、心不在焉，易使青年人感到自己被轻视，即使他面前的老人据其阅历、学识有足够的理由轻视他，他也很难愉快地接受这种轻视。这种情绪的影响，往往会堵住思想的闸门，使他们不愿意再同老人多说，甚至可能把已经准备好的心里话，把急需和老人商谈的问题"咽"回去。

所以，与晚辈人说话时，不应该轻易去否定他们的看法，应在作出中肯的分析后，帮助他们答疑解惑，给予热情的支持，即使年轻人的某些看法显得不成熟，显得幼稚、单纯、片面，也不要随便几句话便做出全盘否定。

说话时还要注意不同的人有着不同的基本情况，比如对方的性别、文化程度、身份、职务等。

对不同性别的人讲话，应当选择不同的方式。

一位男青年碰到了好多年不见的女同学，大声嚷嚷起来："你真是越长越'苗条'了！可惜啊，中国没有相扑运动。"女同学扭头就走，男青年讨了个没趣。

对于"胖"字，男人一般觉得没多大关系；但若说某位女性胖，有些女性会非常不悦。

说话看对象，看对方的文化程度也是很重要的一项。人口普查员填写人口登记表，问一个没有文化的老太太："您有配偶吗？"老太太说："你问我有没有买藕吗？"结果闹了个笑话。

说话看对象还要看对方的身份职务。身份职务不同并不妨碍人际交流，下级对上级、晚辈对长辈、学生对老师、普通人对于有名气地位的人等，不应当也不必要表现得屈从、奉迎。但在言谈举止上也不要过于随便，有必要也应当表现得更加尊重一些。如学生与老师之间发生了矛盾，可以像同学之间发生矛盾一样平等地交流、沟通，但在说话上应当注意方式和讲究措辞。

谈话对象还要分性格和心理状态。

性格外向的人易于和人交谈，性格内向的人多半"沉默寡言"，不善于主动与人交谈。同性格开朗的人谈话，你可以侃侃而谈；同性格内向的人谈话，就应注意分寸，循循善诱。孔子的"因材施教"用在这里也很恰当。

一次，孔子的学生仲由问："听到了，就去干吗？"孔子说："不能。"又一次，另一个学生冉求又问："听到了，就去干吗？"孔子说："干吧！"公西华在旁听了犯疑，就问孔子："两个人的问题相同，而你的回答却相反。我有点儿糊涂，故来请教。"孔子说："求也退，故进之；由也兼人，故退之。"意思是，冉求平时做事好退缩，所以我给他壮胆；仲由好胜，胆大勇为，所以我劝阻他。孔子教育学生因人而异，我们谈话也要因人而异。

不同的人在不同的情况下有不同的心态，有时候甚至不会从外表明显地表露出来，这时作为表达者就应当洞察对方的心理，以便进行有效的交流。

说话一定要看对象，注意对方的心理状态，观察对方的性格特点，尽量避免说话时无意之间伤了人。

谈话还应注意的是，跟与自己关系不同的人说话，也要区别对待。

许多人结婚后，认为对方成了"自己人"，在语言和行为上开始毫不在乎分寸，无所顾忌，想说什么就说什么，想怎么说就怎么说。这种在夫妻之间任其自然的做法有积极方面也有消极方面：积极方面是可以使夫妻双方推心置腹；消极的方面就是有时不加考虑的言行会伤害对方的感情。

如果是朋友惹恼了你，你可以在一段时间内拉开距离，直到气消后再去找他。但不管妻子对丈夫或丈夫对妻子多么生气，却无论如何是回避不了的。因此，体谅就显得非常重要，理解也成了把握分寸的基础。

最容易激起对方反感的莫过于拿别人家的丈夫、妻子作比较，来贬低自己的丈夫或妻子："你看看人家老王，有手木匠活多好，光是每月给别人做几个大柜，就挣千八百！同样的收入，人家小陈家月月存钱，你呢？月月超支，怎么当家的？"

俗话说："人比人，气死人。"要是对方接受数落，咽下了这口气倒也罢了，就怕对方回敬你一句："你觉得他（她）好，怎么不跟他（她）过去呀？"长此下去，夫妻关系必然产生裂痕。

跟朋友说话，要真诚、实在、和气，但这样不等于不讲究说话技巧、不需要分寸。话说得好，可以加深朋友之间的感情；话说得差，不讲究方式，迟早会使朋友疏远，甚至得罪朋友。

多说对朋友有好处的话。在中国，中庸之道是一种至高的做人法则，掌握了这一法则，便会在生活中游刃有余。交友也讲中庸，除了"谈而不厌"外，还要"简而文""温而理"，即简略却文雅，温和且合情理。

在说话过程中知己知彼，才能"百说百灵"。

同样的话，可能这个人说，你很愿意接受，而换了另外一个人说，不但不接受而且还产生了反感，因此，说话要分对象，要有针对性。

说话要有感染力

说话富有感染力的人，自然会给周围的人增添快乐，也会给自己增添不少魅力的光彩，同时，他的话很容易被人听进耳朵里。说话的感染力在演讲中的体现最为典型。

一个演讲者的感染力可以说成是他演讲的生命力，如果一次毫无情感和美感的演讲摆在人面前，可能大家会感觉无趣而走开。演讲者的情感越深厚，就越能吸引人、打动人，越能拨动每一个听众的心弦。

成功的演讲者总是很善于以独特的眼光和艺术的敏感，去发现和选取生活中那些独具浓厚感情的演讲，也很善于以独特的艺术智慧去构思和表现，这是独特性的双重内容。

演讲艺术情感是演讲家创造性劳动的体现，它不是对生活感受的简单复述，而是进行提炼和加工。只有这种独特的艺术情感，才可能是富有魅力的，才可能给人以强烈的艺术感染。演讲实践证明，一位演讲者所传达的感情越是独特，对听众的影响就越大。独特的认识宛如闪电，照亮听众的心灵；独特的情感宛如惊雷，震撼听众的心灵；独特的演讲是激情的表达，是演讲风格的表现。

演讲术辩证法特点之一，表现在理性与情感的统一。只强调理性和逻辑，而不重视情感的表达，往往会起消极作用，会降低听众的接受程度。而在演讲中做到理性和情感的统一，做到在热烈的情绪中体现深刻的主题和内容，才能保证演讲取得预期的成功。

演讲的感染力还有一个重大来源，即演讲美感。

优秀的演讲者是美的使者，成功的演讲活动是对美的传播和塑造。一般来说，演讲美感包含几个方面的内容。

1. 演讲者的美

它是指演讲者显示出的一种刚烈、强劲、雄浑、博大、激昂甚至悲壮的美。这样的演讲始终充满着真与假、美与丑之间的激烈斗争，显示出磅礴的气势和战斗的风采，它给听众的是信念，是力量，是付出巨大的代价而必然战胜假丑恶的坚定，是无私、勇敢甚至牺牲所显示出来的伟大的精神力量。这样的演讲往往是慷慨陈词、壮怀激烈，语言短、节奏快、掷地有声，并伴有坚定、昂扬、奋起般的情态动作，显示出对抗的、抨击的、不屈的凛然正气。

2. 演讲的人格美

它是演讲美的重要组成部分，是演讲反映出来的演讲者的道德美、情操美、品格美，是演讲者内在精神美在演讲过程中的真实表露。

演讲者的人格美并不是为演讲的需要专门设计的，也不是在演讲时临时形成的，而是演讲者平时一贯表现的人格美，它是演讲人格美的基础和源泉。一个演讲者如果平时不注重培养人格美，依靠临时装扮是无济于事的。

表现一贯的人格美包括气节修养、理想修养、品质修养、言行修养、情感修养和理论修养等等。

3. 演讲的内容美

它与演讲的形式美和人格美统一构成演讲美，在演讲美中占主体地位，是具有决定性的要素。演讲的内容美是由演讲的事物、道理、情感和知识四个要素构成的，但却不是四个要素相加之和。四个要素必须形成一个和谐统一的整体才能构成内容美。内容美只属于事物、道理、情感和知识相互联系、相互作用、和谐统一形成的整体结构，而不属于某个单一要素。

演讲美感是这三大方面高度灵活的统一，在美感中加入情感，共同构成了一篇成功演讲词的感染力。苏联著名作家阿·托尔斯泰是高尔基的学生，他在追悼会上发表的对恩师的悼词"用永不颓丧的词语高举艺术的火炬"给听众留下了深刻而清晰的印象，并且让人信服。乐于把一些思想见解自然而然地吸纳并转化为自己的认识，这完全得益于他在制造感染力方面的天赋。

在这座古老的广场上，人民几千年都在为自己创建着国家，为大众建立了国体的最高形态。我们在这儿聚会，是为了把这位不仅属于我国而且属于世界人民的作家的骨灰盒安放进名人墓。

艺术家高尔基的诞辰是在19世纪60年代。少年彼什科夫在自己心灵美妙的深处积聚了革命前那个时代所有爆发性的力量：积聚了受屈辱、受压迫人们的满腔悲愤、所有令人痛苦的期盼、所有寻找不到出路的激情。

他替别人感受到了市侩的、小市民的和警察拳头下黑沉沉堡垒的滋味。他不止一次发疯似的搏斗，单枪匹马为保护被侮辱、被欺压者而与许多人作对。这样到了19世纪90年代，这个高高、瘦瘦，背有点驼，有着一双蓝眼睛的少年，怀着一颗勇敢、炽热的心，在那个受欺压、剑拔弩张、死气沉沉的可怕岁月里发起了反抗。

他说，谁有一颗活人的心，就该去砸烂这万恶的小市民的麻木不仁状态，到广阔的空间去，去点燃自由生活的篝火！

他用强有力的笔触急不可耐地、天才地勾画出剥削阶级愚蠢的禽兽面目。这就是那张俄罗斯的、涂上了阴沉油彩的贪得无厌的嘴脸，请欣赏吧！

这篇演说词的主要特点是：采用形象、生动、明快、简洁的语言风格；形式上，注重词语的锤炼，字字落实，不说空话、套话、闲话、废话，多分段，一个意思形成一个自然段，而且只作简括的叙述或评价性、结论性的议论，不加以繁冗的、多余的展开；注重概括，使每一个字、词、句子、自然段都带有对人、对事的概括性，即使以物质形态出现的语言，几乎都是思想本身，而且是高密度、高质地的，加之这些概括本身的独到性、精当性、警策性，就使这篇演讲词从形式到内容都堪称经典。

阿·托尔斯泰把自己对于文学恩师的真挚、深厚、浓烈的感情，凝聚在一篇小小的千字悼文中，使这篇演讲词充溢着显著的感情色彩和自己对民族、时代的文学巨人的深刻的理解与由衷的钦敬，读来非常感人。

如果我们平时说话能有演讲词一半的感染力，那我们所说的话就很容易打动对方，得到更多的认同。

说话要有修养

口才是一种表达情意、与人交际的才能，但它不只是靠语言完成的，还要靠风度。

口才不同于在规定时间内去完成一件工作或起草一篇文章，更不是饮一杯茶、打一场球那样来得愉快轻松。口才的完善实质是很长一段时间集思想、语言行为、仪态、情绪等各个方面综合磨炼的过程，亦是内在修养的过程。在口才的积累中，这一过程应视为心理的准备与承受过程。一个人若只有语言能力，那么还不足以广受欢迎，必须抱着不同于寻常的心与人交往，才能使相处变得富有趣味。

有些人喜欢抬杠，搭上话就针锋相对，无论别人说什么，他总要反驳。他本来一点成就感也没有，不过你说是时，他一定要说否，到你说否时，他又说是了。这是最可怕的习惯，犯这种毛病的人很多，而且每每自己不知道。为什么会这样呢？因为他不喜欢听取别人的意见，在心目中只有自己，而且他自以为比别人高明，事事要占上风。即使真的见识比别人高明，这种态度也是要不得的。这种习惯使人失去一切的朋友和同事，没有人肯贡献给这样的人一点意见，更不敢向这样的人进一点忠告。唯一改善的方法是养成尊重别人的习惯，要知道，在日常谈论的十有八九没有绝对是非标准的问题当中，你的意见不一定对，而别人的意见也不一定错，把双方的意见总和再行分配，你至多有一半是对的，那么你为什么每次都要反驳别人呢？

在口才的内在修养上，修养本身是修内在的承受力与胸怀，重要的是别把自己的工夫花在装腔作势上。我们无法更清晰地剖开所有人的"外衣"，只是我们潜意识里感到，一个人在拥有好口才的同时，一定要认清自己的真相，使心理与行为一致。通过自我研究，便能够客观地了解自己，就会发现自己的长处和短处了。如果能够养成这样一个习惯，对自己的工作、学习和生活会非常有帮助，并且只要不断地努力下去，你的潜能终会逐日显露出来，你拥有的长处也就能获得充分施展了。

说到口才修养，不得不提口德，"德"可以说是口才的灵魂。

在道义上来说，有些词语我们应尽可能避而不用，比如"矮冬瓜""私生子""白痴"等，因为，一旦触及这些方面时，对方的理智会立刻消失，代之而起的是一种动物性的原始的防卫本能，到那时就有你的好看了。

口德除了伦理道德，还包括其他的一些层面，比如政治道德。这一层次对口才的影响很大，良好的政治道德情操将使你在面对任何难题时临危不乱，挥洒自如。

1931年，"九一八"事变前后，我国著名生物学家童第周在比利时布鲁塞尔大学做研究工作。当时，日寇炮轰沈阳，占领我国东北。这个消息激起了童第周的满腔愤慨。他联合了许多留学生，发起抗日示威游行。比利时当局以"扰乱治安罪"审讯他，他理直气壮地回答："传单是我写的，游行是我带的头！但是，这不是扰乱治安，这是中国人的志气，是完全正义的。"他用自己的高尚情操、雄辩口才，维护了祖国尊严，维护了正义，赢得了世人的尊重。

一个注重言语修养的人，一个有益于他人的人，自然易于为他人所接受，他的话也就可能被别人奉为圭臬。"文如其人"是从写作角度说的，我们也完全有理由说"言如其人"。心理上的专注力、耐受力、进取心等品质也将使你更具个人魅力，使你的口才更富内涵。

加强沟通和交流是现代社会的鲜明特征和明确走向。毋庸置疑，一名经常发表真知灼见的人会给人以启迪和帮助，在交际中容易取得被人认可、受人尊重、得到重视的优越位置。但是发表己见是很有一番讲究的，处理得当，你的意见便能充分展现，反之则不能如愿。对此，一定要注意下面几点：

1. 见隙发话，不抢话争话

自己有真知灼见希望尽快发表出来，这种心情是可以理解的。但你同样也要给别人发言的机会，不能迫不及待，在他人侃侃而谈时，硬是打断对方的话，让自己一吐为快；或者他人正欲发言时，你捷足先登，把别人已到牙根的话硬是挤回去，让自己畅所欲言。发表己见首先应具备的修养就是耐心，待别人充分发表了意见之后，或轮到你的次序时，你再发言不迟，这不仅不会减轻你发言的分量，还会调动大家的情绪。

2. 尊重他人，不随便否定他人意见

尊重对方是交际的一项基本原则。说话是人的思想的反映，尊重他人的意见，也就如尊重他这个人一样。但有些人为使自己的意见突出，引起他人对他谈话价值的充分认同，常自觉不自觉地对他人意见加以贬低、否定，结果引发了对方的不满和对抗，不仅自己意见未得到重视，反而遭到冷落和否定，自己的形象也受到贬损。有些善说话者，在发表己见时，恰恰采取相反的态度，他们会巧妙地从不同角度对已发表出来的意见加以肯定和褒扬，甚至采取顺势接话、补充发言的方式陈明己见，这样别人就会保持一个积极的良好的心态倾听他们的高论，他们的意见圆满发表了，他们的风格也显示出来了。

3. 注重语德，不要话中含刺

发表己见应只管把自己的意见、主张陈述出来，平心静气，用语讲究，不可话中有话，含沙射影，于言辞之间讽刺挖苦别人。无可否认，别人意见未必精当，有些还于你不利，但谈话本就是一种沟通和协商，大家都把意见亮出来了，真理和谬误自现。那种冷嘲热讽、话中含刺的方式显然是不友好的，不仅难以达到交换意见的目的，还会导致双方形成对立关系，对别人是贬损，对你也毫无益处。

4. 发扬民主，尊重他人

发表己见当然希望别人洗耳恭听，希望得到别人的注意和重视。但能否如愿，主要看别人。作为说话者，要做的是提高自己的说话水平和认识能力，使自己的意见足以引起听众的注意和震动。有些人发表己见时舍本求末，不注意把自己意见加以斟酌、优化，而是通过外在形式控制听众听话态度和情绪。

说话要有分寸感

世上早有"为人处世和说话办事要讲分寸"的劝勉，但"分寸"到底在哪里，大多数人却未必都能说得清。能说清这二字的人，可以说，都是聪明、练达的人，凭着对人事的明达、老成，他们中的绝大多数人都已经跻身于这世上少有的成功者队伍之中了。有人说，通往成功的路有多条，殊不知每一条路上都布列着大小不一的"分寸"二字，不管是与人说话、与人交往、与人办事，都深深蕴藉着分寸的玄机。很明显，一个人在社会上把握不好分寸，就说不好话，办不好事，也更难做到愉快地与人交往。这样的人，不识分寸的眉眼高低，怎么会顺利地跨过成功的桥梁呢？

从一定意义上说，分寸是一种不偏不倚、可进可退的中庸哲学。但中庸之道的抽象，不足以恰当地把握其中的内涵，而分寸之道，却是一种被形象化了的尺度，更易于让人明确地把握，具有可为人所用的实际操作性。

要想做到更好地理解分寸，不妨先看看分寸的历史渊源。孔子曰："中庸之为德也，甚至矣乎，民鲜之矣。"这就是说，中庸是一种最高的德行，人们很久都不具备这种道德了。何谓中庸？即"不偏不倚""过犹不及"。他还说，做事只考虑实际的质朴以至于胜过文采，则显得粗野；做事只考虑外表的文采以至于胜过质朴，则显得虚浮；只有质朴和文采全面兼顾，不偏于一面，才是做得恰到好处的君子。在孔子看来，凡事如果"过"了，就违反了中庸之道，就是不讲分寸。因此他说："君子中庸，小人反中庸。"说白了就是君子讲分寸，小人不讲分寸。

世上能够把握分寸的人总占少数，也许这就是成功者总是少数的原因。历数古今中外的成功者，特别是那些开国创业之君、霸业守成之主或那些历朝历代在仕途上春风得意的人，差不多无一不是知轻重、识眉眼、懂分寸的睿智之士。世人通常提到的所谓"会说话""会办事""有人缘""识大体""知礼节"几乎都是对讲究分寸之道的报偿。想想那些碌碌无为的庸俗之人，也想想自己曾经碰过的钉子、跌过的筋斗、吃过的苦头，哪一桩哪一件不是失了分寸使然呢？

人们在为人处世时确实存在一个把握分寸的问题，处理得好，能使生活和谐圆融，处理得不好会导致不良结果，轻则受到非议与谩骂，重则自毁口碑或功败垂成。寻求这方面的实例无须在故纸堆中钩沉，现实的实例就数不胜数。

分寸，往往是生活长河上的一个分水岭，超越它，好与坏，善与恶，爱与恨，喜剧与悲剧就可能发生转化。比如，酗酒能转化为肝硬化，大快朵颐能转化为肠胃疾病，超强度体育运动能转化为筋骨损伤，民事纠纷能转化为刑事案件，狂欢能转化为灾祸……"分寸"伏机于这一系列"转化"之中，鬼使神差地改变着人们的生活质量与生活节奏。

通常所说的"掌握火候""矫枉过正""过犹不及""欲速则不达"等讲的都是这种"火候"和"分寸"的问题。

说话有尺度，交往讲分寸，办事讲策略，行为有节制，别人就很容易接纳你，帮助你，尊重你的体面，满足你的愿望。反之，你不懂分寸、说话冒失、举止失体、不识深浅、不知厚薄，就会人人讨厌，事事难为，处处碰壁。

说话的尺度和办事的分寸类似于一匹宝马，驾驭好了可以日行千里，帮你冲锋陷阵；驾驭不好就会让你摔跟头，甚至踢伤别人。

如果不掌握分寸，不在乎分寸，企图跨越它所框定的界限，只想"急于求成""立竿见影"，除了拔苗助长、事与愿违、多栽几个跟头之外，不会有别的结果。

懂得讲话技巧的人，能把一句原本并不十分中听的话，说得让人觉得舒服。有一位著名企业的总裁，当他要属下到他办公室时，从来不说："请你到我的办公室来一趟！"而是讲："我在办公室等你！"

有个人在交际场合中一言不发，哲学家狄奥佛拉斯塔对他说："如果你是一个傻瓜，那你的表现是最聪明的；如果你是一个聪明人，那你的表现便是最愚蠢的了。"

没有好的人缘，不知要失去多少成功的机会，干多少事倍功半的事情。人缘依靠什么维护？靠的就是嘴上的分寸，一句话说过了，可能毁掉一生前途，正所谓"一着走错，满盘皆输"。

第二章

把握分寸，嘴上带尺脚下有路

时机未到时就得保持沉默

哲学家说，沉默是一种成熟；思想家说，沉默是一种美德；教育家说，沉默是一种智慧；艺术家说，沉默是一种魅力。我们知道，在人际交往当中，沉默是一种难得的心理素质和可贵的处世之道，当然，任何事情又都不是绝对的。

心理学告诉我们，在不同的场合环境中，人们对他人的话语有不同的感受、理解，并表现出不同的心理承受力。正因为受特殊场合心理的制约，有些话在某些特定环境中说比较好，但有些话说出来就未必好。同样的一句话，在此说与在彼说的效果就不一样。因此，说什么，怎么说，一定要顾及说话的环境，如果环境不相宜，时机未到，最好的办法是保持沉默。

日本公司同美国公司正进行一场贸易谈判。

谈判一开始，美方代表滔滔不绝地向日商介绍情况，而日方代表则一言不发，埋头记录。

美方代表讲完后，征求日方代表的意见。日方代表恍若大梦初醒一般，说道："我们完全不明白，请允许我们回去研究一下。"

于是，第一轮会谈结束。

几星期后，日本公司换了另一个代表团，谈判桌上日本新的代表团申明自己不了解情况。

美方代表没有办法，只好再次给他们介绍了一遍。

谁知，讲完后日本代表的态度仍然不明朗，仍是要求道："我们完全不明白，请允许我们回去研究一下。"

于是，第二轮会谈又告休会。

过了几个星期后，日方再派代表团，在谈判桌上故伎重演。唯一不同的是，这次，他们告诉美方代表一旦有讨论结果立即通知美方。

一晃半年过去，美方没有接到通知，认为日方缺乏诚意。就在此事几乎不了了之之际，日本人突然派了一个由董事长亲率的代表团飞抵美国开始谈判，抛出最后方案，以迅雷不及掩耳之势逼迫美方加快谈判进程，使人措手不及。

最后，谈判达成一项明显有利于日方的协议。

这场谈判成功的关键在于一句俗话"会说的不如会听的"，听出门道再开口，而开口便伤对方"元气"，不很高明吗？

在生活中，我们有时故作"迟钝"未必不是聪明人，"迟钝"的背后隐藏着过人的精明。有人推崇一种"大智若愚型"的艺术，意即在商业活动中多听、少说甚至不说，显示出一种"迟钝"。其实这样做的目的是为了获得最大的利益。少开口，不做无谓的争论，对方就无法了解你的真实想法；反之，你可以探测对方动机，逐步掌握主动权。

这时候的沉默，实际是"火力侦察"。

沉默，是一种态度。沉默，是一种特殊语言。沉默，也会赢得百万金。

恰当运用沉默的方式

在特定的环境中，沉默常常比论理更有说服力。我们说服人时，最头痛的是对方什么也不说。反过来，如果劝者保持沉默什么也不说，被劝者的抱怨或无知就找不到市场了。

不同的沉默方式有不同的作用，运用时必须恰到好处。

1. 不理不睬的沉默可让人摆脱无聊的纠缠

当你正为自己的事情忙得不可开交的时候，同事却不知趣地想跟你闲聊，或者有推销员厚着脸皮赖着不走，或者有人找你去做你不想做的事情。这时，你应尽可能对他们一言不发，不理不睬。过一会儿，他们见你无反应，定会知趣地悻悻走开。

2. 冷漠的沉默能使犯错误者认错改正

有一个出身于有教养家庭的小学生，一天他拿了同学一件好玩的玩具，晚饭前回来，装出一副若无其事的样子，同往常一样笑吟吟地说："妈妈，我回来了！""姐，我饿了。""怎么了？"沉默。"我没做错事啊！"还是沉默。妈妈眼睛瞪着他，姐姐背对着他，全家都冷冰冰地对待他。他终于不攻自破了："妈、姐，我错了……"

3. 毫无表情的沉默能让人深思

有些人发表意见时态度很积极，但不免有些偏颇，令人难以接受。若直截了当地驳回，易挫伤其积极性；若循循诱导又费时，精力也不允许，最好的办法便是毫无表情的沉默。他说什么，你尽管听，"嗯""啊"……什么也不说，等他说够了，告辞了，再用适当的不带任何观点的中性词和他告别："好吧！"或"你再想想。"别的什么也不用说。这样，他回去后定然要竭思尽虑：今天谈得对不对？对方为什么不表态？错在哪里？也许他会向别人请教，或许自己就会悟出原因。

4. 转移话题的沉默能使人乐而忘求

对要回答的问题保持沉默，而选准时机谈大家都喜欢的热门话题，使对方无法插入自己的话题，此人就会从谈话中悟出道理，检讨自己。

5. 信心坚定的沉默能使人顺服

某领导有一次交代属下办一件较困难的任务，当然，他能胜任。交代之后，对方讲起了"价钱"。于是该领导义无反顾地保持沉默，连哼也不哼。"困难如何大……""条件如何差……""时间如何紧……"，说着说着他就不说了。最后说了一句："好，我一定完成。"

沉默是金，有时沉默不语能够出奇制胜，有时滔滔不绝反而有理说不清。

说话不可口无遮拦

与人说话要讲究方圆曲直，该说的说，不该说的就不要开口，可实际上，有的人说话口无遮拦，以致让自己陷入危险境地。

说话不可口无遮拦，要恰当地回避他人忌讳的东西，才能使双方的交流更为融洽。

朋友聚会，大家不免要开开玩笑，玩笑不伤大雅无妨，不有意无意揭人伤疤也无妨。这样可以使气氛更欢愉，彼此沉浸在往事的回忆中，倒是一种乐趣。然而，有时说了不该说的，就会使气氛骤变，若是有朋友携好友或恋人同往，情况还会更糟。

小张长得高大魁梧，在大学校园内有"恋爱专家"的雅号。如今他是一家外资公司的高级职员。英俊的长相和丰厚的薪水使他在众多的女孩中选择了貌若天仙的小丽作为女友。也许是为了炫耀自己的能耐，小张带着小丽去参加朋友聚会。

就在大家天南海北闲谈的时候，同学老王转了话题，谈起了大学校园罗曼蒂克的爱情故事，故事的主人公自然是"恋爱专家"小张。老王眉飞色舞地讲述小张如何引得众多女生趋之若鹜，又如何在花前月下与女生卿卿我我。小丽起先还觉得新奇，但越听越不是味，终于拂袖而去。小张只好撇下朋友去追小丽。

老王并不是有意要揭小张的伤疤，而他的追忆往事确实使小丽耳不忍闻，无端造出了乱子。这不仅使小张要费不少周折去挽回即将失去的爱情，而且使在场的人心里也不愉快。

总之，无论在什么场合，什么情况下都要把握说话分寸，尽量做到该说的说，不该说的就不说，尽量创造一个和谐的氛围。

点到为止

事情有缓急，说话有轻重。有些人在日常交际中，对问题缺乏理智，不考虑后果，一时兴起，说话没轻没重，以致说了一些既伤害他人，也不利于自己的话。

有一对夫妻吵架，两人唇枪舌剑，各不相让，最后丈夫指着妻子厉声说："你真懒，衣服不洗，碗也不刷，你以为你是千金小姐呢，什么都不会，脾气还挺大，要你有什么用，不如死了算了。"妻子一气之下割脉自尽，丈夫后悔已经来不及了。

这样的例子在日常生活中屡见不鲜。这类说"过"了、说"绝"了的话，虽然有一些是言不由衷的气话，但是对方听来，却很伤心，故常常引起争吵、嫉恨甚至反目成仇。俗话说"过火饭不要吃，过头话不要说""话不要说绝，路不要走绝"，正是对上述不良谈吐的告诫。

如果听话人是一个非常明白事理的人，你说的话就不必太重，蜻蜓点水，点到即止，一点即透，因为对方就像一面灵通的"响鼓"，鼓槌轻轻一点，就能产生明确的反应。对这样的人，你何必用语言的鼓槌狠狠地擂他呢？

赵明是工厂的一名班组长，最近他的班组调来一个名叫王楠的人，别人对王楠的评语是：时常迟到，工作不努力，以自我为中心，喜欢早退。过去的班长对王楠都束手无策。第一天上班，王楠就迟到了5分钟，中午又早5分钟离开班组去吃饭，下班铃声响前的10分钟，他已准备好下班，次日也一样。赵明观察了一段时间，发现王楠缺乏时间观念，但工作效率却极佳，而且成品优良，在质管部门都能顺利通过。于是，赵明对王楠微笑着说："如果你时间观念和你的工作效率同样优秀，那么你将成为一个完美的人。"以后赵明每天都跟王楠说这句话。时间久了，王楠反而觉得过意不去了，心想：过去的班长可能早就对我大发雷霆了，至少会斥责几句，但现在的班长毫无动静。

感到不安的王楠，终于决定在第三周星期一准时上班，站在门口的赵明看到他，便以更愉快的语气和他打招呼，然后对换上工作服的王楠说："谢谢你今天能准时上班，我一直期待这一天，这段日子以来你的成绩很好，如果你发挥潜力，一定会得优良奖。"

赵明对待王楠的迟到，没有采取喋喋不休的方式批评而是点到为止，让其自动改正错误。

小宋是一位小学语文教师，他不满某些社会现象，爱发牢骚，甚至在课堂教学中有时也甩开教学内容，大发其牢骚。很显然，他缺乏教师这个角色应有的心理意识。校长了解这种情况后，与他进行了一次交谈。校长说："你对某些社会不良风气反感，对教师经济待遇低表示不满，这是可以理解的。心中有气，尽管对我发吧，但是请你千万不能在课堂上发牢骚。少年的心灵本是纯真幼稚的，他们对有些事缺乏完全的了解和认识，你与其发牢骚，何不把那份精力用来给学生讲讲如何振兴祖国？这才是一个称职的教师应该做的。"听了校长这一番语重心长的话，小宋认识到当教师确实不能随意把这种牢骚满腹的心理状态表现出来，不然，会对学生产生不良的影响。从此以后，再也没有听说他在课堂上发牢骚了。

同样，校长如果不把握说话的轻重，直接说："你这样做是缺乏修养的表现，不配做一个教师。"那么结果又会怎样呢？

说话要把握轻重，点到为止，给人留住面子，才能起到说话的原本目的。

拿不准的问题不要武断

一般人并不怕听反对自己的意见，不过人人都愿意自己用脑筋去考虑一下各种问题。对于自己未必相信的事情，都愿意多听一听，多看一看，然后再下判断。

为了给别人考虑的余地，你要尽量缓冲你的判断结论。把你的判断限制一下，声明这只是个人的看法，或者是亲眼看到的事实，因为可能别人跟你有不尽相同的经验。

除去极少数的特殊事情外，日常交往中，你最好能避免用类似这样的语句来说明你的看法。如"绝对是这样的""全部是这样的"，或者"总是这样的"。你可以说"有些是这样的""有时是这样的"，甚至你可以说"大多数人都是这样的"。

凡是对自己没有亲历或不了解的事实，或存有疑点的问题发表看法时，要注意选择恰当的限制性词语，准确地表达。如说："仅从已掌握的情况来看，我认为……""如果情况是这样的话，我认为……""这仅仅是个人的意见，不一定正确……"这些说法都给发言做了必要的限制，不但较为客观，而且随着掌握的新情况的增多，有进一步发表意见或纠正自己原来看法的余地，较为主动。

有时是因事实尚未搞清，有时是因涉及面广或者自己不明就里，都不宜说过头话，而应借助委婉、含蓄、隐蔽、暗喻的策略方式，由此及彼，用弦外之音，巧妙表达本意，揭示批评内容，让人自己思考和领悟，使这种批评达到"藏颖词间，锋露于外"的效果。例如，可以通过列举和分析现实中他人的是非，暗喻其错误；通过列举分析历史人物是非，烘托其错误；也可通过分析正确的事物，比较其错误；等等。此外，还可采用多种暗示法，如故事暗示法，用生动的形象增强感染力；笑话暗示法，既有幽默感，又使他不尴尬；轶闻暗示法，通过轶闻趣事，使他听批评时，即使受到点影射，也易于接受。总之，通过提供多角度、多内容的比较，使人反思领悟，从而自觉愉快地接受你的意见，改正错误。

说话避开别人的痛处

每个人都有自己的忌讳，人人都讨厌别人提及自己的忌讳。说话时如不小心就会冲撞了对方，引起别人的反感，有的甚至招来怨恨。

小马先天秃头。一天，大家在一起聊天，得知小马的发明专利被批准了。小陆快嘴说道："你小子，真有你的，真是热闹的马路不长草，聪明的脑袋不长毛。"说得大家哄堂大笑，小马的脸也红了起来。

开玩笑的人动机大多是良好的，但如果不把握好分寸、尺度，就会产生一些不良的后果。所谓"说者无心，听者有意"。因此掌握说话艺术需要我们在生活中多观察、多总结，避开别人的痛处，只有这样，才能够准确恰当地与他人沟通。

在生活中，夫妻双方发生争执是很正常的事，但有的人口不择言，喜欢揭对方短处或对方丑处，甚至当众让对方出洋相，让对方无地自容，从中获得快感，以降服对方。比如丈夫对妻子说："女人嘛，做得好不如嫁得好。你不但'不会做'，就是会做，若不是嫁给我，你今天能活得这么滋润、这么尊贵吗？"或者对对方说："别以为你拿了大学本科文凭就有什么了不起的，蒙得了别人，蒙不了我，不就是拿钱买来的吗？""我那位啊，在别人面前人模人样，在家里我让他学鸡叫就学鸡叫，我让他学狗爬就学狗爬，熊样儿！"这样的话太伤人的自尊心，但偏有人十分喜欢说，意在取得更优越的地位。

最容易戳到对方痛处的时候，是安慰别人的时候。别人正在痛苦之中，如果在安慰时不注意，揭了人家的疮疤，那可真是火上浇油。比如一个人失恋了，伤心不已，不能自拔。这时最合适的安慰方法是和失恋者一起做一些快乐的事，让他（她）在交流过程中慢慢消减痛苦。而应避开一些话题，比如不分青红皂白，故作高深地来一句："我早就看出他（她）不是好东西。""他（她）这是存心骗你，当初说爱你的那些话都是假的。""你不知道他（她）是在利用你啊？"使失恋者伤心之余，又多了一份窝囊和寒心。

如果真的一不小心戳到了别人的痛处，我们应该尽快找补救措施，比如转移话题。

某学生寝室，初到的新生正在争排座次。小林心直口快，与小王争执了半天，见比自己小几日的小王终于叨陪末座，便说道："好啦，你排在最末，是咱们寝室的宝贝疙瘩，你又姓王，以后就叫你'疙瘩王'啦。"说者无心，听者有意。原来小王长了满脸的疙瘩，每每深以为恨，此时焉能不恼？小林见又惹来了风波，心中懊悔不已，表面上却不急不恼，巧借余光中看到的诗句揽镜自顾道："'蜷在两腮分，依在耳翼间，迷人全在一点点。'唉，这真是'一波未平，一波又起'呀！"小王听了，不禁哑然失笑——原来小林长了一脸的雀斑。有一新生当场暗自感叹：无意中弄痛了对方，那就转移话题，让别人注意力转移。

同女士交谈要注意距离

一个男子在火车站候车，看见坐在身边的一位女士风韵照人，穿着一双很好看的丝袜，便凑上去搭讪。

男子："你这双袜子是从哪儿买的？我想给我的妻子也买一双。"

女士："我劝你最好别买，也不要穿这种袜子，会招来一些不三不四的男人找借口跟你妻子搭讪。"

女士的回答再简练不过，分量却极重，直说得那个男子面部肌肉痉挛。在前后一问一答中，虽然同为一个话题——袜子，但是，一个是女士穿着，另一个是要给妻子买，女士从中寻到一个一语双关的进攻点，即你妻子穿上会招来一些不三不四的男人搭讪，让那个或许有点居心不良的男士很下不来台。

男士因为某些话题被女士搞得很尴尬，这绝不是个案。究其原因，可能是男士更外向，女士更内向、矜持一些，许多男士因为缺乏对女士的了解而使交谈进行得并不愉快。所以，男士同女士交谈，一定要对她们的心理有一定的了解。注意男女有别，一定要保持应有的距离，而不能把男人圈里的东西随便搬过来。

女士大多善于表达，谈话的需要比男性强，但这种需要大多出于感情的满足，所以女性交谈时容易忘记正事、正题，这就需要男性及时将话题转移到要谈的事情上。男士要充当"谈话"的引导者，否则会使交谈变得漫无边际。

女性的观察力很强，但她们对具有逻辑推理的幽默语言有时反应要慢一些，她们得慢慢地理解、消化。所以第一次同她们讲话，尽量不要用一些夸张的语言或说一些俏皮话，否则容易产生误解，如"你今天的发式真漂亮，连白云见了都会躲起来"，这样的话让女士听起来马上会敏感地同"白发""乱发"联想，而不会联想到"秀发如云"。

女士大都喜欢听赞扬的话，但赞扬不可太露骨，要含蓄一些。对于那些年轻貌美、性格开朗的女性，可以赞扬她容貌的靓丽，如"你长得真漂亮，很清纯"。对那些性格内向的女性，不可直言赞扬，而应委婉地说："你很文静，也很漂亮。"否则你会被认为"不正经"、轻佻。对相貌平平的女士，则可以称赞"你很有气质，一看便知是一名知识女性""一看你就能感到你是一个善良淳朴的女性"，这样说对方会感到非常高兴。

不了解女士的生活背景，不要轻易询问她的年龄、婚姻及薪水情况，可以先问一问她的父母、亲人、学历、工作等情况。如果你对她一见钟情，迫切想了解她的私生活，可以问："你是同父母住在一起吗？"如果对方对你有好感且愿意相交的话，会主动如实告诉你的。切不可初次见面就问："你丈夫在什么单位工作？""你同丈夫感情还好吗？"一类让人反感的话。

女子不轻易拒绝别人，而往往用沉默、注意力转移或假装没听见来表示婉转推辞。遇到这种情况，你应立即结束交谈或者转移到其他话题。不要等到人家下了"逐客令"，你再起身告辞，那会很没面子的。

别人说话时，不要轻易打断

讲话者最讨厌的就是别人打断他的讲话，因为这样，在打断他的思路的同时，又让他感觉到你不尊重他。事实上，我们常常听到讲话者这样的不平："你让我把话说完，好不好？"善于听别人说话的人，不会因为自己想强调一些细枝末节，想修正对方话中一些无关紧要的部分，想突然转变话题，或者想说完一句刚刚没说完的话，就随便打断对方的话。经常打断别人说话就表示我们不善于听人说话，个性偏激、礼貌不周，很难与人沟通。

有一个客户经理正在和客户谈一个项目，争论最激烈的时候，他手下的一个员工闯了进来，插嘴道："经理，我刚才和哈尔滨的客户联系了一下。他们说……"接着就说开了。经理示意他不要说了，而他却越说越津津有味。客户本来心情就不大愉快，见到这样的情景更是气坏了，就对客户经理说："你先跟你的同事谈，我们改天再来吧。"说完就走。这位下属乱插话，搅黄了一笔大生意，让经理很是恼火。

随便打断别人说话或中途插话，是有失礼貌的行为。但有些人却存在着这样的陋习，结果往往在不经意之间就破坏了自己的人际关系。

比如，上司在安排工作的时候，他会做出各项说明，通常他们的话只是说明经过，或许结论并不是我们想的那样。中途插嘴表示意见，除了让人家认为你很轻率之外，也表示你蔑视上司。如果碰到性格暴躁的上司，恐怕就会大声地怒喝："你闭嘴！听我把话说完！"

那些不懂礼貌的人总是在别人津津有味地谈着某件事情的时候，在说到高兴处时，冷不防地半路杀进来，让别人猝不及防，不得不偃旗息鼓。这种人不会预先告诉你，说他要插话了。他插话时有时会不管你说的是什么，而将话题转移到自己感兴趣的方面去，有时是把你的结论代为说出，以此得意扬扬地炫耀自己的光彩。无论是哪种情况，都会让说话的人顿生厌恶之感，因为随便打断别人说话的人根本就不知道体谅别人。

虽说打断别人的话是一种不礼貌的行为，但如果是"乒乓效应"则例外。所谓的"乒乓效应"，是指听人说话的一方要适时地提出许多切中要点的问题或发表一些意见或感想，来响应对方的说法。还有如果听漏了一些地方或者是不懂的时候，要在对方的话暂时告一段落时，迅速地提出疑问之处。

当然，如果对方与你说话的时间明显拖得过长，他的话不再吸引人，甚至令人昏昏欲睡，他的话题越来越令人不快，甚至已经引起大家的厌恶，你就不得不中断对方的讲话了。这时，你也要考虑在哪一个段落中断为好，同时，也应照顾到对方的感受，避免给对方留下不愉快的印象。

要在与人交际时获得好人缘，要想让别人喜欢你、接纳你，就必须克服随便打断别人说话的陋习，在别人说话时千万不要插嘴，并做到：不要用不相关的话题打断别人说话；不要用无意义的评论打乱别人说话；不要抢着替别人说话；不要急于帮助别人讲完事情；不要为争论鸡毛蒜皮的事情而打断别人。

有一次，在收音机的广播辩论中，美国的拉夏与当时坦桑尼亚担任联合国大使的约翰·马拉塞拉就罗得西亚问题展开辩论战。主持人约翰·马卡佛利为了给马拉塞拉大使与拉夏均等的发言时间而煞费苦心。

因为这位大使因长年在联合国服务，养成想要说话时，要说多久就说多久的习惯。所以当拉夏要陈述自己的论点时，他就立刻插进来，加以反驳，表示他自己的意见。

经过两三次这种战术后，拉夏觉得忍无可忍，决定亮出秘密武器。

当马拉塞拉大使又一次不客气地插进来时，拉夏大声地对他投以单调反复的话："大使，请您不要打断我说话。那是不雅的。"

培根曾说："打断别人，乱插话的人，甚至比发言冗长者更令人生厌。"打断别人说话是一种非常无礼的行为。所以我们要养成不随便打断对方说话的习惯。别插嘴，你有说话的权利，对方也有说话的权利。不要轻易打断别人，打断别人是没有教养的表现。

赞美的话要切合实际

假如你到一个朋友家去，你的朋友对你异常客气，你每说一句话他只是"唯唯"而答，和你说话时他总是满口客套，唯恐你不欢，唯恐得罪了你。在这种情况下，你一定觉得如芒刺背，坐立不安，直到离开他家，才觉得如释重负。

这种情形你大概遇见过不少，但是你必须想一想，你是否也如此对待过来客呢？

虽然是客气，但这种客气显然让人受不了。"己所不欲，勿施于人"，请记住这句名言。

刚开始会客时的几句客气话倒没什么，若继续说个不停就不太妥当了。谈话的目的在于沟通双方的感情，加深双方的了解，而客气话则恰恰是横阻在双方中间的墙，如果不把这堵墙拆掉，人们只能隔着墙做一些简单的敷衍酬答而已。

大概朋友们初次会面都略谈客套，而第二、第三次见面就免去了许多客套。那些"阁下""府上"等等名词如果一直用下去，则真挚的友谊必然无法建立。

客气话是表示你的恭敬和感激的，不是用来敷衍朋友的，所以要适可而止，多用就会显得迂腐、浮滑、虚伪。有人替你做了一点小小的事情，比如说倒一杯茶吧，你说"谢谢"也就足够了。要是在特殊的情况下，也最多说"对不起，这事情要麻烦你"就够了，但是有些人却要说"呵，谢谢你，真对不起，不该这点小事也麻烦你，真让我过意不去，实在太感谢了……"等等一大串客套话，让人感觉非常不舒服。

说客气话的时候要充满真诚，像背熟了一般泻出来的客气话最易使人讨厌。说话时态度更要温和，不可显出急忙紧张的样子。此外，说客气话时要保持身体的平衡，过度地打躬作揖、摇头弯身并不是一种雅观的动作。

把平时对朋友太客气的语言改成坦率的词语，你一定能获得更多的友谊。对平时你从来未表示客气的人稍说一些客气话，如家中的佣人、你的孩子、商店的伙计、出租车司机等等，你一定会收到意想不到的好处。

要避免过分的客气。在朋友家中，如果你显得随便、自然一些，主人也就不会过分地客气了。而当你是主人的时候，你也可以运用这一方法。

说话要实在、不要虚假，这是说话所具备的条件之一。与其空泛地说"久仰大名，如雷贯耳"，毋宁说"你的小说真是文笔流畅，情节动人，让人爱不释手"等话。倘若赞美别人生意兴隆，不如赞美他推销产品的能力或赞美他的经营方针。

赞美的话还要注意切合实际，到别人家里与其乱捧一场不如赞美房间布置得别出心裁，或欣赏墙上的一幅好画，或惊叹一个盆景的精巧。如果主人爱狗，你应该赞美他养的一只狗；如主人养了许多金鱼，你应该欣赏那些金鱼。

管住自己的嘴，没用的话不要说

在日常生活中，我们如果稍加留意，就会发现许多人在说话中有一些毛病。虽然这些毛病不具有决定意义，但如果不加以注意，就会大大影响谈话效果。

一般人在交谈中，常常容易出现以下几个方面的问题：

1. 用多余的套语

有些人喜欢在交谈中使用太多的或不必要的套语。例如，一些人喜欢什么地方都加上一句"自然啦"或"当然啦"一类词句；另一部分人喜欢加太多的"坦白地说""老实说"一类的套语；也有人喜欢老问别人"你明白吗"或"你听清楚了吗"；还有的人喜欢老说"你说是不是"或"你觉得怎么样"；如此等等。像这一类毛病，你自己可能一点不觉得。要克服这类毛病，最好的办法是请你的朋友时刻提醒你。

2. 有杂音

有些人谈话本来很好，只是在他的言语之间掺上了许多无意义的杂音。他们的鼻子总是一哼一哼地响着，或者是喉咙里好像老是不畅通似的，轻轻地咳着，再要不就是在每句话开头用一个拖长的"唉"，像怕人听不清楚他的话似的。这些毛病，只要自己有决心，是可以清除的。

3. 谚语太多

谚语本来是诙谐而有说服力的话，但谚语太多也不好。用谚语太多，往往会给别人造成油腔滑调、哗众取宠的感觉，不仅无助于增强说服力，反而使听者觉得累赘感。谚语只有用在恰当的地方才能使谈话生动有力。

4. 滥用流行的字句

某些流行的字句，也往往会被人不加选择地乱用一番。例如，"原子"这个词就被滥用了，什么东西都牵强加上"原子"，如"原子牙刷""原子字典"，"原子"这"原子"那，使人莫名其妙。

5. 特别爱用一个词

有些人不知是因为偷懒、不肯开动脑筋找更恰当的字眼还是有其他方面的原因，特别喜欢用一个字或词来表达各种各样的意思，不管这个字或词本身是否有那么多的含义。例如，许多人喜欢用"伟大"这个词。在他的言谈中，什么东西都伟大起来了，"你真太伟大了""这盆花太伟大了""今天吃了一餐伟大的午饭""这批货物卖了一个伟大的价钱"等等，给别人一种华而不实的印象。因此，我们要尽可能地多记一些词汇，使自己的表达尽可能准确而又多样化。

6. 太琐碎

许多人在谈话过程中琐碎得令人讨厌。例如，讲述自己的经历本来是最容易讲得生动、精彩的，很多人也喜欢听别人讲其亲身经历。但是，许多人讲自己经历的时候，一味地不分主次地平铺直叙，觉得自己所经历的，样样都有味道，都有讲一讲的必要，结果反而使听者茫然无头绪、杂乱无章、索然无味。

讲经历或故事，要善于抓重点，善于了解听者的兴趣在哪一点上，少用对话。在重要的关节上讲得尽可能详细一些。其他地方，用一两句话交代过去就可以了。

7. 过分使用夸张的手法

夸张的手法有一种引人注意的效果。不过，我们不能把夸张的手法用得太过分，否则，别人就不会相信你的话。

人们在现实生活中，不可能每次都说的是"非常重要"的消息，也不可能每次都讲"最动人的"故事或"最好笑的"笑话。因此，不要到处用"非常""最""极"等字眼，否则，当你在无数的"最"中有一个真正的"最"时，又该怎样表示呢？难道你能说"这件事对我是最最重要的"吗？如果你真这样说，别人听了也会无动于衷，因为他们认为你是一向喜欢夸大事实的人。

除了上述 7 点之外，我们还应该注意自己在谈话中的声调、手势、面部表情等方面，努力使各个方面协调、得体。这样，我们就能大大增强自己说话的吸引力。

说话宽容，你的路才会越走越宽

工作中同事之间有了不同意见，应以商量的口气婉转地提出自己的看法，尽量避免生硬地伤害他人的言辞。如果遇到不合作的同事，也要表现出你的宽容和修养。学会耐心倾听对方的意见，并对其合理成分表示赞同，这样不仅能使不合作者放弃"对抗状态"，也能开拓自己的思路。

某同事得罪过你，或你曾得罪过某同事，虽说不上反目成仇，但心里确实不愉快。如果你觉得有必要，可主动去化解僵局，也许你们会因此而成为好朋友，即使不能成为好朋友，至少也为你减少了一个潜在的敌人。要明白，人都是会犯错误的，要允许别人犯错误，也要允许别人改正错误。不要因为某同事有过失，便看不起他，或从此另眼看待对方，或"一过定终身"。

小张和小杨合作共同完成一项工程。工程结束后，小张有新任务出差，把总结和汇报的工作留给了小杨。正巧赶上小杨的孩子生病，小杨因为忙于给孩子看病，一时疏忽，把小张负责的工作中一个重要部分给弄错了。总结上报给主管以后，主管马上看出了其中的问题，找来小杨。小杨怕担责任，就把责任推给了小张。因为工程重要，主管立刻把小张调回来。小张回来后，莫名其妙地挨了主管一顿训斥。仔细一问，这才明白了是怎么回事，赶快向主管解释，才消除了误会。小杨平时与小张关系不错，出了这件事后，心里很愧疚，又不好意思找小张道歉。小张了解到小杨的情况，主动找到小杨，对他说："小杨，过去的事就让它过去吧，别太在意了。"小杨十分感动，两人的关系又近了一层。

　　宽容大度是一种胸怀，为一点小事斤斤计较，争吵不休，既伤害了感情，也无益于成大事，甚至最后伤害的还是自己。

　　在工作中谁都会碰到个人利益受到他人侵害的事情，这时候，你也要管住自己的嘴巴，不要恶语相向，尖刻地对待别人，而是用宽容的语言去化解去谅解，这样你的道路才会越走越宽。

第三章

完美的声音和肢体语言为交流加分

培养受人欢迎的语调

语调是语言表达的第二张"王牌",所谓语调,就是说话的腔调。从严格定义上说,语调应表述为:整句话和整句话中某个语言片断在语音上的抑扬顿挫,包括全句或句中某一片断的声音的高低变化,说话的快慢(即音的长短和停顿)及轻重等。在口语交际中,语调往往比语义能传递更多的信息,能对听众的心理产生极其微妙的特殊作用,因此更为重要。

在波兰有位明星,人们都称她为摩契斯卡夫人。一次她到美国演出时,有位观众请求她用波兰语讲台词。于是她站起来,开始用流畅的波兰语念出台词。观众们虽然不了解她台词中的意义,却觉得听起来令人非常愉快。

摩契斯卡夫人接着往下念后,语调渐渐转为低沉,最后在慷慨激昂、悲怆万分时戛然而止。台下的观众鸦雀无声,同她一起沉浸在悲伤之中。而这时,台下传来一个男人的笑声,他就是摩契斯卡夫人的丈夫——波兰的摩契斯卡伯爵,因为他的夫人刚刚用波兰语背诵的是九九乘法表!

从这个故事中我们可以看到,语调的不同竟然有如此不可思议的魅力。即使不明白其意义,也可以使人感动,甚至可以完全控制对方的情绪。

此外,语调还起着润色语言的作用,它可以促进思想沟通,使语言表达更加清晰明确,从而增强语言的表现力。因此,学会运用语调,对于提高语言表达能力是十分重要的。

语调能反映出你说话时的内心世界，表露你的情感和态度。当你生气、惊愕、怀疑、激动时，你表现出的语调也一定不自然。从你的语调中，人们可以感到你是一个令人信服、幽默、可亲可近的人，还是一个呆板保守、具有挑衅性、好阿谀奉承或阴险狡猾的人。你的语调同样也能反映出你是一个优柔寡断、自卑、充满敌意的人，还是一个诚实、自信、坦率以及尊重他人的人。

所以，我们说话时，要能够渗进人们心中，这样才能达到说服别人的目的。因此，在表示有疑问的时候，你可以稍微提高句尾的声音；要强调的时候，声音的起伏可以更大些；要表现强烈的感情时，可以把调子降低或逐渐提高。

总之，绝对不要使你的语气单调，因为音阶的变化会加强你的说服力。你的热情会在音阶的变化中展现，并且能够感染听者，从而产生说服的力量。

如果你在说话时，只是抓住了字词的表面意义，那么你只是用"借来的字词"在传达而已，你并不是个很高明的说话者。你应该把这些字词的意义充分地表达出来，并且加上你对它们的爱，你的表达才是完整的，你的感情才能充分地表露出来。那么，怎样才能使语调生动有趣感染听众呢？

适时的停顿

停顿是语言交流中的第一大要素，恰当地处理语言交流中的停顿，不仅是表达说话意图的需要，而且是增强语言表现力和精确性的需要。

停顿是指口头表述中，词语之间、句子之间、层次之间、段落之间在声音上的间断。谈话、演讲如果不注意语音停顿，是无法传情达意的；如果停顿得不恰当，反会造成表意的错误。因此，停顿是有声语言表情达意的必要手段。

适当的停顿，可以准确表达语言的内容和感情，同时，也给听者领会和思索的时间，还可使说话者得到换气歇息的机会。停顿可分为以下 4 种：

1. 语法停顿

标点符号是语句停顿的主要依据。不同的标点符号包含着不同的内容，因此其停顿的时间、方式也不一样。一般的说话，段落之间的停顿时间最长，句号、问号、感叹号停顿的时间次之，逗号、分号、冒号再次之，顿号的停顿时间最短。

2. 逻辑停顿

文字语言中写有标点的地方一般需要停顿，但在一个句子中间，为了准确地表达语意，揭示语言的内在联系，可根据文义，合理地划分词组，做一些适当的停顿。词组之间的停顿千变万化，是停是连还需以表意准确清晰为出发点，做出适当的选择。

3. 感情停顿

亦称"心理停顿"，是为了表达语言蕴含的某种感情或心理状态所采取的停顿。恰当地运用感情停顿，可使悲痛、激动、紧张、疑虑、沉吟、回忆、思索、想象等各种感情和心理状态的表达更加准确。感情停顿是一种极其重要的语言表达技巧，它能充分展现"潜台词"的魅力，使听众从"停顿"中体会语言的丰富内涵和难以言表的感情，从而使语言更加生动。

4. 生理停顿

即停下来换口气，一般来说，生理停顿是与以上3种停顿结合在一起进行的。这种停顿必须服从语法、逻辑和事态的需要，一般不单独进行。

要掌握停顿艺术，还要把握停顿的疏密长短和停顿的气息处理。一般来说，句子越长，内涵越丰富，停顿就越多；句子越短，内涵越少，停顿也越少；表现回味、想象等心理状态和凝重、深沉的感情，停顿较多，时间较长；表现明快的节奏和欢快的心情，停顿较少，时间也短。

停顿的气息处理，必须根据语言的内容合理控制，有时急停，有时徐停，有时强停，有时弱停。这种气息强弱急缓的变化，是停顿表情达意的必要手段。

停顿训练要从语法停顿、逻辑停顿、感情停顿、生理停顿等概念的理解和各种标点如何停顿的方法的介绍开始进行，逐步深入到个体语言现象的分析，归纳出语流中的间隙停顿的规律。在此基础上，进行语段训练，录音后逐句评析。

可以根据要求做以下停顿设置练习：

（1）做领属性停顿练习："他当过营业员，在报社干过记者，还做过电工。"（在"他"后做比后面逗号更长的停顿）

（2）做并列性停顿练习："过去我们没有被困难吓倒，现在我们也不会在困难面前畏缩不前。"（在"过去""现在"后安排停顿）

（3）做呼应性停顿练习："现在播送中央气象台今天早晨6点钟发布的天气预

报。"（在"播送"后停顿，以表明与"天气预报"的响应关系）

（4）做区分性停顿练习："中国队打败了美国队获得冠军。"（若在"了"后停顿就会产生歧义，应在"美国队"后停顿）

（5）做强调性停顿练习："自古被称作天堑的长江，被我们征服了！"（在"被我们"后作较长停顿，以突出征服长江的英雄气概）

（6）做回味性停顿练习："心灵中的黑暗必须用知识来驱除。"（这句名言在"暗"字处停顿，给人留有思辨回味的余地）

（7）做生理性停顿练习："我……我丢了佛莱思节夫人的项链了。"（在"丢了""夫人"后增设停顿，表现因惊惧而口舌不灵）

（8）做情绪转换性停顿练习："满以为可以看到壮美的日出，却淅淅沥沥下起雨来。"（在"日出"后延长停顿，表达热切希望心情的延续与情况突变的心理暗示）

调整好说话的语气

说话都离不开语气。在一句话中，不但有遣词造句的问题，而且有用怎样的语气表达，说话才准确、鲜明、生动的问题。

抗日战争时期，文学大师郭沫若在台下观看自己创作的五幕历史剧《屈原》的演出，他听到婵娟痛斥宋玉：

"宋玉，我特别恨你，你辜负了先生的教训，你是没有骨气的文人！"

郭老听后，感到"你是没有骨气的文人"这句话骂得还不够分量，就走到后台去找"婵娟"商量。"你看，在'没有骨气的'后面加上'无耻的'三个字，是不是分量会重些？"

这时，正在一旁化妆，扮演垂钓者的演员张逸生，灵机一动，插了话：

"不如把'你是'改为'你这'，'你这没有骨气的文人'，这多够味，多么有力！"

郭老拍手叫绝，连称："好！好！"

这一字之改，不仅使原来的陈述句变为坚决的判断句，而且使语言有强烈的感情色彩，语气也更加有力，婵娟的愤怒之情溢于言表。一个人只要驾驭了语气，就能够出口成章。这种当今社会最值得推崇的口才能力就显现了驾驭语气的功力。要达到驾驭语气的基本要求，以下3点建议可供参考：

1.掌握语气的特点

语气包含思想感情、声音形式两方面内容，而思想感情、声音形式又都是以语句为基本单位的。因此，语气的概念又表述为具体思想感情支配下的语句的声音形式。语音作为语言的物质外壳，是语气表达所必须依据的支持物。语言有表意、表情、表志的作用，语气相应也分为这3种：

（1）表意语气。表意语气指的是向对方传递某种信息。如陈述、疑问、祈求、命令、感叹、催促、建议、商量、呼应等。这种语气词或独立成小句，或用于小句末，或用于整个句子末尾。指明事实，提请对方注意，用"啊、呢、咯、嗯"等；催促、请求用"啊、吧"；质问、责备用"吗"，如与副词"难道"搭配，语气更为强烈；说理一般用"嘛"和"呗"；招呼、应呼用"喂"；揣测用"吧"。

（2）表情语气。表情语气是谈话中表现的感情。如赞叹、惊讶、不满、兴奋、轻松、讽刺、呵斥、警告等。赞叹用"呵、啧"，句中常有"多"字搭配；惊讶用叹词"啊、哎、哟、咦"；叹息用"唉"；制止、警告用"嘘、啊"；醒悟用"哦"；鄙视用"呸"；等等。

（3）表志语气。表志语气，就是对自己的说话内容表示某种态度。如肯定、不肯定、否定、强调、委婉、和缓等。肯定用"得了（是）……的"；缓和用"啊、吧"，语气显得平淡，不生硬；夸张用"呢、着呢"。

2.改变不良的习惯语势

人在社会化的过程中，由于受社会、家庭和个人的某种语言习惯的影响，形成了每个人的独特的习惯语势，因此要尽早克服那些不符合语气要求的习惯语势。

有的人讲话声音变化很大，总是一开口声音很高、很强，到后来越说越低、越弱，句尾的几个字几乎听不到。这种头重脚轻的语势使语意含混，容易造成听话人的疲劳感。有的人讲话，总是带有一种"官腔"，任意拖长音，声音下滑，造成某种命令、指示的意味。有的人讲话，则喜欢在句尾几个字上用力，使末一个字短促、语力足，给人以强烈感、武断感，容易让人不舒服。把握语气主要是做到句首的起点要参差不一，句腹的流动要起伏不定，句尾的落点要错落有致，这样就能使语气千姿百态，丰富多彩。正确地运用语势，就会对每句话的表达从语意上给以具体把握。这种把握是驾驭语气的基本内容。

3. 根据不同场合调整语气

要取得良好的效果，有声语言的表达，必须考虑场合、对象、时机等因素，要根据不同场合、不同时机、不同环境和不同对象的语言交流特点，灵活恰当地运用语气的多种形式，做到适时而发。

（1）因人而异。驾驭语气最重要的一条是语气因人而异。语气能够影响听话者的情绪和精神状态。语气适应于听话者，才能同向引发，如，是喜悦的会引发出对方的喜悦之情，是愤怒的会引发出对方的愤怒之意；语气不适应于听话者，则会异向引发，如生硬的语气会引发出对方的不悦之感，埋怨的语气会引发出对方的满腹牢骚等。判断说话语气的依据是一个人内心的潜意识。语气是有声语言最重要的表达技巧。掌握了丰富、贴切的语气，才能使我们的思想感情处于运动状态，不时对谈话人产生正效应，从而赢得交际的成功。

（2）因地而异。把握语气要注意说话的场合，这是十分必要的。一般来说，场面越大，越要注意适当提高声音，放慢语速，把握语势上扬的幅度，以突出重点；相反，场面越小，越要注意适当降低声音，适当紧凑词语密度，并把握语势的下降趋向，追求自然。不同场合，应运用不同的语气。在谈话的场合和演讲的场合，论辩的场合和对话的场合，严肃的场合和轻松的场合，安静的场合和嘈杂的场合，等等，都要根据情况使用不同的语气。

（3）因时而异。同样一句话，在不同时候说，效果往往大相径庭。抓住时机，恰到好处，运用适当的语气，才会产生正确有效的效果。

让你的眼睛会说话

"眼睛是心灵的窗户。"一个人的内心世界是个什么模样，都可以通过这扇"窗户"透露出来。与人交往时，自身的喜、怒、哀、愁、乐，用不着开口说话，只凭眼睛的神态就能传递出内心的情感；别人也不一定要听完你说的话才能获取信息，只需看看眼睛的神态，就能领悟其内心的活动，知道他究竟想表达什么意思。眼神所传达的感情，往往超过有声言词的发送。所谓"会说话的眼睛"就是由此而得。

无产阶级革命导师马克思、恩格斯、列宁都十分善于运用眼神语。

保尔·拉法格回忆马克思说："当某一个人在谈话中说出几句俏皮话或机敏的答辩时，他的黑眼睛便在浓密的眉毛下快活而嘲弄地闪动起来。"

李卜克内西回忆恩格斯说："他在观察人们和事物的时候，不是用玫瑰色眼镜或黑色眼镜，而是用明察秋毫的目力。他的目光从不停留在事物的表面，而总是要洞悉底蕴。这种明察秋毫的目力，这种'慧眼'，这种自然之母只赋予少数人的洞察力，都是恩格斯所有的。这一点我在第一次会见他的时候就觉察到了。"

普·恺尔任采夫回忆列宁说："他演说时的姿态，他的淳朴，他那双目光炯炯能看到人们内心深处的眼睛——都使我觉得是非凡的。"

眼神是运用眼的神态和神采来表达感情、传递信息的无声语言。在面部表情中，这是最生动、最复杂、最微妙也是最富有表现力的。眼睛是心灵的窗户，而眼神千变万化，表露着人们丰富多彩的内心世界。正如前苏联作家费定的小说《初欢》中所描写的那样："……眼睛会发光，会发出火花，会变得像雾一样暗淡，会变成模糊的乳状，会展开无底的深渊，会像火花和枪弹一样投射，会质问、会拒绝、会取、会予、会表示恋恋之意……"眼睛的表情，远比人类的语言来得丰富。

在与人交谈中，正视对方，表明对对方的尊重；斜视对方，表明对对方的蔑视；看的次数多，表明对对方的好感和重视；看的次数很少或不屑一顾，表明对对方的反感和轻视；眼睛眨动的次数多，表示喜悦和欢快，也可表示疑问或生气；眼睛眨动的次数少甚至凝视不动，表示惊奇、恐惧和忧伤；如果不敢直视对方，可能是因为害羞，也可能有什么事不愿让对方知道；如果怀有敌意的双方互相紧盯着，其中一方突然把眼光移向别处，则意味着退缩和胆怯；如果谈判时有一方不停地转动着眼球，就要提防他打什么新主意或坏主意；如果是频繁而急促地眨眼，也许是表示羞愧、内疚，但也可能表明他在撒谎……

配合着眉毛的变化，眉目传情意义更广泛。欢乐时眉开眼笑，眉飞色舞；忧愁时双眉紧锁；愤怒时横眉怒目；顺从时低眉顺眼；戏谑时挤眉弄眼；畅快时扬眉吐气；等等。

演讲目光语最主要的是强调眼神的运用。一般来说，不同的眼神表达着不同的情感。目光明澈表现胸怀坦荡；目光狡黠表现心术不正；目光炯炯表现精神焕发；目光如豆表现心胸狭窄；目光执着表示志向高远；目光浮动表现轻薄浅陋；目光睿智表现聪明机敏；目光呆滞表现心事重重；目光坚毅表示自强自信；目光衰颓表示自暴自弃。除此之外，故弄玄虚的眼神乃是高傲自大的反映；神秘莫测的眼神则是狡奸巨猾的反映；似剑匣出鞘、咄咄逼人的目光是正派敏锐的写照；如蛇蝎蛰伏、灰冷阴暗的目光是邪恶刁钻的写照。

眼神的表达丰富多彩。得体地运用目光语会为你的演讲增添光彩。

孟子说："存乎人者，莫良于眸子，眸子不能掩其恶。"柯云路说过："目光是一种更能储蓄、更微妙、更有力的语言。"确实，眼睛是人体发射信息最主要的器官，是人体最鲜明的机器。当人们彼此进行交流时，目光持续的时间、眼睛的开闭、瞬间的眯眼以及其他许多细小变化和动作都能向对方发出信息。

讲话者在和人交流时，不仅要倾听人家的谈话，而且眼睛适当地看着对方，能给对方一种受到尊重、受到重视的感觉，这样的谈话一般会收到良好的效果。但也有不少人，讲话时两眼死盯着讲稿或仰望天花板，或左顾右盼、东张西望，使人感到他"目中无人"，不知他心里在想着什么，这样的效果自然不会好。法国前总统戴高乐在做公开演说或电视讲话时，从不戴眼镜，要同法国人"眼对着眼地"讲话，因为他对用眼睛交流思想感情的作用极为重视。

因此，和人谈话时，一定要根据谈话的对象、内容、场合、气氛，恰当地运用目光语，这样才会有良好的谈话效果。

运用手势

在人的身体的各个部位中，手是活动最为灵便的一个部分，人的手势种类繁多、含义丰富，可以说在社交谈话中，灵活多变的手势是身体语言当之无愧的主角。因此，手的动作利用的好坏往往在很大的程度上决定着身体语言运用得成功与否。

手势语言是通过手和手指活动所传递的信息。手势语"词汇"丰富，千变万化，没有一个固定的模式。作为一个出色的谈话者，平时要认真观察生活，刻苦训练，积极付诸实践。下面介绍一些常用的手势：

1. 拇指式

竖起大拇指，其余四指自然弯曲，表示"强大""肯定""赞美""第一"等意。

2. 小指式

竖起小指，其余四指弯曲合拢，表示"精细""微小"或"蔑视对方"。

3. 食指式

食指伸出，其余四指弯曲并拢。用来指称人物、事物、方向，或者表示观点甚至表示肯定。胳膊向上伸直，食指指向空中则表示强调，也可以表示数字"一""十""百""千""万"………

食指弯曲或弯成钩形表示"九""九十""九百"……齐肩画线表示直线，在空中画弧线表示弧形。

4. 食指、中指并用式

食指、中指伸直分开，其余三指弯曲，这一手势一般表示"二""二十""二百"……在一些欧美国家与非洲国家有表示胜利的含义。

5. 拇指、食指并用式

拇指、食指分开伸出，其余三指弯曲表示"八""八十""八百"……如果并拢表示"肯定""赞赏"之意；如果二者弯曲靠拢但未接触，则表示"微小""精细"之意。

6. 拇指、食指、中指并用式

三指相捏向前表示"这""这些"，用力一点表示强调。

7. 仰手式

掌心向上，拇指自然张开，其余弯曲，这一手势信息量很大。区域不同，意义有别：手部抬高表示"赞美""欢欣""希望"之意；平放是"乞求""请施舍"之意；手部放低表示无可奈何，很坦诚。

8. 俯手式

掌心向下，其余状态同仰手式，这是审慎的提醒手势，同时表示"反对""否定"之意；有时表示"安慰""许可"之意。

9. 手切式

手剪式的一种变式。五指并拢、手掌挺直，像一把斧子用力劈下，表示"果断""坚决""排除"之意。

10. 手啄式

五指并拢呈簸箕形，指尖向前，表示提醒注意之意，有很强的针对性、指向性，并带有一定的挑衅性。

11. 挥手式

手举过头挥动，表示"兴奋""致意"；双手同时挥动表示"热情致意"。

12. 掌分式

双手自然撑掌，用力分开。掌心向上表示"开展""行动起来"等意；掌心向下表示"排除""取缔"等意；平行伸手则表示"面积""平面"等意。

13. 拳举式

单手或双手握拳，平举胸前，表示"示威""报复"；高举过肩或挥动或直锤或斜击，表示"愤怒""呐喊"等意。

14. 手包式

五指相夹相触，指尖向上，就像一个收紧了开口的钱包，用于强调主题和重点，也表示"探讨"之意。

15. 手剪式

五指并拢，手掌挺直，掌心向下，左右两手同时运用，随着有声语言左右分开，表示"强烈拒绝"。

16. 手推式

指尖向上并拢，掌心向外推出，表示"向前""希望"等含义，显示出坚定与力量；如果五指分开，表示"五""五十""五百"……

17. 拳击式

双手握拳在胸前做撞击动作，表示事物间的矛盾冲突。

18. 拍肩式

用手指拍肩击膀，表示担负工作、责任和使命的意思。

19. 颤手式

单手或双手颤动，必须与其他手势配合才表示一个明确的含义。

手势语言，通常应配合自然有声语言有选择地使用，但也有一些手势语言可单独使用，它同样表达了丰富的情感意蕴。我们经常在电视里看到这样的镜头：两人相爱，男方激动地握住女方的手，女方不但不缩回手，还把另一只手伸出紧紧握住男方的手，那就是两人心心相印了。在这里，"心有灵犀一点通"，有声语言反而显得苍白无力了。

握手是人们平日运用得最多的一种手势语言，它承载着丰富、深邃而微妙的信息。一般说来，上级与下级，长辈与晚辈，女性与男性，主人与宾客之间，应由上级、长辈、女性、主人先伸出右手，下级、晚辈、男性、宾客才能伸出右手与之相握。握手力度要均匀适中，这是礼貌、热情、友善和诚恳的表示；而握手用力太轻，被认为是冷淡、不够热情；用力太重，又会显得粗鲁无礼。

鼓掌通过左右手掌相击发出声响来表达情感或信息，在不同场合有不同的含义：在迎接宾客时鼓掌，是表示热烈欢迎；听报告时鼓掌，一般为赞扬演讲者讲得好；在告别会上鼓掌，则是表示感谢和惜别之意；在开座谈会时鼓掌，则含有支持、赞同之意。鼓掌常用来喝彩，在某种特殊的场合，它也可用来喝倒彩。喝倒彩时鼓掌，一般比吹口哨、扔果皮、丢食物的方式要文明委婉些。

在各种交际场合，遇到了相识的人，如距离较远，一般可举手招呼，也可点头致意，还可脱帽致意；遇到不熟悉的朋友，可点头或微笑致意；送别客人或朋友时，可举手致意，或挥手致意，也可挥手帕致意，或挥动帽子致意。手的挥动幅度越大，表现的感情也就越强烈。

手是不会说的，只能做手势。但是，在许多不需要说话或不便说话的场合，手势就派上用场了。的确，手势在交际中有助于吸引听众的注意力，丰富谈话的内容。

在交流中，听众的注意力是否集中在讲话者身上对讲话者的影响很大。如果听众在倾听讲话，并且注视着讲话者，讲话者就会得到极大鼓励，就会如有神助似的讲出许多精彩的语言。如果听者的注意力没有集中在讲话者身上，对讲话者就是一个打击。本来可以讲得很好的话，也因为失掉信心而讲不出来了。但是，要吸引听众注意力又是一件不容易的事，因为一般人很少强迫自己去用心听别人的讲话。只要一有机会，他们就会往别处看，往别处想。在这种场合，说话者就要善于利用自己的手势。说话者可以配合讲话的内容，坚定地把手一挥，可以做一个非常奇特的说明动作，也可以弄出一点提醒性的响声。

在不同场合，不同手势都有各自的含义。比方说，你在路上用手势与一个朋友打招呼，有的手势使人很远就感受到你的热情和欢欣；有的手势却使人感到漫不经心；有的手势使人觉得你洋洋自得；有的手势告诉别人你非常忙，正要赶着去办一件紧急的事情；有的手势又能告诉别人你有要紧的事同他谈，请他等一下……此外，在交谈中双方互相握手、互递物件和拍拍肩膀等，都能表达特定的含义。这些手势，有的成为谈话的一部分，成为加强语言的力量、丰富语言色调的重要因素；有的则代替了语言，独立地起着交流作用。

　　手势语言运用得是否恰当自然，这直接关系到口才表达主体的形象。在日常交际中，既要避免像石头人一般站立着，两手无力地下垂或在后背相交，自始至终只用一个手势动作，也不更换一个姿势，显得呆滞死板；也要防止手势动作泛滥，轻佻作态，前松后紧，前紧后松，前后脱节等现象；更要纠正用手玩弄扣子或不断地用手抚摸茶杯，或老是重复同一动作，或用手指指对方鼻子等不良习惯。应在口才实践中不断地加强自身的修养，努力做到手势动作优雅、适当贴切、准确干练、舒展自如、因人而异、因地制宜、协调一致、恰到好处。这样，才能充分发挥手势语言传情达意的功用，增强口才表达的效果。

　　在交往中，我们还要切记手势不要做得太多太过分。有些人在讲话时，几乎每一句话都要配上一个手势，给人一种多此一举的感觉。另外一些人则由于神经紧张，控制不住自己的手，连续地重复着一种机械动作，而这种动作不论是与他的语言内容还是与当时的气氛都没有什么关系。这些多余的动作，不论是对吸引听众注意力，还是丰富谈话的内容来说都没有帮助，反而给听众以厌倦的感觉。此后，这些讲话者再也别指望以手势来吸引听众了。

保持微笑

　　微笑是一种良性的脸部表情，反映出一个人的内心世界，是自信的标志、礼貌的象征、涵养的外化、情感的体现。微笑具有无边的魅力，在和别人交往时，你的微笑胜过千言万语。

　　独自在家的家庭主妇小乔正看一档法制节目，说的是关于注意门户、小心打劫的新闻。这时候，门铃响了，以为是婆婆回来的小乔问都没问一声，就打开了门，就在小乔打开门的同时，她看见一个持刀的男人正恶狠狠地盯着自己，回想刚才的新闻，她顿时明白自己遇到什么情况了。怎么办，尖叫吗？

　　聪明的小乔灵机一动，微笑着说："先生，你真会开玩笑！你是推销菜刀的吧？这菜刀的样式我喜欢，我要一把。"小乔边说还边作势让男人进屋，又接着说："你很像我过去的一位邻居，看到你真的很高兴。你喝咖啡还是喝茶？"

　　没想到会遇到这样的人，本来脸带杀气的歹徒慢慢地变得腼腆起来。他有点结巴地说："谢……谢，谢谢！"

最后，小乔真的买下了那把明晃晃的菜刀。拿钱的时候歹徒迟疑了一会儿才收下，在转身离去的时候，他对小乔说："小姐，你改变了我的一生！我们能做个推心置腹的朋友吗？"

微笑可以以柔克刚，以静制动，沟通情感，融洽气氛，缓解矛盾，消融"坚冰"，为口才表达的成功打下了良好的基础，是善意的标志、友好的使者、成功的桥梁。

发自内心的微笑是人们美好心灵的外现，也是心地善良、待人友好的表露，是一个人有文化、有风度、有涵养的具体体现。一个有口才的人，就应该是这样的一种人。做说服人的工作，要参加辩论和谈判，首先要打动他人的心；而动其心者莫先乎情，表情中最能赢得人心的是微笑。发自内心、表达真情实感的微笑，是取得说服效应的"心理武器"，也是辩论和谈判取得成功的秘诀之一。

下列场合可运用微笑技法：

（1）表达赞美、歌颂等感情色彩时应微笑。此时要博得别人笑，自己首先要笑。

（2）上台与下台时应微笑。这样可拉近与听众的距离，把良好的形象留在听众心中。

（3）面对听众提问时送上一缕微笑是无声的赞美与鼓励。

（4）肯定或否定听众的一些言行时，可以配合着点头或摇头，脸挂微笑。

（5）面对喧闹的听众，演讲者可略停顿，同时脸挂微笑是一种含蓄的批评与指责。

既然在日常生活交谈中、辩论中、演讲中，微笑有众多的效用，那么微笑训练便成为必要项目。然而，微笑训练都有哪些技术上的要求呢？这里介绍一个小小的诀窍，其发明人是我国著名的电影表演艺术家孙道临，他说你只要念声"茄子"就行了。

在做微笑练习时，应注意总结一下微笑的特点：看看口腔开到什么程度为宜；嘴唇呈什么形态，圆的还是扁的；嘴角是平拉还是上提。练习时可以两人一组结对进行。

微笑练习的动作要领是：口腔打开到不露或刚露齿缝的程度，嘴唇呈扁形，嘴角微微上翘。结对练习时可根据上述归纳的重点重复练习，并互相注意，看看有什么问题。

微笑时容易出现哪些毛病，又应该如何纠正呢？

第一，笑过了头，嘴咧得太大。嘴咧得太大会给人一种傻乎乎的感觉。要不想让人说傻，就要想法把嘴巴的开合度控制好，以"不露或刚露齿缝"为最佳。

第二，皮笑肉不笑，看上去让人觉得难受。当代心理学家根据最新研究成果，已经找到了真笑和假笑的区别。如果你在交谈中能够以完全平等的态度对待对方，尊重对方的感情、人格和自尊心，那么你的微笑就是真诚的、美丽的，就具有强大的凝聚力，否则，你的微笑就是虚假的、丑陋的，你所能得到的也只能是逆反心理和离心力。

要想解决"皮笑肉不笑"的问题，首先必须解决根本态度的问题。根本态度端正了，"皮笑肉不笑"的问题也就迎刃而解了，这是区别真笑还是假笑的内在依据。

只要端正对待交谈对象的态度，加强态势语——微笑训练，那么，你的微笑就一定会助你达到良好的交谈效果。

但是要注意的是，如果你参加演讲，演讲中就不能从头到尾一味微笑，否则让人感到你没有心计，觉得你带了一个假面具上台演讲，没有感情。尤其是在不该笑的感情表达时更不能笑。如下段演讲：

"不是有人在坐车不畅时埋怨他们'乱哄哄，路不通，车不动'吗？不是有些漂亮的姑娘品评他是'多一个脑袋的电线杆'吗？不是有人谩骂他们秉公处罚是自己给自己发奖金吗？更不是有人丧尽天良将车轮碾向我们这些可敬可爱的马路卫士吗？"

微笑也要分清场合，如召开重要会议，处理突发事件，参加追悼大会时，就不能脸带微笑。平日在运用微笑传情达意时，要真诚自然，适度得体。切不可无笑装笑、皮笑肉不笑、虚情假意地笑、僵化呆板地笑。硬"挤"出来的笑，只会大倒胃口，令人反感，宁可不要。

第四章

斟酌开场白，3分钟抓住对方的心

第一次见面就打开人心扉的开场白

顾名思义，开场白开得不好就等于白开场。人与人见面讲究第一印象，俗话说："好的开始是成功的一半。"就是说开场白非常重要。

俄国大文学家高尔基说："最难的是开场白，就是第一句话，如同在音乐上一样，全曲的音调，都是它给予的。平常却又得花好长时间去寻找。"高尔基的这段话包含两层意思：第一，第一句话至关重要，它的作用如同音乐的"定调"，规定着"全曲"的基本面貌和基本风格；第二，适当的第一句话不是那么容易找到的，它是长期积累和斟酌钻研的结果。

开场白应达到三大目的：一是拉近距离，二是建立信任，三是引起兴趣。而这三点之中，最重要的就是第一点。只有与对方的距离拉近了，才能顺利地与对方建立信任，引起对方的兴趣。不要小看这短短的开场白，它将决定此后你所说的每一句话的命运。听者将根据你给他留下的第一印象来决定是否耐心并真诚地聆听你后面所说的话。因此，只有开场白以其新颖、奇趣或敏慧之美让对方走进你的话语世界，才能掌控住对方的注意力，从而为接下来要说的话搭梯架桥。

开场白虽然没有千篇一律的固定格式，但是你却可以根据具体的情况去选择合理模式设计一个开场白。

1. 问句开场白

一些有经验的演讲者都会选择在演讲开始的时候先提出一个问题，使听众按照他的思路去思考问题，同时产生一种想知道答案的欲望，听众的精力自然就被集中了。我们进行开场白的时候也可以效仿那些演讲者，以问句作为开始。这样就可以立刻抓住对方的注意力，让对方紧跟你的话语本身，让他无法逃脱你话语的"魔掌"。

但有一点要注意的是，我们提出的问题要恰到好处，不宜过多，达到抛砖引玉的目的即可，否则只会适得其反。

2. 以小故事作为开场白

为开场白准备的小故事，可以是寓言，也可以是引人发笑的小笑话，但一定要做到吸引对方且与自己的话题相关。

引人发笑的故事本身就具备引起人兴趣的魔力，如果运用得当，将是非常好的开场白。但是如果你没有幽默的禀赋，以一副严肃的面孔讲幽默故事，是收不到预期效果的；如果对方听不懂你的幽默，效果将更加糟糕。

大多数情况下，只要这个故事有具体的时间、地点、人物与故事情节，并且与你要讲的主要内容相契合，那么这个小故事就已经合格，具备吸引对方的特征。

3. 赞美式的开场白

人人都需要赞美，人人也都喜欢赞美。因此当你做开场白的时候，就可以用上这一招。对听者家乡的自然风光、悠久历史、传统风貌等表示自己的敬佩之意，或对当地人的善良勤劳做由衷的赞颂，这样，可以引发对方的自豪感，满足其自尊心，从而获得对方的共鸣，拉近你们彼此之间的距离。

顾林爱写作，脑子总是处于"工作"状态，尽琢磨些写文章的事，显得很深沉。在一个会议上，某君对顾林说道："你的口才棒极了，上次那个联欢会，你的唐诗朗诵很有中央人民广播电台著名播音员的风采啊！"顾林听了这样的话，倍受鼓舞，对此君感到特别亲切，两个人虽然是第一次见面，但很快就成了无话不谈的朋友。

4. 以感激作为开场白

贝尔那·科弟埃是"空中汽车"制造公司的著名销售专家。当他被推荐到"空中汽车"公司时，面临的第一项挑战就是向印度销售汽车。这是件棘手的任务，因为这笔交易在印度政府初审并未被批准，能否重新寻找到成功的机会，全靠销售员的谈判本领了。

作为特派的谈判专家，科弟埃深知肩上的重任，他稍做准备就飞赴新德里。接待他的是印航主席拉尔少将。科弟埃到印度后，对他的谈判对手讲的第一句话是："正因为您，我有机会在我生日这一天又回到了我的出生地。"

这是一句非常得体的开场白，它简明扼要，但内涵却极为丰富。它表达了好几层意思，感谢主人慷慨赐予的机会，让他在自己生日这个值得纪念的日子来到贵国，而且富有意义的是，这里是他的出生地。这个开场白拉近了科弟埃与拉尔少将的距离。不用说，科弟埃的印度之行取得了成功。

5. 引用名言警句的开场白

一般来说，名人都是大家耳熟能详的，并且具有某种权威。许多人对名人都会产生一种崇拜感。所以，开始进行对话的时候，不妨引用名人名言作为自己的开场白。这样，你的整段话自然而然会产生一种吸引力，引发对方的兴趣。

6. 借助物品进行开场白

俗话说"口说无凭"，如果在你进行谈话时，还有一件物品作为陪衬的话，那么你的这段话语就更具说服力。

有一次，卡耐基在一所学校发表演讲，他别出心裁地拿出几根头发展示给听众。接着卡耐基问听众："你们都知道头发是长在头上的，但这几根为什么掉下来了呢？"一句话引起了听众的注意力，开始专心致志地等待卡耐基的演讲。卡耐基接着说："这就是烦恼的作用。如此乌黑的头发长在头上是多么漂亮，可是它却无可奈何地离开了养育它的'土地'。我们为什么要烦恼呢？"

卡耐基仅仅用了几根头发，就给他的听众留下了深刻的印象。

因此，用物品作为开场白的辅助工具是有一定作用的。但是要注意的是，一定要找与你的话题内容相关，有助于你表达的物品。

三言两语，给陌生人最好的第一印象

第一印象在人际交往中有着极为重要的意义，因此，我们要想方设法地给对方留下一个美好的第一印象。

当你来到一个陌生的环境，与素不相识的人初次见面，必定会给对方留下某种印象。这就是我们通常所说的"第一印象"。从第一印象所获得的主要是关于对方的表情、姿态、仪表、服饰、语言、眼神等方面的印象。它虽然零碎、肤浅，却非常重要。因为，在先入为主的心理影响下，第一印象往往能对人的认知产生关键作用。研究表明，初次见面的最初 4 分钟，是印象形成的关键期。

那么，怎样才能给他人留下美好的第一印象呢？从根本上说，它离不开提高自己的文明程度和修养水平，离不开进行经常的心理锻炼。心理学家提出下面几条建议：

第一，千万别表现出咄咄逼人的气势。

和陌生人第一次见面的时候，一定要表现得谦和一点，低调一点。

有一个叫李佳的年轻姑娘，她为了搞一个奥运会竞猜活动去一个企业联系赞助事宜，一进门就看到一个影视明星坐在那里。李佳跟主人没说几句，这位明星就插嘴，大发议论，结果给李佳和同去的人留下很坏的印象。

第二，尽早弄清对方的名字。

一般情况下，即将见什么人，你自己是比较清楚的。在这种情况下一定要准备好，别的可以不知道，对方的名字一定要弄清楚。我们经常在电影或者电视里看到高级领导人面对一群士兵，居然能叫出其中几个人的名字。这样一来，他给士兵的第一印象就一定是正面的。对我们一般人来讲也是如此。如果你见到一个人，能叫出对方的名字，人家一定是非常高兴的，高兴的背后则是一种积极的印象。

第三，脸上常带微笑。

很多人都知道，眼睛是心灵的窗户；微笑的核心是眼睛，真正的微笑会通过眼睛到达心灵。发自内心的微笑不但会给他人留下美好的印象，还会让自己显得风度翩翩、魅力十足。与之相反，还有这样一种人，他们不论何时见到谁，总是面沉似水。要知道，人与人交往本是高兴的事情，谁也不愿意给自己找不痛快。如果你总是心绪不佳，那么你注定了不会给他人留下什么好印象。

第四，请用眼神沟通。

与陌生人第一次见面，特别是与异性第一次见面，千万不要老是盯着人家不放，否则很容易让人产生误解。不论是第一次见面还是第二次、第三次，与他人面对面交谈，应该用眼神平视对方，也就是用眼神说话，这样会给对方留下十分深刻的印象。

第五，杜绝无用动作。

当你与别人见面时，一定要集中注意力，不要有什么小动作。如果你一边跟别人说话，一边做着各种各样的小动作，诸如搔首弄姿、整理衣服，那说明你缺少对别人起码的尊重。如果真的有什么急事，需要打电话或者发短信，可以事先告诉对方，说一声"不好意思"。相信对方一定会理解这一点。

第六，保持积极态度。

你与人交谈时的态度是可以说明很多问题的。谈论"第一印象"的人都强调拥有正确态度的重要性，可是很少有人真正明白积极态度对一个人的第一印象意味着什么。即使在特殊的情况下，你的积极态度也会对周围的人产生良好影响的。遇事冷静而不烦躁会给你加分。如果与你说话的人自始至终保持一种积极向上的态度，那么你也便会觉得好感大增、信心百倍呢。

第七，主动跟对方打招呼。

俗话说："一回生，二回熟。"对于陌生人来说，当你先开口跟对方打招呼时，也就意味着你将其置于一个较高的位置。以谦恭热情的态度去对待对方，一定能叩开交际的大门。如果你能用自信诚实的目光正视对方的眼睛，会给对方留下深刻的印象。

第八，报姓名时略加说明。

记忆术中有一种被称为"记忆联合"的方法，这是一种把一件事与其他事连在一起的记忆方法。初次见面的人利用这种方法可以加深他人对你的印象。比如你姓张，便可说："我姓张，张飞的张，不是文章的章。"这样加以说明，对方会认可你的幽默风趣，也会更容易记住你。

第九，注意自己的表情。

人心灵深处的想法都会形之于外，在表情上显露无遗。一般人在到达见面的场所时，往往只注意"领带正不正""头发乱不乱"等着装打扮方面的问题，却忽略了"表情"的重要性。如果你想给他人留下一个美好的第一印象，在见面之前不妨照照镜子，审慎地检查一下自己的面部表情是否跟平时不一样，如果过于紧张的话，最好先冲着镜中的自己笑一番。

在这里需要提醒的是，万事万物贵在坚持，当你真正地坚持下去时，一定会发现意外的惊喜。

制造"一见如故"的感觉

交往之始，如果话说得好就能赢得陌生人的好感，进而更容易营造"一见如故"的氛围。

良好的第一印象是叩开交际大门的门票。第一句话说得好自然会拉近你们的距离。交往中的第一句话，绝不只是可有可无的寒暄，它将决定你们整个交往的感觉以及接下来互动的方向。所以，如果你想在后面的交往过程中如鱼得水，不妨先学着说好你的第一句话。

小金是上海一家文化传媒公司的经理秘书，负责接待从北京过来担任公司短期培训顾问的袁教授。在机场初次见面简单问好之后，小金说道："袁教授您肯定不常来上海，这几天我带您到几个著名的景点去逛逛，让您看看上海的新面貌……"袁教授表情冷淡地回应："不必了，我本身就是上海人，当初我在上海的时候你还没出生呢。"袁教授的反应出乎小金的意料，却又在情理之中。

小金本是好意，想要在初次见面时拉近双方的距离，营造出轻松、活跃的氛围，但她的第一句话拿捏得并不恰当，她的表达却没有让袁教授感觉到应有尊重和分寸。

试想一下，如果小金这样说，袁教授的反应还会跟之前一样吗："袁教授，您去过不少地方，见多识广，哪个城市给您留下的印象最深刻呢？不知道您对上海的评价怎样？您一路辛苦了，这几天的活动就交给我来安排吧……"显然，如果小金能在与袁教授初次见面时，运用更妥当的表达方式，接下来的接待过程将会顺利得多。

第一次见面时，双方还只是素不相识的陌生人，因此，整个互动实际上是一个敏感而充满疑虑、试探的过程，第一句话也就显得尤为重要：这是打消对方的疑虑，增进双方信任感和安全感的关键点。卡耐基说："良好的第一印象是登堂入室的门票。"这里的第一印象，常常被理解为相貌、服饰、举止、神态，却被忽略掉最重要的一点：你和对方所说的第一句话。交往中的第一句话，绝不只是可有可无的寒暄。如果想在后面的交往过程中如鱼得水，不妨先学着说好你的第一句话。

怎样才能说好交往中的第一句话呢？最重要的一点当然是选择合乎时宜的内

容，而这是一个动态的过程，需要结合交往对方的身份、年龄、偏好以及你们之前的关系、当时所处的情境等方面综合考虑。有一些原则是通用的：首先你要带着真诚和热情开始你们的交流，你是否真心要建立起交流关系，在你开口说话之前就能通过你的眼神为对方所感知；其次是要以尊重和包容为前提，无论对方和你处于怎样的情境和关系，尊重是你开口说话时应该带有的最基本的感情基调。第三点是要带着兴趣去观察对方的特点、偏好，这有助于你有针对性地选择话题的方向。你可以考虑通过以下三种方式找出你们的第一个话题：

1. 从对方的地域找话题

一个人的口音就是一张有声的名片。我们可以从口音本身及其提供的地域引起很多话题。例如，从乡音说到地域，从地域说到他家乡的风土人情、名胜古迹等。

2. 从有关的物件中找话题

例如，客户办公室放有杂志，就可以从杂志中找到话题。还有一些物品是可以作为话题，用试探的口气来问的。比如，从询问对方拥有的某一产品的产地、价格等，以此为话题和对方搭讪，找到说话的机会。

3. 从对方的衣着穿戴上找话题

一个人的衣着、举止在一定的程度上可以反映出人的身份、地位和气质，同样可以作为你判断并选择话题的依据。比如，你所见的人开了一辆宝马车，手上戴了一块劳力士，你就可以主动问："如果我没有猜错的话您一定是位商界中的佼佼者！"一语即出，对方会有几分吃惊地说："你真是好眼力！"紧接着，很多与企业生产、经营有关的话题就可以谈了。即使你猜错了也不要紧，因为你把他看成企业家本身是高看他，对方心里也会高兴，并会礼貌地说出自己的真正身份。

另外，在开始交流时充分运用你的肢体语言，也会让你收到意想不到的效果。除了说话的内容以外，在这里，我们要推荐一些关于说话时的神情、动作、语气语调的有用的准则。

运用腹腔呼吸，不要用胸腔来呼吸，这样声音才会有力；

说话时把声调放低，这样听起来平稳、和谐，也更显得性感魅力十足；

多说"我行""我可以""我能做的""我会做好的"之类有信心的话，你的自我感觉会变得更好，别人也会增加对你的信心；

说话时配合一些手势，眼睛看着对方，并面带微笑，这样可以增强语言的感染力。

另外，也有一些需要注意的方面，它们是在表达中绝对应该避免的：

说话吞吞吐吐，结结巴巴，总带有"嗯""啊""这个"之类的赘词；

在话语中间插入一些"你知不知道""我对你说"这样的话，这样便打断了话语的连贯性；

说话高声大叫，把气氛搞得很紧张；

说话像开机关枪，毫不停顿，结果弄得接不上气，搞得对方很难受；

说话时总喜欢带几个外语词，更严重的是中文外文一块说，让人觉得有些卖弄。

当你掌握了这些技巧后，就已经掌握了人际交往的主动权。

开场白要注重场合

说话要因人因事而异，在不同的场合，开场白要根据不同的人和事来说，只有这样，你的开场白才不会引起别人的反感，才能使得你的话题顺利地进行下去。

现代社会，人与人之间的交流日益频繁，相互了解、彼此合作都需要用语言来表达。如果你说话随便，不看场合，说出不合时宜的话，就会造成难堪，甚至会伤害别人。

老王是一位工作了几十年的老教师，他工作勤勤恳恳、任劳任怨。退休那天，学校为他和另一位曾多次荣获"先进"的老同志一并举行了一个欢送会。与会同志和领导对他们的工作和为人进行了得体的肯定和赞扬，相比之下，对那位曾多次荣获"先进"的老同志的美誉就显得多了一些。当轮到两位退休老同志致答谢词的时候，他们对大家的赞誉作了深情的感谢。一时间，会场里充满了令人动情的温馨气氛。然而，老王却并未就此打住，而是作了颇为欠妥的发挥："说到'先进'，很遗憾，我从来也没有得过一次……"话音还未落，坐在他对面的、平日与他相处得不是很融洽的一位青年教师突然抢了话头："不，都是我们不好，不是因为你没资格当'先进'，是因为我们没有提你的名。"冷不防被人将了一军，老王一时语塞，会场被一种尴尬的气氛包围。一位领导见势不对，马上接过话茬，想把气氛缓和一下。按照常理，这个时候他应避开"先进"这个敏感的话题，转而谈论其他事情。

然而，他却反反复复劝慰老王对"先进"的问题不要太在意，说没有评过"先进"，并不等于不够先进，先进不仅在名义，更要看事实等等。一席话，把本应避而不谈的话题又作了重复和引申，使局面显得更为尴尬。

这个故事说明，开场白不仅要看对象，还要注意场合。

小王是一家保险公司的业务员，工作一年多了，他每个季度的业绩都排在最后一位，无论怎么努力都无济于事。有一天，小王向主管求教，于是主管让他带着自己一起去找客户。他们来到了一处高级社区，小王敲开一扇门，开门的是个家庭主妇。

小王向对方推荐人身财产保险："太太，你的丈夫是个整天飞来飞去的生意人，俗话说'人有旦夕祸福'，天灾人祸是躲不过的，买这个意外伤害保险可以让你免除后顾之忧，即使你丈夫出了事，也会有大笔的赔偿金。"

"你这个人怎么这么说话呢！"主妇颇有些恼怒地说，"你简直是在诅咒我的丈夫！请你出去，我不买什么保险！"主管目睹这一切后，对小王语重心长地说："你触犯了人家的忌讳，当然不可能推销成功。"后来，主管带着小王来到另一家，迎接他们的仍然是位家庭主妇。主管并没有马上谈及保险的事情，而是和那位主妇随意地聊天，在聊到一家之主的时候，主管"无意"中说起最近常发生的空难，感叹人生无常。这话题引起了主妇的共鸣，感叹那些失去亲人家庭的不幸。主管说："虽然失去亲人的痛苦是用金钱弥补不回来的，可是钱至少能让人心里有一点安慰，我也是个经常在外面跑的人，所以买了保险，希望能在万一出事的时候，让家人不至于因为我的意外影响了正常生活，即使我真的出事了，心里也多少有点安慰。"主管的话让主妇心里很有感触，她表示每次丈夫外出自己都很担心。不等主管提出买保险的事，这个主妇就主动表示要为全家人购买保险。

这笔生意做成之后，主管告诉小王，要根据不同的对象说不同的话，话要投机，否则不仅做不成生意，还很容易得罪他人。

在不同的场合，面对着不同的人、不同的事，从不同的目的出发，就应该用不同的方式说出不同的开场白，这样才能顺利进行下面的话题，收到理想的谈话效果。否则，你再能言善辩，别人不买你的账也是白搭。

面对不太熟的异性朋友，如何开口是关键

异性之间的交往应该尽量大大方方，或是用一句"你好"，或是用一个微笑来开始相互之间的谈话。

很多人因为内向的性格，总不能主动地去交朋友。只做交往的响应者，而不做交往的始动者，就比别人少了很多获取友情和爱情的机会。要知道，别人是没有理由无缘无故地对我们产生兴趣的。因此，要想摆脱"守株待兔"的境况，就必须学会主动与人交往。

在一个相互间并不熟悉的聚会上，你可能会发现，多数人都在等待别人主动打招呼而不敢主动与不认识的异性接触，他们也许认为这样做是最稳妥也是最容易的。而余下的一小部分人则不然，他们通常会走到陌生异性跟前，一边伸手一边自我介绍。如果你恰巧是被"搭讪"的一位，这个时候你一定会像他乡遇故知一样对来者产生一种心理上的依赖，因为他是你此时此地唯一能够交谈的对象。你会自然而然地对与你对话的这位产生亲切感与好感。根本不会认为与别人主动接近是件难为情的事。所以，在与陌生或者不熟的异性交流之始，不要为"先开口"而害羞不已。被你接近的人一定不会对你"先开口"的举动投来异样的眼光，反而会对你主动的态度心存感激。

通常情况下，对于陌生异性来说，搭上第一句话是相当重要的。因此，首先要克服自卑感和怯场心理。你可以漫不经心地说一些眼前存在的事实，用声音引起对方的注意。这一切要显得自然一些，如果对方开始注意，你就可以接上话茬，继续谈下去了。谈话的内容不要太深入，仅作为一般的聊天即可。这个时候，最忌讳心情紧张，一旦紧张，就会导致找不到话题、语无伦次。

当两个人谈得很投机的时候，便可以进入询问阶段，从而了解对方的观点、个人情况、家庭状况等，但一定不能刨根问底。要善于察言观色，一旦触及对方隐私和禁忌的话题，要及时岔开，从而保持愉快的交谈气氛。

在交谈过程中，最忌讳一问一答的谈话方式。谈话应该是两个人思想的交流，在了解对方的同时，开诚布公地向对方亮相。这种自我介绍，从原则上要坦率、诚实。

如果在聊天的过程中彼此产生好感，交谈进入全面的、深入的了解阶段，并且能相互理解，那么就可以将话题转移到试探对方上面来，即给对方发出"信号"。这些信号多半含有爱的暗示，信号的表达最好不要太直白露骨，急于求成往往会把胆小的一方吓跑。这种信号发出，并不是立即能得到回音的，要允许对方长时间考虑，甚至在对你进行考验之后才能得出结论。

有些人总是在抱怨世界上缺少真情，缺少爱。这个世界上从不缺乏孤独的男女，他们多半是因为不敢迈出交友的第一步，在交友中总是处于被动、消极的一方。

感情自然地流露，落落大方地交往，在沟通中不失常态就是同异性交往的最基本法则。掌握了这些法则，碰见异性就将不再拘谨，交往也将变得顺利得多。

首次拜访客户时的开场技巧

一次成功推销的关键就是在于刚开始的几十秒，无论是想让客户接受你，还是接受你的产品，都应该在一开始就吸引客户的注意力，抓住客户的心，这样客户才会有兴趣跟你谈下去。

很多推销员接触客户的时候，经常会发现客户仍在忙着其他事情，根本没有兴趣听下去。在这个时候，如果不能尽快抓住客户的心，那么这次推销几乎就失败了。

依照销售心理学的分析，最好的吸引客户注意力的时间就是在你开始接触他的头30秒，只要你能够在前30秒内完全吸引住他的注意力，那么后来的销售过程就会变得更加轻松。因此，你最好设计一个在30秒内就能吸引对方的开场白，而这个开场白可以是你提出的一个他们感兴趣的问题。

福克兰是美国鲍尔温交通公司的总裁。在他年轻的时候，由于他成功地处理了公司的一项搬迁业务而青云直上。当时，居民中有一位爱尔兰老妇人不愿意搬走，于是联络了许多邻居，决心与机车工厂对抗到底。如果当时通过法律程序来解决纠纷，不仅费时费力，而且还要花费许多钱。福克兰向总裁请缨，准备亲自出马，把自己的方案彻底地"推销"给老妇人。

当福克兰找到这位老妇人时，她正坐在房前的石阶上。福克兰故意在老妇人面前忧郁地走来走去，以引起老妇人的注意。果然，老妇人开口说话了："年轻人，你有什么烦恼？"福克兰并没有直接回答老妇人的问题，只是说："您坐在这里无所事事，真是太可惜了。我知道您具有非凡的领导才干，可以成就一番大事业。听说这里将建造一座新大楼，您何不劝劝您的邻居们，让他们找一个更好的地方永远安居乐业下去呢？这样大家都会记住您的好的。"福克兰这几句看似轻描淡写的话，却深深打动了老妇人的心。不久，她就到处寻觅住房，指挥她的邻居搬迁，而公司仅付出了原来预算代价的一半数目。

由此看来，在与客户交谈的时候，能够一开始就抓住客户的心很重要，只有这样，谈话才有可能继续下去。如何才能一开始就抓住客户的心呢？以下是几种常用的方法。

提及客户现在最关心的问题：听您的朋友提起，您现在最头疼的是产品的废品率很高……

谈到客户熟悉的第三方：您的朋友某某介绍我与您联系，说您最近想添置几台电脑……

赞美对方：他们说您是这方面的专家，所以也想和您交流一下……

提起对方的竞争对手：我们刚刚和××公司有过合作，他们认为……

用数据引起客户的兴趣和注意：通过增加这个设备，可以使您提高50%的生产效率……

有时效性的说法：这个活动能给你节省很多经费，活动截止到12月31日，所以应该让您知道……

上面这几种方法，可以交叉使用，前提是要根据当时的实际情况。当然在与客户交谈的时候，首先一定要以积极乐观的语气对客户表达问候。

另外，我们在初次面对客户的时候，最好要抓住客户的心理，这样方便我们进行下一步的攻势。

1. 多说"我们"少说"我"

销售人员在说"我们"的时候，会给对方一种心理暗示：销售人员和客户是站在一起的，是站在客户的角度想问题。虽然它只比"我"多了一个字，但却多了几分亲近。

2. 看对象年龄不同而说话

这一点应该非常好理解。遇到年轻的客户，就用年轻人的说话方式；遇到年长一些的客户，就用跟年长者说话的方式。这样才能跟客户进行有效的沟通。

3. 不要怕说"对不起"

当客户讲述他们的问题时，他们等待的是富有人情味的明确反映。面对顾客的投诉，最好首先表示你的歉意，若要以个人名义道歉的话，就要表现得更加真诚，并且明确告诉他你将尽个人最大努力帮助他，直到他满意为止。

4. 感谢、感谢、再感谢

对顾客说再多的感谢也不过分。遗憾的是，"谢谢""荣幸之至"或者"请"这类字眼在推销中已经用得越来越少了。尽可能多使用这些词，并且把"谢谢"作为你与顾客交往中最常用的词。

开场白贵在真诚，拒绝过度寒暄

开场白的态度很重要。真诚的开场白会在无形中拉近彼此之间的距离，而过度的、不适当的寒暄则可能引起对方的反感，拉远彼此间的距离。

在"寒暄"这个词中，"寒"是寒冷的意思，"暄"是温暖的意思，合起来，就是问寒问暖。我们进行谈话的目的是沟通情感，增加双方的交流。初次见面，或朋友很久未见难免要寒暄几句，以示礼貌和关心。寒暄是交谈的"润滑剂"，它能在两个人的谈话之间架起一座友谊的桥梁，是人际交往中必不可少的一部分。

有时候，我们与人见面，往往陷入无话可说的尴尬场面。这时我们不妨以一些寒暄语为开头，比如"天气似乎热了点"或者"最近忙些什么呢"等。虽然这些寒暄语大部分并不重要，然而，正是这些话才使初次见面者免于尴尬的境地。以下几种方式可供参考。

可以从天气说起。愉悦的态度会给他人留下良好的第一印象。从无关的天气谈起容易拉近两人的距离。

可以询问对方的工作进展、身体状况等。例如：这一阵工作忙吗？快毕业了吧？

可以从对方的行为谈起。例如：看到对方下班，可以问一句"下班啦"。

寒暄可以视作是交谈的准备活动，作为"暖场"出现。适当的寒暄可以帮助我们拉近彼此间的距离。寒暄不宜过长，创造出交流的气氛即可。在开场白中，我们一定要避免过度的寒暄，以免对方因过多的客套话而觉得你对他不真诚，从而拉大与你的距离。

那么，怎样寒暄才能产生积极的效果呢？寒暄并没有什么固定的模式，可视具体的交谈对象和交谈环境而定。我们可大致归纳为几点：

1. 要保持积极姿态

在与别人相遇的瞬间，要迅速培养自己的愉快情绪，要争取主动，充分体现自己的良好愿望和真诚态度，要使对方感觉到你的问候是发自内心的，要使对方从你的言行反应中感觉到自己的存在，使其受人尊重的心理需要得到完全满足。同时，积极的姿态也是富有自信、易于合作的外在体现，这有利于融洽人际关系。交谈时语调要和缓、声音要洪亮，要面带微笑。

2. 注意力要集中

在开场白中与人寒暄，要集中注意力，任何漫不经心的言行都会使对方感到被人轻视。

小刘与小乔是机关同一科室的同事。一天，小乔夫妇逛商场巧遇小刘，小乔把丈夫小张介绍给小刘。短暂的握手介绍后，小刘本来想再谈几句以表示自己的友好态度，可小张却左顾右盼同小乔谈些闲话，将小刘"晾"在了一边。这使小刘感到很尴尬，心中很不愉快，觉得小张实在太没礼貌了，一下对小张失去了好感。假如小张在握手之后，再继续同小刘聊几句，小刘就不会有这种想法产生了。

3. 内容要适当

与陌生人见面后的 4 分钟内，最好作一般性的寒暄（如问候、互通姓名），谈论一些无关紧要的话题，应绝对避免使对方感到尴尬、触及对方隐痛、引发对方不愉快的回忆及易于引起争议的话题，也不可漫无边际。

小宁最近刚刚离婚，情绪很低落，下班途中遇到了同事小丽和她丈夫。小丽的丈夫在小丽介绍完小宁后脱口说道："啊，你就是刚刚离婚的那个啊，这么好的人怎么你丈夫不珍惜呢？"本来小丽的丈夫是想夸奖小宁，但初次见面就触及痛处，让对方尴尬。

寒暄的内容还要根据对方的心情而定。比如对方家里刚发生不愉快的事，你从其面部表情上就可以分析出来，因此，在此时开场白，声音就不要太大，语言不要太热情，要低八度，或用询问式的语言，同时用安慰的语气来招呼。如果对方脸上喜气洋洋，你便可热情地开场，使对方感到温暖，进而展开话题。

男士和女士见面寒暄，语言可热情一些，但要适度，不能过分开玩笑，使对方感到你太轻薄。

寒暄言语的长短、内容的繁简、往复的次数多少要与交谈双方关系的亲密程度成正比。

4. 要注意场合、时间、季节

如果在公众场合经介绍结识新朋友，应有礼貌地寒暄，注意不要打扰周围的人，避免大声喧哗。过于夸张，大呼小叫，是一种无礼行为。此外，在比较正式的场合，言行举止不宜过于随便，更要注意不要用"口头语"。

在图书馆里，大家都在看书，室内很安静，有两个女青年一同走进来，迎面遇到了另一位女士，介绍结束，只听一位女士高声说："哈，原来她经常念叨的兰子就是你呀，今天才认识，你可真漂亮啊！"周围的人大都皱着眉头，投去厌恶的目光。可见这样的寒暄是多么不合适。

寒暄还要因地而异，不能千篇一律，只要稍加留意周围的环境，就可即席发挥。如在校园，可以说："您是去上课吗？"或"下课了。"在书店可以说："您也来买书吗？"还可从季节的角度来确定寒暄的内容，如："天很凉，感觉到冷吗？""您好，外面很冷吧！"这样寒暄方式让初次见面的人感到热情、亲切、温暖。与众多陌生人打交道，不要只看着一位，而应面带微笑，眼睛环视大家，应带"你们""两（几）位"的字样，以免冷落其他人。

总之，初次见面，寒暄要适度，既要热情亲切，又不宜阿谀奉承，要做到温和有礼。这样，才能使对方乐于接近你，从而产生与你交往的愿望。

第五章

说到心窝里，自然让人欢喜

先为对方着想

与对方沟通交流时，最重要的就是能够以真情感动对方。说话的时候先为对方着想，无疑是很好的办法。

因为一般情况下，自己对某一件事所认为的"对"或"好"并不能代表别人的看法。在沟通时最好先得知对方的看法。看别人怎么理解情势，你就能以对方了解的方式讲话和行事。若你径自表现出"好"或"对"，而不去弄清楚对方是否有相同的看法，你可能会惊讶于对方的反应。

所以在谈话之前你所要做的就是尽你所能了解别人的背景、观点和热诚程度，你因而可以知道：

什么使他们兴奋，什么使他们厌烦，什么使他们害怕。

他们上班时是什么人，他们下班时是什么人。

他们生活中真正需要什么，他们怎么能获得。

你可以从别人的判断知道很多他们的事。

研究他们从前的决定。

知道这些问题的答案，不仅可以避免你犯难堪的错误，而且它让你设计你的表达方式，因而你的意见可以跟他的需要和要求结合，这样就会使你们的沟通更加融洽。

但平时我们最常听见人们对工作环境的 3 项抱怨却是：

（1）他们认为别人不听他们的话。

（2）他们觉得受不到尊重。

（3）他们认为别人想办法要控制或操纵他们。

在与别人谈话的过程中，如果你先提自己的需要，这3种情况是最可能发生的。你先提别人的需要，它们就最不可能发生。

大部分人对自己的兴趣大过对别人的兴趣，对自己的需要、热衷程度远强于对别的需要。但是如果你先提对方最有兴趣的、他们需要的事情，就能掌握他们的注意力，建立联结，且赢得他们的信任和尊敬。

当你提对方所需，为对方着想时，你会发现许多可喜的变化，而这些变化对你也是有利的。

首先，当你先提对方的需要时，对方会有以下表现：

（1）较快开始聆听。

（2）比较注意。

（3）听得较久。

（4）对你说的记得较多。

（5）比较尊重你。

（6）认为你是比较聪明的人，甚至是较好的人，因此你会得到较大的活动空间和自由。

（7）等你再说你自己的需要时，会听得较专心。

相比较而言，这对先提对方需要的小投资，是相当好的回报。

另一方面，若你先提自己的需要，人们常不愿聆听、保护自己或使冲突升级。他们可能以愤怒的眼神和僵硬的表情回敬你，怀疑你不考虑他们的需要，你的话一句也不听。这种恐惧和不信任，很容易就爆发公开的敌对。

此外，人通常在冲突开始时会焦虑。任何能缓和他们恐惧的方法，都会使情形变得较轻松和对每个人较有利。在这种时候，如果你先为对方着想，提出他人的需要就是一种很好的解决途径。在一些重大事情中，先提对方的需要，也会使你们成为合作伙伴。你们合作，联合对抗问题，而不是互相对抗。

所以，在与对方交往沟通时，如果想取得较为满意的结果，你就必须先为对方着想，满足对方所需。

关怀的理念

对人关心和体贴，自然会让人感到温暖。多说这一类的话，会赢得真心的感动和感激。体贴，代表了对别人的爱护、关切和照顾。歌曰："只要人人都献出一点爱，世界将变成美好的人间。"对别人体贴就是对别人献出了爱，别人受爱的感化，也会以爱相回报。体贴的话会换来友爱，换来真诚，而"友爱"和"真诚"是每个人都需要的。有些人不是慨叹这世上"友爱"和"真诚"太少了吗？其实，只要问问他："你又给过别人多少体贴呢？"恐怕回答起来就很尴尬了。

试想有一天，你去找你的朋友，请他出面帮助你办某件事。

平常你的朋友身体健康、精力充沛，在工作上也颇得心应手，单位内的人都认为他很有前途。可是有一天，他显露出悲伤的脸色，很可能是家中出现了问题。

他虽不说出来，一直在努力地抑制，可总会自然而然地在脸上流露出苦恼的表情。对这位朋友来说，这实在是件很尴尬的事，平时为了不让下属知道，他不得不极力装得若无其事。你们共进午餐后，他用呆滞的眼神望着窗外。此时，他那迷惑惘然的脸色，已失去了朝气。你对这种微妙的脸色和表情之变化，不能不予以注意。你尽你最大的设想，找出他真正苦恼的原因，并对他说："小王，家里都好吗？"以假装随意问安的话，来开启他的心灵。

"不！我正头痛呢，我太太突然病倒了！"

"什么？你太太生病了！我怎么一点都不知道？现在怎么样？"

"其实也不需要住院，医生让她在家中疗养。太太生病后，我才感到诸多不便。"

"难怪呢！我觉得你的脸色不好，我还以为你有什么心事，原来是你太太生病了。"

"想不到你的观察力这么敏锐，我真佩服你。"

他一面说着，脸上一面露着从未有过的笑容，此刻可以知道你成功了。在人生最脆弱的时候去安慰他，这才是你应有的体谅和善意。朋友由于悲伤，故心灵呈现出较脆弱的一面。此时，更不应再去刺激他，而应当设法让他悲伤的心情逐渐淡化。朋友的苦恼，在尚不为人知晓前，自己应主动设法了解，相信你的这份善意，对方会感受到，并心存感激。

怎样在与别人交往时表达出自己的关怀之情呢，在说话的时候，你可以参考下面的几种方法。

1. 示之以鼓励

给遇到磨难或陷于某种困境的人指出希望，让他振作精神，乐观地从困境中走出来，对方会对你的善意表示感激。

2. 示之以关心

不拘位卑位尊，贫贱富贵，人人都珍视感情。在必要的时候向别人表示关爱，别人也会把同样的善意之球抛掷给你。

作为上司，只有威严是不够的，还得富有人情味。下面是一个关于美国电话业巨擘——密西根贝尔电话公司总经理福拉多的生活片段：

在一个寒冷的深夜，纽约的一条不算繁华的道路上很少有车辆行驶。这时从街中心的地下管道内钻出一位衣着笔挺的人来。路旁的一个行人十分狐疑，他上前想看个究竟，一看却怔住了，他认出这个人竟是大名鼎鼎的福拉多！

原来地下管道内有两名接线工在紧张施工，福拉多特意去表示慰问。他说："你们辛苦了，我特地来慰问你们，没有你们，就没有我的事业。"

福拉多被称作"十万人的好友"，他与他的同事、下属、顾客乃至竞争对手都保持着良好的关系，这位富有人情味的企业巨人，事业如日中天。

3. 示之以同情

如果周围的人遇到了什么挫折和不幸，我们真诚地给以同情的表示，就可以让他感受到我们对他的体贴和关心。这样就能多少减轻一些他内心的痛苦。

当然，同情不是无原则的附和。如果对方的情绪产生于错误的判断，就不应当随便表示同情，以免助长其错误情绪。比如说评定奖金，张三本来劳动态度不好，因而未评上一等奖，他发起了牢骚，你如果在这时表示同情，那就等于助长他的错误思想，也不一定会起到安慰的作用，这时需要的倒是劝导他正确对待，好好工作，下次争取。

不管采用什么办法，相信如果你的话语中充满了关怀之情，对方就一定会被你折服，你们的友谊也就更加牢固。

说话的魅力在于真诚

真诚的语言是最能打动人的，巧妙地运用充满真情诚意的话语，可以促使说者与听者产生情感共鸣，可以使双方的关系变得融洽，从而营造出一种良好的沟通氛围，赢得广泛的人际关系，为成功创造有利的条件。

1915年，小洛克菲勒还是科罗拉多州一个不起眼的人物。当时，发生了美国工业史上最激烈的罢工，并且持续时间达两年之久。愤怒的矿工要求科罗拉多燃料钢铁公司提高薪水，小洛克菲勒正负责管理这家公司。由于群情激奋，公司的财产遭受破坏，军队前来镇压，因而造成流血，不少罢工工人被射杀。

那种情况，可以说是民怨沸腾。小洛克菲勒后来却赢得了罢工者的信服，他是怎么做到的呢？

原来，小洛克菲勒花了好几个星期结交朋友，并向罢工者代表发表了一次充满真情的演说。那次的演说可谓不朽，它不但平息了众怒，还为他自己赢得了不少赞誉。演说的内容是这样的：

"这是我一生当中最值得纪念的日子，因为这是我第一次有幸能和这家大公司的员工代表见面，还有公司行政人员和管理人员。我可以告诉你们，我很高兴站在这里，有生之年都不会忘记这次聚会。假如这次聚会提早两个星期举行，那么对你们来说，我只是个陌生人，我也只认得少数几张面孔。由于上个星期以来，我有机会拜访整个附近南区矿场的营地，私下和大部分代表交谈过，我拜访过你们的家庭，与你们的家人见过面，因而现在我不算是陌生人，可以说是朋友了。基于这份相互的友谊，我很高兴有这个机会和大家讨论我们的共同利益。由于这个会议是由资方和劳工代表所组成，承蒙你们的好意，我得以坐在这里。虽然我并非股东或劳工，但我深觉与你们关系密切。从某种意义上说，也代表了资方和劳工。"

这样一番充满真诚的话语，可能是化敌为友的最佳途径。假如小洛克菲勒采用的是另一种方法，与矿工们争得面红耳赤，用不堪入耳的话骂他们，或用话暗示错在他们，用各种理由证明矿工的不是，那结果只能是招惹更多怨恨和暴行。

此外，在人际交往中，我们经常会遇到"祝贺"这种交往形式，一般是指对社会生活中有喜庆意义的人或事表示良好的祝愿和热烈的庆贺。通过祝贺表示你对对方的理解、支持、关心、鼓励和祝愿，以抒发情怀，增进感情。

祝贺的语言要真诚、富有感情色彩，语气、表情、姿态等都要有情感性。这样才会有较强的鼓动性与感染力，才能达到抒发感情、增进友谊的目的。

道歉也是人际交往中常见的交流活动。为人处世，犯错误总是难免的，毕竟"人非圣贤，孰能无过"。但是犯错误后的态度人们却非常重视。所以犯错误时，我们首先要坦率承认、真诚道歉。

你道歉的时候态度真诚，别人就会很轻易地原谅你。相反，有的人在犯错时态度极差，道歉时让人看不到一丝真诚，有的甚至根本就不道歉，只是一味地为自己辩解不休。结果使彼此之间的裂痕越来越大。

古人云："有朋自远方来，不亦乐乎！""最难风雨故人来。"都道出了朋友间所凝聚的真情厚谊，反映了他们肝胆相照、充满真诚的交往过程。可以说，充满真诚、以诚暖人是交友说话、打动人心的重要因素，是赢得知心朋友的重要原因。

从顺着对方的话开始，让对方放松下来

跟人交谈的时候，不要以讨论不同意见作为开始，而要以强调而且不断强调双方所共识的事情作为开始。即使对方已经拒绝了，你也应该尽量顺着这个思路说。要尽可能在开始的时候说"是的，是的"，尽可能避免让他说"不"。一位知名教授曾在他的书中谈道："一个'否定'的反应是最不容易突破的障碍，当一个人说'不'时，他所有的人格尊严，都要求他坚持到底。也许事后他觉得自己的'不'说错了，然而，他必须考虑到宝贵的自尊！既然说出了口，他就得坚持下去。"

一位日本政客正在演讲时，遭到当地一个妇女组织代表的指责：

"作为一个政客，你应该考虑到国家的形象，可是听说你竟和两个女人发生了关系，这到底是怎么回事呢？"

顿时，所有在场的群众都屏声敛气，等着听这位政客的桃色新闻。

政客并没有感到窘迫难堪，而是十分轻松地说道："不止两个女人，现在我还和五个女人发生关系。"

这种直言不讳地回答，使代表和群众如堕雾里云中，迷惑不解。

然后，政客继续说："这五位女士，在年轻时曾照顾过我，但现在她们都已老态龙钟，我当然要在经济上照顾她们，在精神上安慰她们。"

结果，那位代表无言以对，而观众席中则掌声如雷。

这位政客开始不仅没有反驳那位代表，甚至承认自己的"坏事"。但随后一番言语，实际上都是反驳那位代表。这种从顺着对方的话开始，最终却成为一个否定意思的说话方法，既给了对方面子，又达到了自身目的，十分巧妙。

一开始就对对方的意见持绝对否定观点，意味着从开始就要陷入争论之中。善于说话的人懂得先顺着对方的话说，一开始就抵消一些敌意，让对方放松下来，对你接下来的意见也会更宽容一些。

别人郁闷时多说些让他宽心的话

最近几年流行一个词：郁闷。所谓郁闷，也就是遇到了不顺心的事情，心情不好。在这个竞争激烈的社会，人们经常会遇到让人郁闷的事情，也经常会碰到正处在郁闷中的人。现在就出现一个问题：对郁闷的人怎样安慰？说什么话比较好？正确的方式是多说理解的话。

要想对郁闷的人说些理解的话，首先要弄清对方为什么郁闷。如果不知道原因，随便地安慰一气，就可能会火上浇油。有这样一则笑话：

有一个妈妈带着她的小宝贝出去，在公交车上哄着她的宝宝。

有一个乘客很好奇地把头凑过来看了就说："哇！好丑的宝宝！"

妈妈听了好难过，就一直哭，一直哭。

后来公交车停到某一站，上来了一些新的乘客。

有一个好心的乘客看她哭得这么伤心，就安慰她说："这位女同志你为什么哭得这么伤心呢？凡事都要看开点，没有解决不了的事情嘛！好了，好了，不要再哭了。我去帮你倒杯开水，心情放轻松点嘛！"过了一会儿，那个乘客真的倒了一杯水给她说："好了，别再哭了，把这杯水喝了就会舒服点儿，还有这根香蕉是给你的猴子吃的。"

这位妈妈听了，差点哭晕过去。

笑话里面的那位好心的乘客还没有弄清女同志为什么在那儿哭，就随便安慰一通，当然会驴唇不对马嘴了。所以说，首先应该知道别人郁闷的原因，然后对症下药，才能说出真正理解人的话，达到安慰的目的。

小罗是一名大学生，他很喜欢一个女同学。大家都知道这个女同学跟一个家里很有钱的男生非常暧昧，就经常劝小罗一定要小心。但俗话说"当局者迷，旁观者清"，小罗一直说那女同学告诉他了，她跟那个男生只是一般的朋友关系。

这种状态维持了半年，突然有一天晚上，小罗垂头丧气地回到了宿舍，什么也不说就躺到床上。晚上熄灯很久了他还在那儿辗转反侧。第二天大家问他怎么回事，小罗伤心地说那个女孩昨晚约他出去，说从来没喜欢过他，自己现在是别人的女朋友了。

大家听了七嘴八舌地教训小罗，说他早就应该听大家的劝，弄到今天是活该。只有小王默默地听着。午饭的时候他把小罗约到一个饭馆，拿了两瓶啤酒，一边吃一边聊。小王告诉小罗，他自己也碰到过类似的事情，所以非常理解他。自己当时也是很难走出那种心灵的痛苦，幸好一个学心理学的同学告诉他多出去走走，多跟人交往，不要把自己封闭起来，他照着做了之后，才在较短的时间里恢复了过来。他劝小罗重新拾起信心，面对生活，好女孩多的是，不一定非要指着一个不爱自己的要。

小罗听了他的话，精神稍微振作了一些。此后他积极地参加集体活动，加上大家也都热心帮助，他很快就恢复了乐观的生活状态。

有一句话叫"理解万岁"。家家都有本难念的经，我们在自己碰到郁闷事情的时候希望得到别人的理解；而在别人郁闷的时候经常不能理解对方的心情，不能发自肺腑地说出理解的话。其实如果设身处地想想，别人和自己是一样的，自己希望别人理解，别人又何尝不是呢？多说些理解的话，别人就会把你当成真心朋友，赞赏你，信任你，把你当成知己。在你郁闷的时候也会真心地理解你，说一些让你宽怀的话，人际关系的局面不是会就此大大地好起来了吗？

多请教，以满足他人的为师欲

古人云："人之恶在于好为人师。"从中可见，一般人都有这样愿意做别人的老师的心理。

　　在与人交往时，你也不妨做一个忠诚的听众，把别人都当成自己的老师。少说多听，做一个学生，给对方充分表现自己的机会，最后达到自己的目的。这就是"甘为人徒"法的根本所在。

　　李和陆是同一所名牌大学的毕业生，他们的成绩都很优秀。两人分配到同一家单位。一年以后，陆被提升为部门主管；李则被调到公司下属的一家机构，地位明升暗降，因为没有任何实权。为什么？

　　原来他们分配到该单位后，领导各交给他们一项工作，并交代他们可以全权处理。

　　小李接到工作任务后，做了精心的准备，方案也设计得十分到位。他一心投入工作，全然不记得要向领导请示一下。领导是开明的，既然说过他全权处理，自然也不干涉，但也没有和下面人交代什么。等到小李把自己的计划付诸实践，各部门人员见他是新来的，免不了有些怠慢，小李心直口快，与某人顶了起来，这可惹了麻烦，因为这人正是公司总经理的亲信。后果可想而知，他的工作处处受阻，最后计划中途流产。

　　小陆接到工作任务后，经过周密分析调查，提出了若干方案给领导看，又向领导逐条分析利弊，最后向领导请教用哪个方案。这时，领导对他的分析已经很信服，当然采取了他所推荐的那个方案。这时他又问领导如何具体实施。领导说，你自己放手干吧，年轻人比我们有干劲儿。陆连忙说，自己刚来，一切都不熟悉，还得多听领导的意见。因为陆的态度谦恭，意见又到位，领导很满意，当即给几个部门的主管打电话，让他们大力协助小陆的工作。因为有了领导的交代，小陆在实施自己的方案时又时时注意与各部门人员协调，他的工作完成得既快又好。

　　多请教，满足他人的为师欲，那么你会受益匪浅。当然以人为师少说为佳，但并不是不说话。若能把这条计策运用好，你还得说话。你说话的目的在于提问，使对方口若悬河，使对方心里有一种满足感和被尊重感，这时你再提出要求，就容易实现了。

学会尊重，私底下指出别人的缺点

每一个人都难免有缺点，并且可能在不同的场合表现出某种缺点来，破坏气氛。面对这种情况怎么办？是当场指出别人的缺点，还是先忍下，等到私底下再指出来？作为讨人喜欢的说话方式，私下指出应该是面对别人缺点采取行动的第一步。但有的人却常常要么容忍别人的缺点，要么就直接对外宣扬，让别人下不来台。这里的教训实在值得我们思考。

做人要拥有一颗宽容的心。"金无足赤，人无完人"。记得有位专家说过，不要苛求别人的完美，宽容让你自己不断完美起来。在别人的某些缺点比较严重时，我们应该以私下谈心的方式委婉指出，急风暴雨不如和风细雨，当场训斥不如私下平心静气、施以爱心。只有我们拥有了一颗宽容的心，别人才能感受到我们的真诚，在我们指出他们缺点的时候才能心悦诚服地接受。

在朋友之间，指出缺点总是要担负点伤和气风险的，但作为朋友应该承担这种风险。风险有大有小，关键是用的方法适当与否。从小处说，就是在私底下指出别人的缺点。人总是要讲点面子的，指出缺点更应该顾及对方的面子，说话尽可能婉转一些，尤其不要当众给朋友生硬"挑刺"。即使在私下场合指出缺点和错误，也应充分考虑如何让对方愉快地接受。最好先聊聊其他事情，以便在沟通感情、融洽气氛的基础上再婉转地指出问题。

指出缺点更多时候是发生在角色地位并不平等的人之间，比如上司对下属，老师对学生。这些情况下可以公开指出缺点吗？当然不应该，照样应该维护下属和学生的面子。

当员工违背明确的规章制度时，当然要当众指出其过错，在让他认识到缺点错误的同时，也可对其他人起到警示作用。假如员工在工作上出现小小的失误，而且不是有意的行为，可在私下为其指出来，或以含蓄、暗示的方式使其意识到自己的缺点。这样既能维护他的面子，又能达到帮助他改正缺点的目的。

要时常反问自己："处理这件事最合乎人性的方法是什么？"当员工把事情弄糟了，有的领导者则会把犯错误的员工当着其他员工甚至是这个员工的下属的面一通训斥。而人性化的领导者会在私下里跟员工谈心，指出他的缺点，并且帮助他们找出适当的方法去做好事情，并且会肯定他们已经做得很好的部分，以免让这些员工丧失信心。

所以作为上司，假如下属真的表现出了比较严重的缺点，一般应私下单独找他谈话，指出来。引导他今后如何正确处理类似的问题并告诉他注意事项，避免再犯同样的错误。只有这样，下属有问题才愿找上司反映或沟通谈心。这样一来就会在员工中树立一个良好的形象。

作为老师，对学生的缺点也要有一些"春秋笔法"。

刘老师班上有个女生很优秀，一段时间看到别人比自己成绩好，心里有些不平衡。刘老师通过网上聊天工具和她聊天，直言不讳。这个女生很感激，情绪理顺了。对其他有缺点的学生，刘老师也尽量采取类似方法。"刘老师照顾我们的面子，我们也尽力改正。"一位教育专家这样评价刘老师：刘老师这样做是讲策略，育人工程最艰辛，关键要用心！

有一次，刘老师经过教室，听到一位同学用粗口话骂老师，他装作没听见，事后私下把那个同学请到办公室，告诉他老师已经听到他说的那句话，但不想当着全班人来批评他，是为了尊重他。这样他很诚恳地承认了错误并向老师道歉，后来他变得很有礼貌了。试想，如果刘老师当时走进教室狠批一顿，不但自己下不了台，而且有可能换来学生第二次更难听的粗口话。

所以，尊重别人，在私底下指出其缺点，既是对别人的尊重，也会赢得别人对你的尊重。

用谦虚的态度和人说话

中国人自古以来视谦虚为美德，虽然有人将其视为"虚伪"，但不谦虚的人还是很难获得大家的一致认同的。我们心里可以很自信，但多数时候还是要表现得谦虚一些，尤其是要用谦虚的态度和人说话。

首先是不目空一切、居功自傲。

有的人做出一点成绩、取得一点进步，就飘飘然起来。跟谁说话都趾高气扬，到处夸耀自己，搞得大家都为之侧目。

小杨是一家广告公司的职员，他设计的一个平面广告作品获得了一项大奖，经理在员工会上好好表扬了他一番，并让他升任主管。小杨认为自己是个人物了，从此以"专家"自居。一次，经理接到一个平面设计任务，请小杨来评价评价。小杨唾沫飞溅地说了半个小时，设计被批得体无完肤，最后结论是：应该返工重来。经理对这个设计本来比较满意，听了小杨的话极不高兴，从此疏远了他。

又过了两年，公司里另一个职员小石也得了广告大奖。他吸取了小杨的教训，说话非常谦虚，态度和善，很得大家喜欢。

其次要适当使用敬语。

敬语能表现说话者对对方的态度。因此，对听话者来说，可以根据对话是否使用敬语，了解对话人把自己置于什么地位。例如，科长想请新职员去喝酒，叫道："你也来吧！"如果职员回答"好，去"会怎样呢？科长会认为新职员不理解对上司应使用的语言，看低了自己，内心是不会平静的。这样一来，科长就会用另一种眼光看他。由于没有使用敬语，招致对方改变对自己的态度，日后关系将会变得微妙。

常常听到有人说"近年来年轻人连敬语的使用方法都不知道，真可气"，这就是虽然本人没有恶意，但由于没有使用适当、确切的敬语，致使人与人之间的关系产生了风波的明证。

与其相反，使用适当的敬语，双方不仅能正常地保持人际关系，还会提高别人对你的评价，特别是对女职员来说，更是如此。有人说："适当的时候，使用适当的敬语对女性来说，是语言之美的至高境界。"的确是这样。想想看，与前述相同的场面，如果对于"你也来吧！"回答说："好，一定参加。"就会使人多少有些美感。心目中对上司抱着什么态度，从语言中可以大体看出来。这种语言的运用，可以协调上级与部下，年长者与年轻者之间的关系，使听的人感到舒服。因为那种语言会使人感觉到有教养，感情丰富，教育得好。

最后，要请人评判自己的意见。

我们可以看到，有许多真正伟大的人物，总是很谦虚地请别人评判自己的意见，因而获得别人的赞同。以谦虚的态度表示独特的见解，对使别人信任我们的意见及计划都很有效用。我们知道多数成功的领袖，常常应用这个策略。

有的时候也需要争辩。比如两个喜欢辩论的朋友，一次辩论，也许对于双方都是有益而愉快的。美国总统威尔逊曾经对鲍克接连问了一小时的问题，这使得他不得不拥护在他自己看来绝对相反的意见。但到了末了，威尔逊使鲍克感到吃惊的是：他告诉鲍克，他已经改变了主意，他已经醒悟了，而从另外一个观点去观察这个问题。鲍克非常吃惊，从此对威尔逊更加敬重了。这种策略，可以当作能够引起友爱的一种方式，但不可说是常例。总之，别人可能在种种方面与我们意见不一致，这是可以预料的事情，但如果认为和他争辩之后，还能请他来评判一下自己的意见，他就会认为你是个谦虚的人，而对你的印象更为良好。

第六章

场面上，要说场面话

想说场面话先要学会客套

客套，包含着客气、谦卑，处处显示出对别人的尊重；客套，还显示出你的平和与内敛。

客套是语言艺术中的一种。我们往往在教育孩子的时候会说"见了大人要打招呼，借了同学的橡皮要说谢谢，不小心碰倒了人家要说对不起"等，这是最基础的礼貌教育。

客套的书面文字是那么的枯涩、乏味，但是变成语言之后，却是那么的悦耳和动听。

一次，李女士去看重病中的好朋友，看到对方非常痛苦的样子，她没有说一句话。她没有说话是因为当时有许多的顾虑：说客套话吧，不能表达自己的心情；不说话吧，又被认为冷眼旁观。她太内向了。

这种"内向"要比虚情假意和口蜜腹剑的做法诚实得多。但是，由于不能充分地表达自己的内心，在他人看来一切都等于零。一个人如果连一句最普通的客套话都不会说，探望病人的时候，连一句"没事吗"都说不出口，这种人会给人一种冷酷的感觉。

所以，生活中要学会说客套话，用自己的语言表达出自己的感情，比如"没事吗"这句话，你并不是只把字面的含义说给对方，这里面，你可以加进去自己的真实感情，比如"有什么我能帮你的？""我看到你难受的样子非常难过！""没事吗？好了之后，我们一起去打保龄球。"这样，更有益于促进彼此之间的关系。

客套不是低声下气，是尊重；客套不是虚伪，是礼貌。

生活、工作哪一样都需要语言作为纽带。人要衣装，语言也要靠包装。语言的魅力，在于使人心悦诚服，语言的运用，在于修养气度。

会客套的人，说出来的话叫人喜欢听、愿意听，别人也会欣然接受；不会客套的人，常常面临许多的尴尬，造成许多的误解，出现人际关系的障碍，导致自己的人脉越来越窄。

有的人说，客套多，朋友多；朋友多，好事多。这句话一点都不假。因为客套和寒暄可以帮助你认识很多朋友，缩短人与人之间的距离，从而促成两人的交往。

在生活当中，我们往往会听到如"谢谢您""多谢关照""劳驾""拜托"之类的客套话。这样的客套话可以向别人表示感谢，能沟通人与人的心灵，建立融洽的人际关系。在求人帮忙以后，应真诚地说一声"谢谢"。如果你不说一声"谢谢"，只把感激之情埋在心底，对方会有一种不快的感觉，他的劳动没有得到肯定，或认为你不懂礼貌，今后也不会再帮助你。同样，在打搅别人，给别人添麻烦时能真诚地说一声"对不起"，对方的气就会减少一半。所以，在人际交往、求人帮忙的过程中，我们千万不要忽视客套的作用。

许多时候，客套就是表现出对对方的尊重、礼节和谦虚，比如有人作报告或讲话，总会说"我资质不高，研究不够，恐怕讲不好"，或者是"我讲得不好，请大家批评指正"。诸如此类的客套话，看起来是随口而出，实际上起着表达讲话者谦恭愿望的作用。

客套必须要自然，要真诚，言必由衷，富有艺术性。

小王是上海某大饭店里的服务员。著名美籍华裔舞蹈家孟先生第一次到该饭店，小王向他微笑致意："您好！欢迎您光临我们酒店。"第二次来店，小王认出他来，边行礼边说："孟先生，欢迎您再次到来，我们经理有安排，请上楼。"随即陪同孟先生上了楼。时隔数日，当孟先生第三次踏入酒店时，小王脱口而出："欢迎您又一次光临。"孟先生十分高兴地称赞小王："不呆板，不制式。"

小王之所以会受如此表扬，在于他并不是鹦鹉学舌，见客只会一声"欢迎光临"，而能根据交际情境的变化运用不同的方法，表现出他对工作的热爱和说话的艺术。

"人有礼则安，无礼则危。故曰，礼者不可不学也。"可见，人类从很早以前就开始呼唤礼仪，呼唤文明。有的人总是说，礼仪中的寒暄是人际交往的废话，其实这句话是不正确的。

在人际交往中往往少不了客套，客套会使我们彼此之间的关系更加和谐。要把"谢谢、对不起、请"常挂嘴上。请人办事说一声"劳驾"，送客临别讲一句"慢走"，这些都能显示出你礼貌周到、谈吐文雅。擅长外交的人们像精通交通规则一般精于客套，得体的客套同我们美好的仪容一样，是永久的荐书。以下是总结出的一些日常生活中常用的客套话：

初次见面说"久仰"，好久不见说"久违"。

请人评论说"指教"，求人原谅说"包涵"。

求人帮忙说"劳驾"，求给方便说"借光"。

麻烦别人说"打扰"，向人祝贺说"恭喜"。

请人改稿称"斧正"，请人指点用"赐教"。

求人解答用"请问"，赞人见解用"高见"。

看望别人用"拜访"，拖人办事用"拜托"。

宾客来到用"光临"，送客出门称"慢走"。

招待远客称"洗尘"，陪伴朋友用"奉陪"。

请人勿送用"留步"，欢迎购买叫"光顾"。

与客作别称"再见"，归还原物叫"奉还"。

对方来信叫"慧书"，老人年龄叫"高寿"。

得体的"致谢"会更加温暖对方的心窝，也能使你的语言更加充满魅力。得体的"道歉"是你送给对方的礼物，也是调和可能产生紧张关系的一帖灵药……有的人往往容易把应酬、客套、寒暄甚至是聊天这些基础的交往行为看作是虚伪、庸俗和毫无意义的东西，在思想上加以排斥，在行动上加以抵制。这样的人违背了人类的某些本性，在交际上会屡屡受挫，连连吃亏。

客套并不一定是在语言上，一个眼神、一个手势，点一下头，微笑一下，或给对方送些小礼物，凡此种种，都属于客套的范畴。换句话来说，客套是一个比较宽泛的概念，客套是一种礼节，如果客套运用得好，会使你收到意外的惊喜。

日本松下电器公司的松下幸之助是个很讲客套的人。他在交托下属去执行某一件事时，会说："这件事拜托你了。"遇到员工时，他会鞠躬并说"谢谢你""辛苦了"之类的客套话，有时会亲自给员工斟一杯茶，或者送给员工一件小礼物。

就是因为这种客套，员工才毫无怨言地为他尽心竭力。

人类是一种感情的动物，从某种意义上说，人际关系网正是出于人类感情交流的需要。客套是温暖的，能加深双方的了解、亲切关系，增加友谊，彼此之间的关系因为客套而发生变化，心理距离也会随之缩短，感情自然有了呼应和共鸣。

在人际交往中，要想使别人怎么对你，你首先就要学会如何对待别人。客套一下，看似平常，可它却能引起人际间的良性互动，成为交际、办事成功的促进剂。

抓准说场面话的时机

在交际场合说点场面话是非常必要的。恰到好处的场面话，可以赢得他人的欢心，从而增加彼此的感情。但是，场面话并不是说得越多越好，有时候说场面话也得注意场合。如果不分场合地说场面话，很可能给别人留下轻浮与虚伪的印象。

社会是由人组成的，人与人之间相处、交往是再正常不过的事情了。一踏入社会，应酬的机会就多了，这些应酬包括去别人家里做客、赴宴、会议及其他聚会等。不管你对应酬满不满意，场面话一定要讲。

什么是场面话呢？

场面话就是让主人高兴的话。既然说是场面话，可想而知就是在某个"场面"才讲的话，这种话不一定代表你内心的真实想法，也不一定合乎事实，但讲出来之后，就算主人明知你"言不由衷"，也会感到高兴。

场面话是日常交际中常见的现象之一，而说场面话也是一种应酬的技巧和生存智慧。从日常社交来看，你至少需要学会以下几种场面话。

当面赞扬他人的话。你可以称赞别人的孩子聪明可爱，称赞别人的衣服大方漂亮，称赞别人教子有方等。这种场面话所说的有的是实情，有的则与事实存在相当的差距，有时正好相反，但这种话说起来只要不太离谱，听的人十有八九都会感到高兴。

当面答应他人的话，如"我会全力帮忙的""这事包在我身上""有什么问题尽管来找我"等，这种话有时是不说不行，因为当面拒绝场面会很难堪，有时甚至会得罪人。用场面话先打发一下，能帮忙就帮忙，帮不上忙或不愿意帮忙再找理由，总之，有缓兵之计的作用。

在很多情况下，场面话我们不想说还不行，因为不说，会对你的人际关系造成影响。

到别人家做客时，一定要感谢主人的邀请，并盛赞饭菜的精美丰盛可口，并看实际情况，称赞主人的室内布置得整齐有序，小孩的乖巧聪明……

赴宴时，要称赞主人选择的餐厅和菜色，当然感谢主人的邀请这一点绝不能免。

参加酒会，要称赞酒会的成功以及你如何有"宾至如归"的感受。

参加会议，如有机会发言，要称赞会议准备得周详。

参加婚礼，除了夸奖菜色丰富之外，一定要记得称赞新郎新娘的"郎才女貌"。

生活中的"场面"当然不只以上几种，至于场面话的说法，也没有一定的标准，要视当时的情况决定。场面话切忌讲得太多，要点到为止，太多了就显得虚伪而且令人肉麻。

总而言之，场面话就是感谢加称赞，如果你能学会讲场面话，对你的人际关系必有很大的帮助，你也会成为受欢迎的人。

分清别人说的场面话

场面话大家都在说，但究竟哪些场面话是真的，那些场面话是虚言的应酬，我们要做到心中有数。

走入社会后很多人就会发现，虽然自己名片盒里的名片越来越多，真正无话不谈的朋友还是那几个。绝大多数是场面上的朋友，迎来送往，无非是个"你好"加上"再见"。苦恼的是，若是真正的朋友，就算相对无语，彼此也不觉得尴尬。但场面上的朋友就不同了，毕竟从见面到分手之间的一段空白还是要去填的。善于应酬的人，也就是公认的社交高手，总能漂亮地完成使命，让彼此轻松愉悦地度过一段时间；反之，则空留尴尬的笑脸和一段难熬的时间。

一个法资公司的大老板每年环球巡游一次，听各国首席执行官们述职。当然，也顺便见一下各国雇员。只是全球数万张面孔，哪儿记得过来？于是他每年都问同样的三个问题：你是哪个大学毕业的？学的是什么专业？何时来到我们公司的？除了首席执行官们之外，公司其余的人每年要回答一次。

大多数员工对待这三个问题就像对待元首阅兵一样，把答案像口令一样喊出来而已，从不奢望自己能被大老板记住，除了一个信息技术工程师。他每次回答完"我的专业是建筑设计"之后，都会解释一下为何原来的建筑设计师会转行到信息技术领域。这是个漫长的故事，但大老板老是记不住，于是他连续讲了三年。第四年，当他又开始讲第四次的时候，大老板制止了他："好像有个挺长的故事是吗？无论如何，我代表公司感谢你的努力工作。"可怜的人只好把他那感人的奋斗史收了起来。

老板只是在客套一下，谁知他竟当了真。

坐上大老板的位置后，也许不用再花心思设计机灵的场面话；但下属就不同了，场面上反应机敏与否，直接关系到将来的前程。

一次会议的中场休息之后，许多人迟到。大老板面露愠色。大部分人默默地进来，默默地入座，空气十分凝重。只有一个中层女经理人未到，话先到："哎呀呀，卫生间的队好长啊。老板，你怎么雇了这么多女人啊！"一句话把大老板逗乐了。

在一个鸡尾酒会上，有个商人模样的老外过来打招呼，琳达马上放下冰橙汁，与他握手。他笑问琳达："为什么你的手冰冰的呀？"她忙着解释，朝那杯冰橙汁乱指。他马上摇头："不不不，你只需要说'但我的心是热的'就行了。"

一句话提醒了琳达。其实他并不关心为何琳达的手是冷的，而琳达也并无义务解释为何自己的手是冷的。不过是两个陌生人找个话题混个脸熟而已，什么话开心，什么话可以博个笑脸，就讲什么话。

场面话人人都说，但究竟所说的场面话哪些是真的，哪些只是基于社交的礼节虚言的应付，我们的心中要有个数，这样就不至于因为没有分清对方的场面话而造成尴尬的局面。

场面话要有情感共鸣点

场面上，要想讨得某人的欢心，使得场面更和谐，就一定要找到对方感情的突破口，只有情感上有了共鸣，场面话才能继续说下去。

日常交往并不是总在熟人间进行，有时你甚至要闯入陌生人的领地。当进入一个陌生的家庭、环境时，要迅速打开局面，首先要寻找理想的"突破口"。有了"突破口"，便可以以点带面或由此及彼地发挥下去，从而实现让对方在感情上接受你的效果。

纽约某大银行的乔·理特奉上司指示，秘密进入某家公司进行信用调查。正巧理特认识另一家大企业公司的董事长，这位董事长很清楚该公司的行政情形，理特便亲自登门拜访。

当他进入董事长室，才坐定不久，女秘书便从门口探头对董事长说：

"很抱歉，今天我没有邮票拿给您。"

"我那 12 岁的儿子正在收集邮票，所以……"董事长不好意思地向理特解释。

接着理特便开门见山地说明来意，可是董事长却含糊其词，一直不愿做正面回答。理特见此情景，只好离去，没得到一点儿收获。

不久，理特突然想起那位女秘书向董事长说的话，同时也想到他服务的银行国外科每天都有许多来自世界各地的信件，那上面有各国的邮票。

第二天下午，理特又去找那位董事长，告诉他是专程替他儿子送邮票来的。董事长热诚地欢迎了他。理特把邮票交给他，他面露微笑，双手接过邮票，就像得到稀世珍宝似的自言自语："我儿子一定高兴得不得了。啊！多有价值！"

董事长和理特谈了 40 分钟有关集邮的事情，又让理特看他儿子的照片。之后，没等理特开口，他就自动地说出了理特要知道的内幕消息，足足说了一个钟头。他不但把所知道的消息都告诉了理特，又召来部下询问，还打电话请教朋友。理特没想到区区几十张邮票竟让他圆满地完成了任务。

人常说：要讨一个母亲的欢心，那就去赞扬她的孩子。找到情感共鸣，沟通自然会顺畅。

面对不同人有不同的场面话

不同的人所关注和喜欢的东西也会不同，面对不同的人，我们要学会说不同的场面话。只有场面话才能引起对方的兴趣，谈话才能持续下去。

有个人们耳熟能详的童话故事就能说明这个道理：

有一个年轻的渔夫，一天收网的时候，发现网里有一个旧瓶子。他把瓶塞打开，突然一阵浓烈的烟雾喷出来，很快变成一个比山还大的巨魔。

这时，巨魔突然笑着说："哈哈！年轻人，你把我救出来，本来我应该感谢你的，可是，你做得太迟了，倘若你早几年把我救出来，你就可以得到一座金山啦！唉，又让我等了500年，我太不耐烦了，我已经许了恶愿，要把救我出来的那个人一口吃掉！"

那年轻人吃了一惊，但立即镇定地说："哟，这么小的一个瓶子，怎么能把你盛下呀，你一定在说谎，你再回到瓶子里让我看看吧。"

那巨魔听后，竟大笑说："哈哈哈哈，我不会上当的！《天方夜谭》早把这个古老的故事说过了，我如果再钻入瓶子里，你把塞子塞上，我不就完蛋了吗？"

"你看过《天方夜谭》？真是一个博学多才之士呀！你看过苏格拉底的哲学著作吗？"

"哼！这500年来，我躲进瓶子里，穷读天下的经典著作，苦苦修行，莫说是西方的巨著，连中国的《大学》《中庸》《论语》《孟子》我都念得熟透了。"

"啊，那么《史记》你也颇有研究吧？墨子的著作也有涉猎吗？"

"别说了，经史子集无一不通！"

"不过，我想你一定没有见过《红楼梦》的手抄本，这是一部难得一见的版本呢！"

"哼！你这个小子太小觑我了，这本书的收藏者正是我呀！让我拿出来给你开开眼界吧！"

刚说完，只见巨魔立即又化作一阵浓烟，徐徐进入瓶子里。这时候，年轻的渔夫不再迟疑，连忙用瓶塞堵住了瓶子。

每个人都有可能是他兴趣所在领域的专家，激发对方的兴趣，你不仅会获得新知，有时加以利用，还能够逢凶化吉。年轻的渔夫就是利用这一点降服了巨魔。

与对方能够畅谈的原则，就是能够顺着对方的喜好交谈。心理学家告诉我们，对于不同类型的人要用不同的交谈方式。

1. 人际关系型

如果对方时常提到自己和某个人的关系，或是某个人和另一个人的关系，就代表他对人际关系很有兴趣。如果你让他知道你也懂得人际关系学，那么，他就会很喜欢和你谈下去。

2. 逻辑思维型

如果这个人说话有条理、很利索，而且用词精确，这种人通常喜欢有逻辑性地去思考，谈话滴水不漏。因此在对话时，你不能只是说出自己的感觉，尽量调动自己的"分析"因子，去分析事物背后的道理。

3. 情感丰富型

当你讨论到对于某个人或某件事情的想法，如果对方说出"这个人好可怜……"之类的话，代表他情感丰富，凡事凭感觉，而且好恶分明。面对这种人，不要谈理论、不要讲求逻辑分析，他对此可能一点兴趣也没有。

4. 艺术欣赏型

这种人喜欢谈论美术或音乐等话题，你可以和对方讨论最近最热门的商品设计或是音乐表演等，请教对方的意见，不仅让对方有一个表现的机会，你也能从中学到一些知识。

有一位学者曾说过："如果你能和任何人连续谈上 10 分钟而让对方产生兴趣，那你便是一流的说话高手。"两个陌生人初次见面，如果不能善用机会，迅速地找出话题，说不好该说的场面话，必然不能取得交谈的成功。谈论别人感兴趣的事物，会使人感觉受到尊重，同时也是一种深刻了解别人，并与之愉快相处的方式。

公众场合的致辞要体面

不管是什么样的演讲，即兴的还是事先有准备的，说话人都是为了达到一些目的。在公众场合致辞是有一定技巧的，当你掌握好了这些技巧，便会赢得他人的掌声。

在各种正式场合，与会者都要发表演讲，无论何种演讲，说话人都是为了达到一些目的。例如，在欢迎外宾的招待会上，主人要致欢迎辞，外宾要致答谢辞；在宴会上，主人要致祝酒词，外宾要致答谢辞；在欢送外宾的会议或酒宴上，主人要致欢送辞，外宾要致告别辞等。这些致辞根据各自的特定场合，各有其特定目的和表达方式。

热情洋溢、语言明快、词句精练、全文紧凑是欢迎辞、欢送辞和祝酒词的特点。当你的言辞里流露出朴实的感情，那么一定可以增进宾主之间的友谊，从而为自己树立一个良好的形象。这类致辞常由"引言""正文"和"结语"三部分组成。"引言"部分首先对远道而来的贵宾表示欢迎；"正文"部分根据特定情况，或介绍对方来访的原因、事情的安排，或赞扬对方的才华、功迹，或强调宾主双方的关系等；"结语"部分是再度表示欢迎或祝愿之类的言辞。

答谢辞和告别辞中，"引言"部分对主人的欢迎（欢送）表示感激。答谢辞的"正文"部分应阐明来访者的友好来意和做好某事的愿望；告别辞的"正文"部分应着重说明在访问或出席会议期间受到东道主的欢迎和款待使自己深受感动。最后再次表示感谢或对未来表示良好的祝愿。

1. 迎送致辞

致辞一般由主人或单位领导、集体代表先致，然后由被迎送者致答谢宾辞。欢迎时，主辞可代表组织或在场者表达增加新成员的喜悦与日后团结共事的愿望；宾辞则要对热忱的欢迎表示感谢，申明自己希望在大家的支持和帮助下作出贡献的决心。欢送时，主辞应充分肯定被送者的成绩和优点，勉励被送者继续进步，表达依依不舍的心情。需要指出被送者不足之处时，可视对象和会议气氛，有的率尔直言，有的则以希望的方式提出暗示。宾辞则要以感谢大家长期以来的关怀和帮助为主，陈述事实、抒发感情，以惜别之心怀寄意于未来。无论迎送，致辞均应热情、诚挚，以互相勉励为主。

2. 贺庆致辞

贺庆活动中，通常先致宾辞，表示祝贺与勉励；再致主辞，表示感谢与"百尺竿头，更进一步"的决心。有时，也可倒过来，譬如在贺庆宴会上，往往先由主人致祝酒词，尔后再由宾客致答谢辞。贺辞宜热烈而有分寸，祝酒词须凝炼而不含糊，答谢辞要情意真挚，朴实动人，不说套话。

3. 婚丧致辞

婚丧致辞时，气氛迥然有异。祝贺新婚，宾辞可突出婚姻之美满，并祝愿新婚夫妇相亲相爱，白头偕老。语词可幽默俏皮一些，以增添欢乐气氛，但不要庸俗油滑。主辞则要陈谢意赞友情，由衷而出，落落大方。丧事上，宾辞可深情缅怀死者、激励后人；主辞于答谢之外，要让人看到从悲痛中振作精神的姿态。

4. 联谊致辞

联谊活动的目的在于融洽感情、增进彼此之间的友谊。除了事先已经有安排的情况外，双方都应该争取先行致辞，以示主动。主辞、宾辞要分别为客人的到来与主人的盛情表示荣幸或感谢。同时，都要畅叙友谊，展望未来更密切的合作，祝贺联谊活动圆满成功、与会者健康欢乐。联谊致辞要有鼓动性，语言亦庄亦谐，但"庄"不可说教，"谐"不可无聊，均以"雅俗共赏"为佳。

5. 评聘致辞

主辞一般先致，再答以宾辞。评聘致辞通常以严肃为主，但也不须过于刻板，造成沉闷气氛。主辞对受评聘者可多予褒奖，并表示殷殷之期望，使受评聘者从鼓励中看到自身的价值，萌生努力工作的意愿和激情。宾辞则要表达这种感受和决心。必要时，双方可简要提出一些希望或建议。

6. 参观、检查致辞

参观者与检查者身份不同，但"入乡随俗"，都要表示对被参观、被检查一方的尊重。因此，宜主辞先致，宾辞后致。主辞表示欢迎，希望参观、检查者多提批评意见，措辞要诚恳，不能有虚情假意。宾辞贵在实事求是，要报以诚挚；多予赞扬，以公正的语言评是论非，同时勿忘感谢热情的接待或对被检查者提出希望。参观、检查致辞，有参观、检查之前与之后的区别，致辞内容要考虑这个因素。

致辞是一种公开的表白，你既有表现口才的机会，也有暴露弱点的可能。所以，就是即兴致辞，也要尽量细拟腹稿。致辞时，神态要自然、落落大方，不能扭扭捏捏，也不要故意卖弄。要尽量减少口头禅。

初次见面，赞美的话要说得准

对于初次见面的人，最好避免以对方的人品或性格为谈话内容，即使是赞美对方"你真是个好人"，对方也容易产生"才第一次见面，你怎么知道我是好人"的疑念及戒备心。

通常情况下，不是直接称赞对方，而是称赞与对方有关的事情，这种间接赞美在初次见面时比较有效。打个比方，如果对方是女性，她的服装和装饰品将是间接赞美的最佳对象。

　　唐码和不少朋友的家人都相处得很好，其中与一位夫人的友谊甚至超过和她丈夫的友谊。本来唐码只认识她的丈夫，那么他怎么成了她全家的朋友呢？起因是在与她初次见面的那次宴会上唐码随便说出的一句话。

　　当时，唐码被介绍给这位朋友的夫人，由于当时没有适当的话题，就顺口说了一句"你配戴的这个坠子很少见，非常特别"。唐码说这句话完全是无意的，因为他根本不懂女人的装饰品。出人意料的是，这个坠子果然很特别，只有在巴黎圣母院才买得到，这是她的心爱之物。随便说出的这句话，使夫人联想起有关坠子的种种往事，从此他们便成了好朋友。

　　要恰如其分地赞美别人是件很不容易的事。如果称赞不得法，反而会遭到排斥。为了让对方坦然说出心里话，必须尽早发现对方引以自豪、喜欢被人称赞的地方，然后对此大加赞美。在尚未确定对方最引以自豪之处前，最好不要胡乱称赞，以免自讨没趣。试想，一位原本已经为身材消瘦而苦恼的女性，听到别人赞美她苗条、纤细，又怎么会感到由衷的高兴呢？

　　赵明长得很像一位演员。每当他和朋友一起到饭店去，初次见到他的服务小姐都会对他说："你长得真像电影明星！"的确，无论是赵明的容貌还是气质都与那位演员非常相似。一般而言，说某人很像名演员，是一种恭维之词，被称赞的人通常不会不高兴。赵明的反应却不同，他听了服务小姐的奉承后，原本不喜欢开口的他，变得更加沉默了。

　　对于赵明的反应，服务小姐很是诧异。赵明的反应一点也不奇怪，因为服务小姐的赞美根本不得法。赵明了解自己的缺点，就是容易给人冷漠的印象，而那位电影明星在屏幕上所扮演的正是冷酷无情的角色。所以，如果说他酷似那位电影明星，这哪里是在赞美，分明是指出了赵明的缺点。

　　另外，从第三者口中得到的情报有时在初次见到对方时能起到重要的作用。因此，利用所得到的情报当面夸奖对方，当然也会为自己赢得主动。但是，如果你将这些情报、传言直接转述给对方，恐怕只会遭到冷遇。所以，赞美之词一定要说得准确，才能帮助你进一步开展人际关系。

第七章

扬长避短，让别人认可你的自荐语

先看清别人想要什么再去自荐

作为自荐的一方一定要弄清楚别人到底想要什么样的人才，这样在面试的时候才能有的放矢。

在找工作时，很多人都盲目地去参加面试。其实，这是非常不可取的做法。在面试前，最好先对要去进行面试的企业进行一番了解，然后再前往应试。而且，作为应聘的一方一定要弄清楚面试单位到底想要什么样的人才，而自己又是否正是这样的人才等问题。

所有的面试官只有一个目的，那就是在最短的时间里了解到你最多的信息。其实，各种各样的雇主可能问到的问题中，都能够提炼成 5 个：你为什么到这儿来？你能为我们做什么？你是什么样的人？你与竞争同一职位的人有何区别？你还有什么问题要问我吗？

对应到个人身上，你应该自问——这项工作具体是做什么？我有哪些技能符合这项工作的要求？我如何与这些人共事？我能说服他们从多个候选人中选择自己吗？我将来能在这家公司做到什么程度？

1.你为什么到我们公司来？

两名外语专业的大四学生，同校同班，一同应聘总裁助理职位。甲说："我毕业于某大学外语专业，22 岁，平均学分 90 分，班级排名第一，是校学生会主席，组织过很多社团活动，还是学校义卖形象大使。我爸爸是局长，有广泛的人脉。我的爱好是游泳、看书。"乙说："我关注贵公司很久了，很清楚你们公司的业务。做总裁助理英语必须很好，所以我除了平时在校刻苦学习英语，还利用寒暑假到旅行社实习；我也知道总裁助理的文笔要好，所以一直练习写作，给校广播站和杂志社投稿，现在已发表多篇文章，而且给出版社翻译过外文书。"

或许甲看起来很优秀，但显然乙对公司和职位更有热情、更用心。

2. 你能为我们做什么？

有时候面试官会问你："你在大学都学了哪些专业课？除了这些，还会什么？"很多人会回答"我会……"其实，对面试官来说，他并不是问你会什么，而是问你能为公司做些什么。如果把回答修改为"我可以帮公司开发或者完善客户系统，让检索更简单""我可以优化公司的管理系统，让全国的数据实现快速共享和更新"，那效果就截然不同了。

3. 你是什么样的人？

这等于是在问：你了解自己吗？你的价值观是否和我们一致？"你必须清楚地知道我把你招进来，能把你用在什么地方。"这个问题还会以"你最害怕的一件事""最不喜欢的工作环境""你最喜欢什么样的老板""你最崇敬的一个人是谁，对你的影响是什么""你的优点和缺点是什么"等形式出现。

4. 你与竞争同一职位的其他人有何区别？

通常这个问题会带着"你的优势是什么""为什么我要雇用你"的面具。时常有学生回答，"我有良好的沟通能力、团队合作精神、人际交往能力、组织协调能力"……这毫无意义，人与人之间的这些差别只差毫厘，所有进入面试的候选人都具备了大同小异的沟通能力、团队合作精神，这根本不是任何人的优势！所以，在面试的时候，你要讲那些别人没有、只有你有的。

5. 你还有什么问题要问我吗？

一般情况下，很多学生会问工资待遇、培训等问题，事实上这样做并不是很好。招聘者的问题有时间顺序，从遥远的过去递进到最近、到现在、再到未来。这个问题就是个典型的关注未来的问题，你要关注的是工作本身，而不是公司能为你提供什么。所以，"这份工作最大的挑战是什么""如果我被公司雇佣做这份工作，我需要注意些什么"这类问题都是好问题。

自荐时的"自杀式"回答

面试时有些问题、有些话看似很合理，但却并不适合说出来，因为它会在无形中影响你的自荐效果。

很多人之所以找不到理想的工作，并不是由于自己不够优秀，而是因为这个人从头到尾的"自杀"所致。下面是面试时一些常见的"自杀式"回答，自荐时一定要避免提这些问题。

1. 奋不顾身

面试官提问：请简单介绍一下你自己。

"自杀式"回答：我是一个很普通的人……

失败理由：面试官给你一个机会，就是让你证明自己的优秀的。每一个人都有闪光点，关键是你如何寻找。

请简单介绍一下你自己：

我今天准备得不太好……

你的意思是：我还可以更好的。面试官听到的意思是：没准备好来干吗，太不尊重我啦！

2. 天花乱坠

面试官提问：说说你的优点。

"自杀性"回答：我团结同学、尊重老师、热爱生活、兴趣多样，积极主动……

失败理由：最郁闷的就是看到那些云集了中华文明 5000 年所有优秀传统文化的人。优点不是越多越好，而是越真实、越独特越好。什么优点都有的人就等于没有优点。

3. 我要学习

面试官提问：你希望通过这份工作获得什么呢？

"自杀性"回答：我希望通过这份工作锻炼自己，提升自己的能力。

失败理由：公司又不是学校，是希望你过来干活的，学习的目的也是为了更好的工作。面试官会想，你居然准备拿我们的工作机会练手和锻炼自己？我们还是找一些更靠谱的人吧。

4. 前途钱途

面试官提问：你还有什么问题吗？

"自杀性"回答：我想问一下工资大概是多少？还能高些吗？

失败理由：在一般情况下，你可以在公司的网站、一般的行业网站找到大概的工资待遇，或者私下里进行沟通。在面试的时候问这个问题不太合适，因为很多雇主会认为，就业是一种双向选择，你还没有展示自己的能力，凭什么就让雇主开价？当然，就这个问题，有不同意见。有人还建议说当场问显得自己很有信心。

5. 我会努力！

面试官提问：你会如何面对你的新工作？

"自杀性"回答：我会认真努力，尽全力做好。

失败理由：在商业社会中，态度并不等于能力。不管你是全力以赴还是认真努力，没有达到目标，也是无用。即使你是心不在焉，只要最后达到了公司要的结果，那也是好员工。你可以尝试提供你准备的具体行动步骤和目标，否则这个问题基本等于没有回答。

6. 我应该……

面试官提问：如果给你一项任务，你会怎么做？

"自杀性"回答：我应该能够做好……

失败理由：我应该能够做好，反过来说就是：做不好也不怪我吧。企业是用结果说话的，这是一个责任心的测试。"应该"者失败了。你可以尝试谈谈你会怎么做。如果做到你会怎么样，如果做不到，你会如何调整。

随机应变，做自荐的常胜将军

自荐时，别人会根据你的情况提出各种各样的问题，面对这些问题，聪明的人一定要随机应变。

对于面试中的考题，只要你能够联系实际工作，随机应变，稍加考虑，便可以给出一个自圆其说的答案。因为考官绝对不会想要故意刁难你，只要你说得合情合理，他们就会欣赏你的创造力和智慧。

有一家公司要招一名市场部副经理，李枫报了名，并且幸运地从几百人中脱颖而出，成为最终进入面试的 10 人中的一个。

面试者们几乎都怀揣着硕士以上的学历，个个志在必得，而只有李枫是本科学历。他们一起被叫进经理办公室。参与主考的都是公司高层领导，连董事长都在。主考官首先问了一些基本情况，然后又问了一些专业问题。

就在面试即将结束时，一直未张口的董事长突然说："我这有几组数字，请说出他们之间的区别。第一组是 1、3、7、8；第二组是 2、4、6；第三组是 5、9。"李枫有点蒙，不知道应该怎么回答，其实大家都有点蒙，一个个都不知所措。两分钟后，李枫不知哪来的勇气，试探着回答道："三组数字，它们的声调有区别。第一组读阴平声，第二组读去声，第三组读上声。"主考官们赞许地点点头。最后她被录用了。

也许有人会感到纳闷，这位董事长怎么会问这样的问题呢？更何况这个问题根本就没有固定答案。

很明显，他们要的不是仅仅具备数字思维的员工。因为一个不能从多角度考虑问题，或者说只具备计划性而缺乏处理突发事件能力的人，是不可能成为一名成功的职业经理人的。李枫的回答虽然可能和领导们预想的有些不一样，但至少说明，她的应变能力还是很强的。

当你进入面试场之后，面试官并不急着发问，而只是带着微笑看着你，这使得你不知所措，心里紧张。这时候，你可"主动出击"，以改变这种被动局面。你可以先作自我介绍，并逐渐把重点转移到自己所精通的专业知识上，甚至可以向考官们提出一些问题，以显得自己是位谈吐清楚、头脑灵活、反应敏捷，能够随机应变的人。

当然，李枫的情况是不常见的，但要有所准备，常见的是下面一些情况。

比如，考官知道你报考的是计算机操作员职位，会问你在校时喜欢哪几门功课，如果你的线性代数、高等数学、C 语言程序设计等几门课的成绩都是优秀的话，你可说："这三门课我都喜欢，尤其是 C 语言程序设计。"考官如追问为什么，你可回答："计算机是把数学的思维方式运用到程序设计中去，比简单地应用数学公式更能发挥我的聪明才智。"

又比如，考官问："你注意到没有，首长接见外宾时，除了录音以外还有个人在速记。你认为，有了录音机，速记还有用吗？"这是个基于生活常识的应变能力考题，你可简要回答："我认为是有用的。因为录音机与速记可以功能互补。录音机只能解决声音的记录，需要书面材料时，就要靠速记了。当需要经过特定整理的信息时，采用录音机，就只能是事后整理，而速记可现场加工整理。"

当考官面带微笑地问你："从报名表看，你是甘肃人，一定非常热爱家乡，是否平时经常关心甘肃的变化呢？"你应马上答道："是的，非常关心。"考官接着问："那么请问 2000 年国家五·一劳动奖章获得者中哪些人是来自甘肃的？"这道题的难度相当大，一般人是答不出来的。如果你直接答"不知道"，可能会影响你的面试成绩。当然考官也不指望你将甘肃的多名五·一劳动奖章获得者全部答出来，而是在测试你的随机应变能力。你可这样回答："我看过报纸，2000 年国家五·一劳动奖章获得者甘肃有多名，遗憾的是，我都不认识，也没用心去记。"这样的回答，考官可能会满意的。

自圆其说是指当考官问到的问题没有固定答案时，那你就要风趣、生动地将自己的理由说得无懈可击。

比如，让你从一个创新能手、一个勤勤恳恳功绩卓著的劳动者、一个见义勇为者、一个勤政廉政的好公务员这四个市级劳动模范中，选出两个出席国庆观礼时，只要你把挑选某人的理由讲充分，就不要顾及其他候选人了。

若考官问道："你的条件不错，如果没被我单位录用，你会怎样想？"你可回答："尽管我的条件不错，但离职位的要求还有不小的差距，不能录用，我很遗憾。"你还可回答："尽管我的条件不错，但还有不少比我更优秀的人参与竞争，竞争是残酷的，我有这个思想准备。"

电话自荐的技巧

要想在电话自荐时让人感到你是一个强有力的求职者，就应该懂得在电话面试时，哪些是应该做的，哪些是不应该做的。

面试，就是当面考试，谁懂得礼仪，谁就拿到加试分，谁就容易拿到高分，谁就最先通过。你在整个发简历、面试过程中就要全套专业，这样才能击败对手，求职成功。现在越来越多的企业在录用员工时重视对其人品的考察。因此在面试时，考官们会随时注意求职者的言行举止。那些举止得体者往往能获得考官的青睐。实际上，在你接到面试电话时，考试就开始了。

要想在电话面试中让人感到你是一个强有力的求职者，需要一些和直接面试不同的技巧。通过电话进行的面试，最大的不利就是你也许毫无准备，或没有面试的心情。稳妥的办法是请求面试人晚些时候再安排面试，这样会为你赢得一些时间，去搜集有关公司的信息或是做些简捷的研究。由此可以使你对面试做好充分的思想准备，有备而战，战之能胜。一定要保证把面试安排在不会被打扰的时间——避开孩子、合住伙伴甚至宠物的打扰。

面试之前，在电话旁边放一支钢笔和一叠便笺纸，这样就可以随手记下你想弄清的有关工作或公司的问题。电话里用人单位的人事部门会问些什么问题？这个可能是求职者最关心的问题了。电话面试时，用人单位首先要做的是对求职者求职信和简历上的内容进行确认，看看是否有漏洞，是否有不符合事实的地方。在接听电话的时候，可以把自己的简历和求职信放在面前，这样可以对用人单位的问题有个准备。在对简历上内容进行确认以后，用人单位还会在电话里问一些关于工作的问题，比如你的专业技能、你对应聘职位的个人看法等。有的时候会问得更细节一些，问题会涉及到求职者的人品、阅历、视野等。

如果你曾经花时间去寻找一份工作，你可能有过一到两次的电话面试的经历。如果没有，那么你很有可能会尝试到这种更加有效率的方式，因为越来越多的公司开始通过电话面试的方式来遴选候选人。

虽然下面这些电话面试的技巧看上去很简单，但是这有助于使你头脑清醒并提醒你在电话面试中什么是该做的，什么是不该做的，以使你不会因为忘记了其中一个要点而丧失了一次机会。

1. 环境

确保你的面试环境是安静的，这样你就不会被弄得心绪不宁或被打断，而且还要保证电话是通的。很明显，你不应该在工作的时候接受一次电话面试。如果面试必须在中午进行，那么你应该让自己尽量少地离开办公室。如果在家里，要确定你的家人是理解你的，让你占用电话并且在你面试的时候不会打搅。把宠物都放到门外面去。还有记住不要关掉你的移动电话。

2. 工具

在手边放一支钢笔和一张纸。你可能会在面试的时候记上一点东西。把你的履历表放在你的正前方，同时准备一份你要问面试者的问题清单。你还需要整理出一份你所掌握的技术的列表，连同它们相应的时间和地点，这就让你的实力一目了然。

在你的桌子附近放一面镜子来提醒你保持微笑也是一个好主意。如果在整个电话面试中你的面部表情一直是微笑，那么你将给人更多积极乐观的印象。不管怎样，不要闹出笑话。因为没有了肢体语言的优势，你的幽默很容易被误解。

3. 声音

说话要清楚，不要说得太急。感到紧张是很自然的，但是要试着让自己慢慢放松。如果你说得太急，面试者将会很难听懂你的意思。一旦你感觉到很紧张，而且在说某些话时无法继续下去，最好停下来，深深地吸一口气，然后说："对不起，请让我再来一次。"没有人会因为这些细微的紧张就给你下定论。不过你千万不要让紧张的情绪控制了自己。

4. 从容回答

认真地听你被问到的问题。注意面试者的用词，他所说的大部分都是专业术语吗？要让你的答案显示你对那些专业术语是如此的熟悉。不要让你的回答局限于行话之中——要让面试者可以评价你和普通人交流专业知识的能力。不必担心在回答一个问题之前你需要花一点时间去思考。因为面试者不能够看见你，所以你需要给他一些口头的暗示，比如："我希望能够给你一个完整的答案，请给我一点时间来整理一下我所想到的。"

5. 感谢

千万不能忘记，在面试结束的时候要记得感谢面试者，因为你占用了他的时间，而且你还要保证面试者有你正确的电话号码，以便在接下来的几个星期里他能找到你。

面试结束后立即挂上电话，写一份关于面试的简短感谢信，尽快发到面试公司的电子邮箱。

在你的感谢信里面，重申你对占用了面试者时间的感激是很重要的。如果你发现在面试的时候有很重要的经历没有提到，那么这封感谢信将是补充这些附加信息的最好时机。

　　一旦邮件发出，你就把大致可以得到反馈信息的时间做记录。留意一下，如果在这之后的一个星期内还没有得到任何答复，也不要以为事情已经到了最糟糕的地步。这时可以去打个电话，但是不要说太多的话。如果仍然没有音讯的话，下一个电话就需要询问关于进行面对面面试的人选是否已经决定或者你什么时候可以得到答复。如果你能够得到一个预约见面的日期，这证明你就是最好的。

自荐时要有自知之明

　　面试，对于一个人的前途有着非常重要的意义。在参加面试进行自荐的时候，一定要实事求是介绍自己，既不要过于谦虚，以免失去机会，但也不要夸大其词，免得名不副实。

　　首先在求职前，必须对自己有一个客观而全面的认识，做到有自知之明。

　　自我评价受到主观感情的影响，所以评价自己并不是一件很容易的事情。人在自我知觉时，常有一种无意识的自我防御机制处处为自己辩解，从而干扰自我认识；或过高地估计自己，以天下大事为己任，其结果却是志大才疏、眼高手低、一事无成；或者过分贬抑自己，自卑感特别强，最终亦难成大事。这两种状态都可能使求职者在求职时遭到挫折。

　　对自己必须有一个客观且全面的认识和把握，科学的方法就是通过对自己个人资料的收集、归纳和分析来实现。求职实践证明，个人资料的收集整理是求职的前提和必要准备，科学化、系统化的个人资料也可为用人单位提供值得信赖的档案资料。

　　其次，自荐时的表达要简洁明了，谦逊慎重。表达尽量三言两语，清晰明快，能少说的话，就不要多说。在表达自己的观点时，尽可能先说论点和结论，然后再用实例加以论证，这样可以使表达简明扼要。讲话时尽量不要使用模棱两可的语言，譬如回答某一问题时不能只说"还行"或"可能很强吧"等。需要注意的是，不要夸大自己的能力，尽量用具体的事例说明问题，避免用"极好""极强"等字眼。因为强中更有强中手，招聘主管对你的期望越高，失望可能也就越大。

　　此外，还有一些人在面试时侃侃而谈公司应该如何如何，好像是来应聘董事长或智囊团主席的。这类人往往很是聪明能干，并且对公司做过一些调研工作，有备而来。但是，他们忽略了一点：作为一个已具规模的公司，需要的不是半途杀进来的诸葛亮，而是踏踏实实的好员工。每当有人滔滔不绝地发表高见时，那些坐着的真正高级职员嘴角边往往就会泛起一丝微微的嘲笑，因为他们招聘的是下属，而非上司。

什么样的人才是他们所需要的呢？

首先，要有正确的思维方式。

比尔·盖茨经常会问到面试者这样的一个问题："怎样移动富士山？"当被问到出这样的问题究竟意欲何为时，比尔·盖茨回答说："我们要考察应聘者是不是按照逻辑来解决问题。"类似于这样的问题，正确的答案并不重要，重要的是你有没有按照正确的思维方式来思考问题。

其次，要有优秀的人格素质。

计算机业日新月异，你在大学里学的东西再多，也很难是完全合适的"才"。而微软要的是"人"——聪明、好学、踏实、自信，具备良好的道德和较强的团队精神的"人"。谜语题也好，推理题也好，所要考察的，都是冲着这样一个"人"字。一个优秀的"人"，正是名企孜孜以求的，也正是它们这一系列测试"怪题"的指向所在。其实，这些名企并不在乎你的答案，而在乎你的回答所体现出来的人格素质。所以，不管你是否能说出答案来，始终保持冷静、自信和深度思考是最重要的。

要想让考官欣赏你，你必须明确地告诉考官你具有应考职位必需的能力与素质，而只有你对此有信心并表现出这种信心后，你才证明了自己。

应试者在谈到自己的优点时，一定要保持低调。轻描淡写、语气平静，只谈事实，别用自己的主观评论，同时也要注意适可而止，重要的、关键的要谈，与面试无关的特长最好别谈。另外，谈过自己的优点后，也要谈自己的缺点，但一定要强调自己克服这些缺点的愿望和努力。

需要注意的是，在面试时千万不要夸大自己。一方面从应试者的综合素养表现，考官能够大体估计应试者的能力；另一方面，如果考官进一步追问有关问题，将令"有水份"的应试者下不了台。

自荐时提出自己的要求要委婉

求职自荐时，我们也需要提出自己的要求，但有些要求如果直接提出的话会影响我们的自荐效果。这时，不妨换一种方式，用委婉的方式提出自己的要求。

当我们在求职自荐的时候，当然免不了对工作的待遇进行讨论。当你觉得对方给出的待遇与自己的能力、工作范围、工作量不匹配时，就要向老板提出自己的标准。要想在团队里面更好地做出自己的贡献，合理的薪资待遇是基本前提。向老板提出修正待遇的要求是可以理解的。在这方面，很多人都不好意思去提出自己的异议，有些人虽然想说出自己的心声，但却不知道如何说出口。大多数人在这个问题上都选择了沉默，因为提好了，皆大欢喜；提不好，反会招致老板的不满，轻则日子不好过，重则丢了工作。

如何向老板提出自己的要求？如何让老板觉得自己的要求是合理的，满足自己的要求呢？这貌似是个棘手的难题，但只要我们学会委婉的表达技巧，自己的要求被老板认可的概率就会大大上升。委婉地说话就是说一种含蓄的、没有风险的、柔软的语言，这样的语言更容易让人接受。

委婉地把话说出来可以让你的语言变得"好听"。因此，在与老板交谈时，如果遇到不合自己心意的条件时，可以采取一些委婉的方式来表述，掌握这种技巧即可以显得你很礼貌，又不至于让老板觉得你是一个"功利"之徒。

间接提示：通过密切相关的联系，"间接"地表达信息。

留有余地：不要把话说绝，从而使自己失去回旋的余地。

比喻暗示：通过形象的比喻让对方展开合理准确的联想，从而领会你所要传达的意图。

旁敲侧击：不直接切入主题，而是通过"提醒"让对方明白你的意图。

不用祈使句：多用设问句。祈使句让人感到是在发布命令，而设问句则让人感觉是在商量问题，所以更容易让人接受。

先肯定，再否定。有分歧的时候，不要断然否定对方的全部观点，而是要先肯定对方观点的合理部分，然后再引出更合理的观点。

总之，委婉说话不仅是一种讨价还价的策略，也是一门艺术。作为一个求职自荐的人，应当有意识地掌握这种表达方式。

事关切身利益，要谨言慎语

面试时的自荐话是事关切身利益的话，因此，自荐时一定要谨言慎语。什么话该说，什么话不该说，一定要心中有数。

语言是求职者在求职面试中与招聘人员沟通情况、交流思想的工具，更是求职者敞开心扉，展示自己知识、智慧、能力和气质的一个主要渠道。恰当得体的语言无疑会增强你的竞争力，帮助你获得成功；反之，不得体的语言会损害你的形象，削弱你的竞争力，甚至导致求职面试的失败。所以，在求职自荐的过程中，我们要"三思而后说"，谨言慎语，知道什么该说，什么不该说。那么，在求职面试中哪些是影响自己成功的忌语呢？

1. 缺乏自信

最明显的就是"你们要几个人"，对用人单位来讲，招一个是招，招 10 个也是招，问题不在于招几个，而是你有没有这实力和竞争力。"你们要不要女的？"这样询问的女性，首先给自己打了"折扣"，是一种缺乏自信心的表现。面对已露怯意的女性，用人单位正好"顺水推舟"，予以回绝。你若是来一番非同凡响的介绍，反倒会让对方认真考虑。"外地人要不要？"一些外地人出于坦诚或急于得到"兑现"，一见招聘人员就说这么一句，弄得人家无话可说。

2. 急问待遇

"你们的待遇怎么样？"谈论报酬待遇，无可厚非，只是要看准时机。一般以在双方已有初步意向时再委婉地提出为宜。

3. 咄咄逼人

小李是广州某重点大学新闻与传播学院的应届毕业生，大三就开始在一家报社实习，一年多下来，有上百篇稿件见诸报端。她觉得自己性格外向，脑子灵活，天生就是干记者和编辑的料。所以某大型国企的内部刊物招聘编辑时，小李毫不犹豫投了简历，自我感觉这个岗位非她莫属。

通过了资格审查和笔试，她一路过关斩将闯进了面试阶段。面试的一个重要环节是小组讨论，十个应聘者一组，由主考官给出一个栏目的策划草案，大家一起讨论一个半小时。小李一心想要显示自己的实力，希望给考官留下一个深刻的印象，于是发言特别积极，一个人就占了半个小时的时间，而在接下来的讨论中，有时候别人一开口就被她打断了，她接过话头就滔滔不绝，遇到有不同意见更是争个不休。看到其他人面露不悦，小李心想：那也没办法，竞争就是这样残酷。讨论完后，她自我感觉还真不错，回到家就开始准备上岗后大显身手。然而几天后，网上公布的录用名单中却没有她。

显然，过分张扬、乱抢话头、咄咄逼人、缺乏基本的讨论礼仪，导致了小李这次面试的失败。"小组讨论"是近年来用人单位大都喜欢采用的一种面试方式，它可以综合考察求职者多方面的素质和能力，如创新策划能力、口语表达能力、交际沟通能力和专业知识水平等。

一言不发固然不可取，但也不是说得越多越好，嗓门越高越好，关键是言之成理，礼貌谦虚。小李应聘的是企业内部刊物编辑，需要编辑人员能够协调多方面的工作，文字功夫和策划能力固然重要，但谦逊、真诚的谈吐和处世之道也是非常重要的。考官很难接受小李这种咄咄逼人的说话方式和过分张扬的个性，她被淘汰出局当然是情理之中的事了。

4. 不合逻辑

考官问："请告诉我你的一次失败经历。""我想不起我曾经失败过。"如果这样说在逻辑上讲不通。又如："你有何优缺点？""我可以胜任一切工作。"这也不符合实际。

5. 报有熟人

"我认识你们单位的××""我和××是同学，关系很不错"……这种话主考官听了会反感，如果主考官与你所说的那个人关系不怎么好，甚至有矛盾，那么，你这话引起的结果就会更糟。

6. 本末倒置

一次面试快要结束时，主考官问求职者："请问你有什么问题要问我们吗？"这位求职者欠了欠身，开始了他的发问："请问你们的规模有多大？中外方的比例各是多少？请问你们董事会成员中外方各有几位？你们未来5年的发展规模如何？"参加求职面试，一定要把自己的位置摆正，这位求职者就是没有把自己的位置摆正，提出的问题已经超出了应当提问的范围，使主考官产生了反感。

7. 不当反问

主考官问："关于工资，你的期望值是多少？"应聘者反问："你们打算出多少？"这样的反问就很不礼貌。很容易引起主考官的不快。

8. 故意卖弄

在全省公务员选拔考试中，小王以优异的笔试成绩进入了"三选一"的面试阶段。面试中，主考官先问了一个常规性的问题："单位要组织五人去外地考察学习，为期三天，由你组织安排，你觉得在哪些方面要重点考虑？"

主考官话音刚落，小王就说："我在学校一直担任学生会干部，组织过很多次大大小小的活动，对于这方面比较熟悉。要组织好一次活动，首先是资金的到位，充足的资金是活动顺利进行的保证……"然后就开始谈他在学校组织的一次语言艺术大赛，在他的努力下，如何拿到了一个服装品牌的赞助……

主考官提醒他："偏题了，请回到面试问题上来。"

小王接下来说："考察学习有特定的目的，但绝不是为了学习而学习，学习过后的行动才是目的……"

最后的结果是：距离成功只有一步之遥时，小王却惨遭淘汰。

主考官问的是问题的具体解决方法，小王却将其当成了展示自己知识面和长处的良机，大谈自己学生时代的得意和辉煌，以为这番表现足以打动坐在对面的考官。其实，针对提问，言简意赅的回答是最重要的，你所说的正好是面试官想知道的，你所展示的能力正好是职位所需要的，这样回答才对路、才有效；而不合题意的滔滔不绝，答非所问，故意卖弄，只会南辕北辙，适得其反。

也许你正为下一次极为重要的自荐机会做准备，也许你正为上次面试中的糟糕表现追悔莫及。前车之覆，后车之鉴，面试中不当的说话方式远不止以上这几种，求职自荐应该学会从这些失败的说话经历中吸取教训，才能早日找到一个适合自己的发展空间，顺利走向社会。

第八章

懂得赞美的人最受欢迎

男人和女人，赞美有"性"别

人人都渴望被别人赞美，但男人和女人的需要是不同的。

男人要面子、好虚荣，多表现在追逐功名、显示能力、展示个性以显潇洒和能人之形象方面，而女人则表现在对容貌、衣着的刻意追求或身边伴个白马王子以示魅力方面。

男人要面子、好虚荣，他们对此毫不遮掩，有时甚至坦率得令人吃惊，而女人则总是遮遮掩掩、羞羞答答。

女性对于面子、虚荣还有几分保留，而男子则是全力以赴去追求面子，好似他的人生目的就是追求面子一般。

男人为了面子可以大动干戈，有权力的甚至可以轻则杀一儆百，重则发动战争；女人为了面子则会大喊大叫或者在家里痛哭几声。

男人的面子千万不要去伤害、破坏，否则便万事皆休——友谊中断、恋爱告吹、生意不成、升官无望、职称泡汤。

因此赞美他人时也要区分对象的不同。

比如，赞美一个女人漂亮就大有学问。对于容貌绝佳的女性，她已习惯了别人的赞叹，不妨用些新颖的方式，如用比喻去赞美她；对于一个明显较丑的女性，如果你虚假地夸赞她的容貌，她会认为你在讥讽她，而引起她的反感，你最好是去发掘她的气质、能力或性格；而普通的女性是最需要赞美的，因为她身上也有美，并且也最向往美，最渴望被人肯定。

你可以赞美女人的修养。有许多女人虽然长得漂亮，但是缺乏修养、没有内涵，稍一相处，便会让人感到俗不可耐。因而，花瓶式的女人虽然可赢得一时的赞美，却不能使男人长久地爱慕她，更无法获得男士的尊敬。而一种好的气质，则可以使一位非常普通的女人变得十分迷人，令人心驰神往。因为一个人的修养是一种内在美、精神美、升华美，它可以永久地征服一个男人的心。

作为男人更要会赞美女人。能够做到张口也赞闭口也赞，这样你才能在女人面前受欢迎，使你魅力无穷。

男人赞美女人是对女人价值的肯定，更是对女人魅力的一种欣赏。在男人眼里，女人身上总有美丽动人之处，或是皮肤细腻，或是身材苗条，或是眉目含情，或是穿着得体。所以你一定要善于去发现、去捕捉她的美。许多女人都会对自己的缺憾有所了解，但她们也十分了解自己的最动人之处，只要你能慧眼独具，赞美得体，你一定会博得她们的赏识与青睐。

现在注重个性，夸赞一个女人有个性已成了一种时尚。固执的性格可当此人有个性来赞，孤傲的性格也可以用有个性来赞，像男人一样不拘小节，有些泼辣的女性也能用有个性来赞。只要是稍稍区别于大众的性格，你用个性二字来赞她，无论是哪种女性，她都会觉得你这个人很有品位。

最后，谈一谈女人的能力。现代社会，在各种事业中女人都表现出了她们非凡的能力。她们不仅能把自己分内的事完成得十分得体，还会凭她们细心的洞察力去发现工作中出现的问题，把各部门的事情都安排得十分妥当，有时工作能力大大地超越了男性。而女人在取得很大的成就时，她们是需要被这个社会所肯定的。她们希望这个社会能认同自己，肯定自己的能力，也希望在男人眼中她们不再是处处依附于男人的人，而是能够独当一面，把事情处理得完美无瑕的有能力的人。于是，她们需要男人的赞美，希望自己所做到的，能够得到男人的认同与赏识。如果你是她的老板、上司或是同事，你可千万别忽视她的业绩，常常激励她、赞美她，换取她更大的工作积极性吧。

除此之外，生活中女人们的能力也值得你一赞。日常家务，如烧饭做菜、收拾房间、照顾孩子，这些虽是一些细小的事情，但却能表现出女人的动手能力、审美能力、教育能力。只要你在日常生活中也不忘记赞美一下女性，你定会得到女性们一致的好评。

最后要记住的是，女人喜欢甜言蜜语，但并非是喜欢太过花哨的话，所以赞美她时多用些实际的语言，不用刻意去修饰，不然会让人觉得你很肤浅。

人们都说女人是用耳朵来生活的，赞美是女人生命中的阳光。其实男人也一样，他们一样喜欢听到他人对自己的肯定和赞美，因为这会让他们有一种价值感，并由此充满自信。可以说，恰到好处的赞美是打在男人身上的一剂强心剂。你可以从以下几个方面来打造对男人的赞美之词。

1. 赞美他是成功的男人

传统社会对男性角色的定位——挑家立业者，使得男人非常在乎自己在别人心目中的形象，任何人对他的工作作出的评价都会让他反应敏感。因此，无论男人从事的是怎样的工作，他都希望能得到别人的认可。

不过你得注意，不管一个男人有多成功、多得意，他内心深处最渴望的还是别人的理解和关怀。一般的理解和关怀都是无可厚非的，可一定要注意把握"度"的原则。过犹不及，说得太夸张、太过分、太直白，就会被人当成追逐名利、爱慕虚荣的女人，会成为男人心底讨厌的势利女人。因此，即使是赞美也要掌握分寸。通常从以下几个方面入手来赞美别人，是比较容易被接受，而且会收到预期效果的。

首先，在赞美男人的同时注意表达关心与体贴。关心与体贴是女人善良天性的表现，也是女人细腻温柔的体现。女人的关心，有如吹面而过的柔和的春风，又如沁人心脾的淡淡花香，会在不知不觉中悄悄渗入男人的心灵之中，融入他们的心怀。男人们最喜欢的是那种会关心、会体贴、善解人意的女人，女人的关心和温柔会让男人从心底感激她。以前，曾有人这样赞美过别人：

"张老师，您那本书写得真好，没少花工夫吧？您可得注意休息了，瞧您现在比以前瘦多了。"

"刘总，这么大的工程，您一个人给搞定了，可真了不起！不过您可要注意身体呀，别光为了工作累坏了自己。"

这些又温馨又充满敬仰与关切的语句，怎么能让男人不动心、不从心底感激、不视女人为自己的好友呢？

其次，在赞美男人的时候，恰当地表达出崇拜的思想。不管男人还是女人，都希望有人崇拜自己，都希望被人用尊敬、仰视的眼光看待，这也是人之常情。被人崇拜是无法拒绝的，被人崇拜意味着对"自我"的肯定，是一种人生价值的体现。对一个春风得意的人来说，他最自豪的是"自我"，也就是他的成功之源。

最后，别忘了在赞美的同时予以鼓励。一个女人鼓励一个男士，既是对他过去的肯定，对他以前创业生涯的一种肯定，又是对他未来充满信心的一种表现。人在任何情况下都是希望有支持和鼓励的，人不仅需要对自己有信心，更需要别人对自己有信心。现在的社会，竞争激烈压力大，成功是需要付出很大代价的。一个成功的、春风得意的男士，即使在一定程度上达到了自我价值的展现，也还是需要鼓励的，尤其需要别人对他有信心。

还有一些男士，春风得意的时候，往往会在别人的一片颂扬声中沾沾自喜、自高自大、忘乎所以，而女性的委婉的激励，有时就像一剂良药，会给头昏脑热的春风得意者一点不动声色的提醒，进一步激发起他的冷静和投入下一次竞争的热情。

2. 赞美他是一位绅士

所谓风度，是男人在言谈举止中透出的一种味道。不要以为男人真的是散漫随意、潇洒不羁，其实他们是很在乎别人对自己举止的评价的。曾经有一位女生说起她和男友分手的原因，只因为她在一次朋友聚会上调侃了男友的局促，就大大伤了对方的自尊心，扔了句："既然你认为我没风度，那么分开好了。"

事实也如此，行动比语言更有说服力，只有当女方对对方的言谈举止很满意、很欣赏时，女方才会爱上他。而在这方面赞美男人的聪明之道，也是拿他和别的男人比较，表现出你的欣赏。一位范先生说："有一次，我和女友乘出租车，下车后我替她打开车门，她很高兴，说她以前遇到的男人从不知道什么是绅士风度。这句话极大地满足了我的自尊心，也让我觉得自己是个很受欢迎的男人。"

3. 赞美他仪表堂堂

许多男性承认，他们在关注女人闭月羞花之貌的同时，也希望自己貌比潘安。但是同样因为社会角色的定位，男人特别害怕女人把他们当作绣花枕头，因而他们对女人对他们外在形象的夸赞是特别敏感的。让女人兴奋地说"你长得真漂亮""你穿得真好看"之类的话，会让男人觉得特别不舒服，按他的理解，这里面透着一种嘲讽，好像说："你有些娘娘腔，你怎么像女人一样爱打扮。"

所以说，要真的想对男人表达你对他外形的欣赏，还需审时度势。但你可以对他的某个部位作出较高的评价，例如，你的鼻子好有个性等。

另外在赞美一个男士的时候，有一点特别忌讳的是，不要当着这位男士的面大肆指责他的竞争对手，这样做也许当时能让这位春风得意的男士十分高兴，但过后他就会清楚地意识到这种以贬低一个人来衬托另一个人的手法是多么地笨拙，并且让人感到的只是巴结和恭维。所以，建议那些想要锦上添花的朋友，一定注意，添花要小心，要把握好分寸，不要搞出笑话来，以免遭人反感。

夸人夸到点子上

在一个人所走过的人生道路中，有无数让他们引以为荣的事情，这些都是一个人人生的闪光点。这些东西又会不经意地在他们的言谈中流露出来，例如，"想当年，我在战场上……""我年轻的时候……"等等。对于这些引以为荣的事情，他们不仅常常挂在嘴边，而且深深地渴望能够得到别人由衷的肯定与赞美。对于一位老师而言，引以为荣的往往是由他授过课的学生在社会上很有出息，你为了表达对他的赞美，不妨说："您的学生×××真不愧是您的得意门生啊！现在已经自己出书了。"对于一位一生都默默无闻的母亲，引以为荣的往往是她那几个有出息的孩子，你如果对她说："你有福气啊，两个儿子都那么有出息。"她一定会高兴不已。对于老年人来说，他们引以为荣的往往是他们年轻时的那些血与火的经历。

真诚地赞美一个人引以为荣的事情，可以更好地与之相处。乾隆皇帝喜欢在处理政事之机品茶、论诗，他对茶道颇有见地，并引以为荣。有一天，宰相张廷玉精疲力竭地回到家刚想休息，乾隆忽然来造访，张廷玉感到莫大的荣幸，称赞乾隆道："臣在先帝手里办了13年差，从没有这个例，哪有皇上来看下臣的！真是折杀老臣了！"张廷玉深知乾隆好茶，便命令把家里的隔年雪水挖出来煎茶给乾隆品尝。乾隆很高兴地招呼随从坐下："今儿个我们都是客，不要拘君臣之礼。坐而论道品茗，不亦乐乎？"水开时，乾隆亲自给各位泡茶，还讲了一番茶经，张廷玉听后由衷地赞美道："我哪里省得这些，只知道吃茶可以解渴提神。一样的水和茶，却从没闻过这样的香味。"李卫也乘机称赞道："皇上圣学渊深，真叫人瞠目结舌，吃一口茶竟然有这么多的学问！"乾隆听后心花怒放，谈兴大发，从"茶乃水中君子、酒乃水中小人"开始论起"宽猛之道"。真是妙语连珠，滔滔不绝，众臣洗耳恭听。乾隆的话刚结束，张廷玉赞道："下臣在上书房办差几十年，只要不病，与圣祖、先帝算是朝夕相伴。午夜扪心，凭天良说话，私心里常也有圣祖宽、先帝严，一朝天子一朝臣这个想头。我为臣子的，尽忠尽职而已。对陛下的旨意，尽力往好处办，以为这就是贤能宰相。今儿个皇上这番宏论，从孔孟仁恕之道发端，比讲三朝政治，虽然只是三个字'趋中庸'，却发聋振聩，令人心目一开。皇上圣学，真是到了登峰造极的地步。"其他人也都随声附和，乾隆大大满足了一把。张廷玉和李卫作为乾隆的臣下，都深知乾隆对自己的杂经和"宏论"引以为豪，而张李二人便投其所好，对其大加赞美，达到了取悦皇帝的目的。

没有人不会被真心诚意的赞赏触动。耶鲁大学著名的教授威廉·莱昂·弗尔帕斯经历过这样一件事：有一年夏天又闷又热，他走进拥挤的列车餐车去吃午饭，在服务员递给他菜单的时候，他说："今天那些在炉子边烧菜的小伙子一定是够受的了。"那位服务员听了后吃惊地看着他说："上这儿来的人不是抱怨这里的食物，便是指责这里的服务，要不就是因为车厢里闷热大发牢骚。19年来，您是第一位对我们表示同情的人。"弗尔帕斯得出结论说："人们所想要的是一点作为人所应享有的被关注。"而人们想要别人来关注的地方往往是自己所能忍受下来的痛苦，就正如夏天里在火炉旁烧菜的煎熬。

一个人到了晚年，人生快走到尽头了，当他们回首往事的时候，更喜欢回味和谈论自己曾经历的那些大风大浪，希望得到晚辈的赞美和崇敬。

现在已经80多岁的爷爷，一生中最大的骄傲便是独自一个人将7个孩子养大成人，现在眼见一个个孩子都成家立业，他经常自豪地对我们说："你奶奶死得早，我就靠这两只手把你爸他们几个养大成人，真是不容易啊。"每当这时，如果我们能乘机美言几句，爷爷就会异常高兴。

抓住他人最胜于别人的，最引以为荣的东西，并将其放在突出的位置进行赞美，往往能起到出乎意料的效果。在这一点上，有一个很经典的实例。在镇压太平军的过程中，一次，曾国藩用完晚饭后与几位幕僚闲谈，评论当今英雄。他说："彭玉麟、李鸿章都是人才，为我所不及。我可自许者，只是生平不好诳耳。"一个幕僚说："各有所长，彭公威猛，人不敢欺；李公精敏，人不能欺。"说到这里，他说不下去了。曾国藩又问："你们以为我怎样？"众人皆低头沉思。忽然走出一个管抄写的后生过来插话道："曾师是仁德，人不忍欺。"众人听了齐拍手。曾国藩十分得意地说："不敢当，不敢当。"后生告退而去。曾氏问："此是何人？"幕僚告诉他："此人是扬州人。入过学，家贫，办事谨慎。"曾国藩听完后说："此人有大才，不可埋没。"不久，曾国藩升任两江总督，就派这位后生去扬州任盐运使。

　　他人最想要的赞美一定是真诚的，不是那种公式般的赞美，千篇一律最让人反感。"久仰大名，如雷贯耳""您的生意一定兴隆""小弟才疏学浅，一切请阁下多多指教"，这些缺乏感情的、完全是公式化的恭维语，若从谈话的艺术观点看来，非加以改正不可。而言之有物是说一切话所必备的条件，与其泛说"久仰大名、如雷贯耳"不如说"您上次主持的讨论会成绩之佳，真是出人意料"等话，直接提及对方的著名业绩；若恭维别人生意兴隆，不如赞美他推销产品的努力，或赞美他的商业手腕；泛泛地请人指教是不行的，你应该择其所长，集中某点请他指教，如此他一定高兴得多。恭维赞美的话一定要切合实际，到别人家里，与其乱捧一场，不如赞美房子布置得别出心裁，或欣赏壁上的一张好画，或惊叹一个盆栽的精巧。若要讨主人喜欢，你要注意投其所好，主人爱狗，你应该赞美他养的狗；主人养了许多金鱼，你应该谈那些鱼的美丽。赞美别人最近的工作成绩、最心爱的宠物、最费心血的设计，这比说上许多无谓的虚泛的客套话更佳。

　　有的时候并不是什么伟大举动才值得让人赞美，相反，一些微乎其微的小事别人也会期望得到你的肯定和称许。

　　如果某天早晨，你的丈夫偶然一次早起为你准备好了早餐，你不妨大大赞美他一番，那他今后起床做早餐的频率将会更高；如果你的小孩有一天非常小心地在家做好了晚饭等你回家，当你回到家中，不要吃惊孩子脸上的污渍，也不要惋惜已经摔碎的碗碟，先要将孩子赞美一番，即使孩子所炒的菜让人难以下咽，因为你的赞美可以让孩子所做的下顿或者是下下顿饭变成美味；在公司，如果某位职员记述你口述的信件的速度比你想象得要快，不妨表扬她一下，今后她工作时就一定会更加卖力。

　　从一件小事上去赞美他人必须注重细节，不要对他人在细节上所花费的时间和心血视而不见，而要特别地对他人的这番煞费苦心表示肯定和感谢。因为对方所做的一些小事既说明对方对你的偏爱，也说明他渴望得到肯定与赞扬。

以"第三者"的口吻赞美

俗话说："雾里看花花更美。"赞美之词未必要从你嘴里说出来，可以以"第三者"的名义。比如，若当着面直接对对方说"你看来还那么年轻"之类的话，不免有点恭维、奉承之嫌。如果换个方法说："你真是漂亮，难怪某某一直说你看上去总是那么年轻！"可想而知，对方必然会很高兴，而且没有阿谀之嫌。

在一般人的观念中，总认为"第三者"所说的话是比较公正、实在的。因此，以"第三者"的口吻来赞美，更能得到对方的好感和信任。

1997年，金庸与日本文化名人池田大作展开一次对话，对话的内容后来辑录成书出版。在对话刚开始时，金庸表示了谦虚的态度，说："我虽然与会长（指池田）过去对话过的世界知名人士不是同一个水平，但我很高兴尽我所能与会长对话。"池田大作听罢赶紧："您太谦虚了。您的谦虚让我深感先生的'大人之风'。在您的72年的人生中，这种'大人之风'是一以贯之的，您的每一个脚印都值得我们铭记和追念。"池田说着请金庸用茶，然后又接着说："正如大家所说'有中国人之处，必有金庸之作'，先生享有如此盛名，足见您当之无愧是中国文学的巨匠，是处于亚洲巅峰的文豪。而且您又是世界'繁荣与和平'的香港舆论界的旗手，正是名副其实的'笔的战士'。《春秋·左传》有云：'太上有立德，其次有立功，其次有立言，是之谓三不朽。'在我看来，只有先生您所构建过的众多精神之价值才是真正属于'不朽'的。"

在这里，池田大作主要采用了"借用他人之口予以评价"的赞美方式，无论是"有中国人之处，必有金庸之作"，还是"笔的战士""太上……三不朽"等，都是舆论界或经典著作中的言论，借助这些言论来赞美金庸，既不失公允，又能恰到好处地给对方以满足感。

假借别人之口来赞美一个人，可以避免因直接恭维对方而导致的吹捧之嫌，还可以让对方感觉到他所拥有的赞美者为数众多，从而心里获得极大的满足。在生活中，要善于借用他人，特别是权威人士的言论来赞美对方，借此达到间接赞美他人的目的。权威人士的评价往往最具说服力，因此，引用权威言论来赞美对方是最让对方感到骄傲与自豪的，如果没有权威人士的言论可以借用，借用他人的言论也会收到不错的效果。

与众不同的赞美最中听

一些人在公共场合赞美别人时，自己想不出怎样赞美，只能跟着别人说重话，附和别人的赞美。常言道："别人嚼过的肉不香。"朱温手下就有一批鹦鹉学舌拍马屁的人。一次，朱温与众宾客在大柳树下小憩，独自说了句："柳树好大！"宾客们为了讨好他，纷纷起来互相赞叹："柳树好大。"朱温听了觉得好笑，又道："柳树好大，可做车头。"实际上柳木是不能做车头的，但还是有五六个人互相赞叹："可做车头。"朱温对这些鹦鹉学舌的人烦透了，厉声说："柳树岂可做车头！"于是把说"可做车头"的人抓起来杀了。

在整日聚首的人际关系中，一家人之间或一个科室的同事之间，有些赞美很可能多次重复，已经形成某种公式和习惯了，这就没什么意义和作用。比如，某个处长每次开会总结工作的时候，都像例行公事一样对大家赞扬几句，其内容和说法总是笼统的那么几句话，就像是同一张唱片或同一盘录音带只是在不同的时间播放一样，让人感觉乏味。

汤姆受聘于一家公司的销售部经理，他采用新的营销战术，于是在他加入公司两个月后，公司的销售量大增，仓库积压一售而空。老板非常高兴，拍拍汤姆的肩膀说："你干得非常出色！继续努力。"

"好，"汤姆说，"但你为什么不把你赞美的话放在我装薪水的口袋里呢？"

"一定会的，年轻人。"

老板非常遵守诺言。当下个月汤姆领到薪水袋时，发现里面附着一张小纸条，上面写着："你干得非常出色！继续努力，表现更好。"

赞美加一点新意，鼓励作用会更大。正如有人所说："一点新意，一片天空。"这样的话赞美之术会更趋完美。

赞扬要有新意，当然要独具慧眼，善于发现一般人很少发现的"闪光点"和"兴趣点"，即使你一时还没有发现更新的东西，也可以在表达的角度上有所变化和创新。

对一位公司经理，你最好不要称赞他如何经营有方，因为这种话他听得多了，已经成了毫无新意的客套了；倘若你称赞他目光炯炯有神、潇洒大方，他反而会被感动。

赞美是所有声音中最甜蜜的一种，赞美应该给人一种美的感受。新颖的语言是有魅力的，有吸引力的。简单的赞扬也可能是振奋人心的。但是一种本来不错的赞扬如果多次单调重复，也会显得平淡无味，甚至令人厌烦。一个女人就曾说过，她对别人反复说她长得很漂亮已经感到很厌烦，但是当有人告诉她，像她这样气质不凡的女人应该去演电影时，她笑了。

仪态万方这一目标，几乎是所有的女人孜孜以求的。这是她们最大的虚荣，并且常常希望别人赞美这一点。但是对那些有沉鱼落雁之容、闭月羞花之貌的倾国倾城的绝代佳人，就要避免对其容貌的过分赞誉，因为对于这一点她已有绝对的自信。你可以转而去称赞她的智慧、她的品格。

日本著名心理学家多湖辉先生在一本书里举了这么一个例子：有位杂志社的记者，有一次去采访一位地位很高的财经界人士。话匣子一打开，就首先称赞对方的理财手段如何高明，继而想打听一些对方成功的奥秘。但由于这是初次采访，不容易快速地接触到问题的实质。

这时，那位记者灵机一动，将话题一转，说道："听说您在业余时间很喜欢钓鱼，在钓鱼上是行家里手。在下偶尔也喜欢钓钓鱼，不知道您是否可以介绍一些这方面的经验？"那位知名人士一听此话，笑颜顿开，侃侃谈起钓鱼经来。结果不用说，宾主双方俱欢，尔后的采访自然容易了许多。

分析一下这位知名人士的心态，不难看出，有关经营方面的好话早已经听得耳根生茧了。这个记者看到了知名人士的另一个不太为人所知的优点，从该知名人士的业余生活入手，最后圆满地达到了预期目的，其方法令人叹服。

赞美的新意很重要，但更需要我们综合各方面的因素来翻出恰当的"新"意，否则便会弄巧成拙、适得其反。马克·吐温曾经说过："一句好的赞美能当我10天的口粮。"我们每天都让新鲜的赞美流淌入他人的生活中，那么彼此对生活的积极性就会增强。

赞美的话要发自内心

如果你的赞美之辞不是发自于内心的，那么，你的赞美很难达到预期的功效。

赞美别人就是发现别人的美，并且用恰当的语言表达出来。赞美的语言稍微夸张一点是可以的，但是倘若言过其实，便会让人怀疑你赞美的诚意和动机了。

有这样一个人，在单位里经常赞美同事，见到领导时，赞美的话更是滔滔不绝。见到身材魁梧的领导，他就说："一看就知道您是有福之人啊！"当见到秃顶的领导时，他就说："贵人不顶重发，聪明绝顶啊！"这些话倒是不伤大雅，也还能让领导开心，只是有一次，因为他过分夸大的赞美言词让领导对他有了重新的认识。

某领导在应酬时，酒喝多了，走路时一不小心摔了一跤，这时，这位经常赞美领导的"赞美家"赶紧过来扶起领导，嘴里说道："领导为了工作，连自己的身体都不顾了，就算是喝出胃出血也没有任何怨言。"喝醉了酒的领导一听到有人这样"赞美"自己，一下子就火了，指着这位时时不忘赞美领导的人破口大骂："你到底会不会说话，你那是称赞我吗？你是盼着我死吧？"这次，平日伶牙俐齿的他再也说不出任何赞美之词了。

他的赞美之所以得不到听者的认可，是因为他的赞美之词不是发自内心的赞美。在他的赞美中，有很重的趋炎附势、惺惺作态的成分。这样的赞美是无法打动人心的。

小王是建筑公司的拆迁办主任，在拆迁工作顺利进行的时候，一家钉子户使拆迁工作不得不停下。小王了解了这家的基本情况后得知，这家的主人是一名曾参加过抗美援朝的老军人，他之所以不肯搬家，是因为这套四合院是在他光荣离休后政府赠予他的。

随后，小王亲自拜访了这位老人。他进入到老人的书房，看见墙上都是老人身穿军装的照片，不由得说道："您老年轻时一定是名强悍的军人。因为我在您身上仿佛见到了您当年奋勇杀敌的勇猛和果断。"老人没有做声。小王继续说："我小的时候就愿意和我爷爷在一起，他总有许多战场上的故事可以讲，后来他年纪大了，有的故事甚至都讲20遍了，可是每次他都像是第一次讲一样，眼中充满了激动的泪水。我想您所知道的故事一定和我爷爷知道的一样多，甚至比他的还多。而这其中的辛酸不易，我想只有您自己体会得最深刻了。"

说到此，小王起身说道："老先生，打扰您这么久，真是对不住啊！"说完他就走出了屋子，往大门外走去。当他即将迈出大门时，老人在背后喊道："明天过来时把拆迁的公文带来，让我好好瞅瞅。"小王心里的大石头终于落了地，老人要看公文，证明拆迁的事情有戏了。

从头至尾，小王只字未提拆迁的事，只是和老人聊了会家常话。其实，正是小王的家常话打动了老人。小王称赞老人勇敢，称赞老人阅历丰富，这都是发自内心的赞美。他的赞美之词在老人的心中也激起了层层涟漪。因为小王真诚的赞美，打开了老人的心房。

有的人非常吝啬对他人的赞美，认为那是阿谀奉承的表现，是令人不齿的做法，然而人人都喜欢听到他人的赞美，都以得到他人的赞美为荣。因为，如果能得到别人的赞美，说明自己的行为得到了他人的认可，对赞美他的人自然就会产生好感。无论何时，赞美都拥有神奇的力量，能帮助他人走出困境，是交际中最有效的手段之一。发自内心的赞美，是任何人都喜爱的。

真诚是赞美的必要元素

真实的赞扬是拂面清风，凉爽怡人；虚假的赞扬让人烦腻不堪。

有一次一群朋友在一起聚会，吃饭的时候，大家交换名片，其中有一位来自报社，另一位试图对其进行称赞，一看是报社的，便稀里糊涂地说："哇，您是有名的大作家！"人家问："我怎么有名？"他说："我每次都看见您写的文章。"人家说："我的文章都在哪里？"他说："每次都是头版头条啊！"然后人家告诉他："真的吗？我是专门写讣告的。"讣告能在头版头条吗？显然是虚假的赞扬引起了别人的反感。但是这位先生仍然没有意识到自己的错误，看到旁边有一位小姐，聊了没几句，本来这位小姐长得很胖，他说："小姐，您真苗条！"小姐说："什么？说我苗条，我知道你是在骂我。"

不真诚的赞扬，给人一种虚情假意的印象，或者会被认为怀有某种不良目的，被赞扬者不但不感谢，反而会讨厌。言过其实的赞扬，不能实事求是，会使受赞扬者感到窘迫，也会降低赞扬者的水准。虚情假意的奉承对人对己都是有害而无利的。

赞扬他人是一种能力，是根据心理学和组织行为学研究出来的，这是职场上的一种能力，但赞扬必须是真诚的发自于内心的实话。

真诚的赞美起源于内心深处的一种"美感"，一种冲动，它反映了一个人对另一个人的认可：外表漂亮、言谈合自己的口味、行动敏捷、品格高尚……即在两个人之中，其中一个人在另一个人身上发现了符合自己理想和价值标准的可贵之处。我们认识这个人、了解这个人的时候，已经有一种无形的力量促使自己要去赞美他的一些优点。

真诚的赞美应该是合乎时宜的，在合适的氛围里发出的赞美会让人内心明亮，灿烂无比。当别人感觉到你的赞美是由衷的，那赞美的话就很容易被接受。

大音乐家勃拉姆斯是个农民的儿子，生于汉堡的贫民窟，没有受教育的机会，更无从系统地学习音乐，所以，对自己未来能否在音乐事业上取得成功缺乏信心。然而，在他第一次敲开舒曼家大门的时候，他一生的命运就在这一刻决定了。当他取出他最早创作的一首 C 大调钢琴奏鸣曲草稿，手指无比灵巧地在琴键上滑动，弹完一曲站起来时，舒曼热情地张开双臂抱了他，兴奋地喊道："天才啊！年轻人，天才……"正是这发自内心的由衷赞美，使勃拉姆斯的自卑消失得无影无踪，也赋予了他从事音乐艺术生涯的坚定信心。在那以后，他便如同换了一个人，不断地把心底里的才智和激情流泻到五线谱上，成为了音乐史上一位卓越的艺术家。

正是这一句由衷的赞美，创造了一位音乐大师。

在合适的氛围里，发出由衷的赞美，会有意想不到的效果。

由衷的赞美是源于心灵深处的，它是深刻而强烈的；要入木三分地表达出来，将是绝佳之语。

对于发自内心的由衷之感，尽量用准确、贴切、深刻、生动、完整的赞美语言去说出来。

赞美要具体

赞美可以是抽象的，也可以是具体的，然而抽象的赞美远没有具体的赞美来得实在，具体的赞美也更易为人所理解和接受。

抽象的东西往往很难确定它的范围，难以给人留下深刻印象。赞美应该是看得见、摸得着的，是具体的。

赞美的话只有说得细致具体、符合实际，才能让对方感觉到你是在真心地关注他。空洞的赞美不但没有任何意义，还会让对方觉得你是在敷衍他。

在赞美别人的时候，千万不要使用模棱两可的表述，像"挺好""没那么糟"这样的话都不要用。含糊的赞美往往起不到应有的作用，而且还会适得其反。因此，在与人交往的时候，应该从具体事件入手，善于发现别人哪怕是最微小的长处，并不失时机地予以赞美。

赞美越具体越好，这样可以说明你对对方非常了解，对他的长处和成绩很看重，让对方感到你的真挚、亲切和可信。比如你的同事今天穿了一件新衣服，打扮得很漂亮，你如果仅仅是说"你今天很漂亮"，效果显然会比"这件连衣裙真是不错，尤其是和你的气质特别搭配"差很多。

当你只针对一件事情进行赞美时，赞美会更有力量。赞美的对象越庞杂，它的力量就越弱。因此，在赞扬别人时，要针对具体的某一件事情。例如，我们在社交场合，常听到的赞美不外乎"你今天好漂亮""你看起来气色很好"等话语，这些赞美太过含糊笼统，会使你的赞美大打折扣。

1975年3月4日，卓别林在英国白金汉宫被伊丽莎白女王封为爵士。封爵仪式开始，正当卓别林非常兴奋的时候，女王赞美卓别林说："我观赏过你的许多电影，你是一位难得的好演员。"

可是这位伟大的艺术家似乎对这个赞美并没有什么特别的感觉。

事情过后，有人向卓别林询问当时的感想。可是，卓别林的回答令人大吃一惊："女王陛下虽然说她看过我演的许多电影，并称赞我演得好，可是她没说出哪部电影的哪个地方演得最好。"当女王知道了卓别林这样说后，感到非常遗憾。

　　从这个故事中，我们可以看出，如果要赞美别人就得说出具体的事实，尽量针对某人做的某件具体的事情，这样才会产生良好的效果。

　　美国社会心理学家海伦·克林纳德认为：正确的赞美方法是将赞美的内容详细化、具体化。其中有三个基本因素需要明确：你喜欢的具体行为，这种行为对你有何帮助，你对这种帮助的结果有无良好的感觉。有这三个基本因素为依托，赞美才不会空泛笼统，才能给人留下好印象。

　　赞美对方就要先了解对方，了解得越多越好。只有了解对方，你的夸奖和赞扬才会有针对性。只有当你的话说到了点子上，才会让对方感受到你的真心。一般情况下，对方不仅仅想要你说他好，而且很想知道为什么说他好，好到什么程度。

第九章

运用语言魅力，展示自己的优势

展示自己的优势

口才好、能说会道的人往往能在与人交流中更好地展示自己，无形中抬高自己的身价，给别人一种更深刻的印象。

"味甘而补，味苦而清，药辛发散解表，药酸宁神镇静。任何事物都有它不同的特点，也有它不同的作用。"听到这样的话语，你会有什么样的感觉呢？我们一定认为：不是医生还懂医药知识，真不简单。可以说，在谈话中，适度、自然地引用一些具有文化色彩的词汇，能起到改善自己形象的作用。

在日常交际中，关键在于感觉。对方感觉好，就会看好你。

某知名英国作家的儿子只有 16 岁，可他在随父亲与丘吉尔见面时，竟当了一次首相的"语文老师"。他回忆了1949 年在"玛丽亚王后"客轮上难忘的一幕：

那天，我跨进丘吉尔的舱房时还有点迷迷糊糊。我如释重负地发觉丘吉尔不在房内。客人很多，丘吉尔夫人开始替人做介绍，这时屋里一下肃静下来。我转身一看，丘吉尔本人竟站在屋里，抽着一支硕大无比的雪茄烟。他穿着我从未见过的奇怪服装，是条灰色的连衣裤，用类似帆布的料子做成，前面装了条直通到底的拉链。后来我才知道，这是他在大战时的战地服装。

他从人群中走过，边走边同人握手致意。接着他挽住我父亲的胳膊，大步走到屋子的另一头。就在这时，丘吉尔恰巧朝我的方向瞥了一眼。他莞尔一笑，招手示意我过去。我走到他们跟前时，父亲迅速对我使了个眼色，我不会误解其含义：你必须绝对沉默！

　　丘吉尔谈起他在密苏里州的富尔顿大学所做的演讲，他在这次演讲中首先使用了"铁幕"一词。我父亲说："你的预言又一次实现了。英国和西方之间存在着可怕的分歧，你准备怎么做呢？"

　　丘吉尔没有立即回答。他看了我一眼，仿佛在看我是否听得懂这番话。接着他扫视了一下屋里的其他人。"哦，现在，"他提高声音，字斟句酌，一字一顿地吐出下面的话来，仿佛在议会中发表演说似的，"现在，你是在要求我踏上把陈词滥调和信口开河分隔开的那道鸿沟上的独木小桥。"

　　人们哄堂大笑。自从进屋后，我还是第一次感到自在。我感到如此自在，竟不觉开口说话了。我问道："丘吉尔先生，如果俄国人研制成原子弹，你认为他们会对使用它犹豫吗？"

　　我父亲眨了眨眼睛，猛地一晃脑袋，盯着我看。我立刻后悔自己不该多说话。可是丘吉尔似乎挺高兴。他说："嗯，那得视情形而定，不是吗？东方可能会有 3 颗原子弹，西方则可能有 100 颗。但是，假如反过来呢？"我父亲刚要开口，可丘吉尔继续只顾自己往下说。"你明白——"他照旧字斟句酌，一字一顿，声音逐渐增大，"你明白——就原子弹而言（屋里又安静下来）这全是一个——"

　　他似乎想不出精确的词来圆满阐述他的想法。我当时没看出他仅是在等待屋里所有的人都凝神静听，却只觉得丘吉尔忽然苦恼不堪地没有能力表达自己的意思，而我父亲不知为何并不打算去救他出困境。

　　"先生，"我说，声音似乎嘶哑了，"你的意思是不是说，这全是一个均衡的问题？"

　　我父亲睁大了眼，惊慌地凑上前来，可是丘吉尔举起一只威严的手，拿那支令人敬畏的雪茄指着我说："就是这词儿，千真万确！'均衡'是个很好的词，可是无论在战争时期还是和平时期，这个词经常被人遗忘。年轻人，你每天早上一醒来就该说这个词，每次站在镜子前刮胡子时，就该对自己说这个词。"

　　听了这番话，我的头都发晕了。我看出父亲不再生我的气了，不觉释然，于是得意扬扬地默然静听他们继续交谈……

　　这个孩子并非什么博学之辈，关键是他敢于说话。其实只是个风险不大的问句而已，却非常抢眼，给全场留下了深刻印象。

让别人折服于你的语言魅力

顺着人心说话效果可说是事半功倍。脾气再大、城府再深、主观性再强的人也吃不消这一招。顺着人心说话能让你凭借三寸不烂之舌就征服别人，让别人拜倒在你的语言魅力下。

一般来说，一个人的性格特点往往通过自身的言谈举止、表情等流露出来。快言快语、举止简洁、眼神锐利、情绪易冲动的人，往往是性格急躁的人；直率热情、活泼好动、反应迅速、喜欢交往的人，往往是性格开朗的人；表情细腻、眼神稳定、说话慢条斯理、举止注意分寸的人，往往是性格稳重的人；安静抑郁、不苟言笑、喜欢独处、不善交往的人，往往是性格孤僻的人；口出狂言、自吹自擂、好为人师的人，往往是骄傲自负的人；懂礼貌、讲信义、实事求是、心平气和、尊重别人的人，往往是谦虚谨慎的人。当我们面对不同性格的谈话对象时，一定要具体分析，区别对待。比如对待傲气十足的人，如果他把面子看得很重而讲究分寸，你不妨从正面恭维入手，让他飘飘然。

不过，这里并不是要你做一个没有"自我"的人，如果你真的如此，那你就成为别人的影子了。"顺着人心"只是方法，而不是目的，你如果能成熟地运用这个方法，别人就会在不知不觉之中受到你的影响，甚至接受你的意志。那么，如何顺着人心呢？

1. 倾听

很多人都有发表欲，如果他在社会上已有一些成就，更有不可抑止的发表欲，当他滔滔不绝的时候，你就做一个倾听者。一则，你的倾听可以满足对方的发表欲，他一满足，对你就不会有恶感；二则，你可在倾听中了解他的个性和观念。然后，你要顺着他的谈话，发出"赞同声"，还可以在恰当的时机提出一些问题让对方说明。如果你这样做了，你便能赢得对方的好感，甚至使对方更加相信你。

2. 不要辩论

如果对方说的话你不能同意，你也不要提出辩驳。即使你们是好朋友，如果你和他的交谈另有目的，也不宜和他辩论，因为有些事情并不能辩得明白，而且很可能越辩越气，最后不欢而散；如果你辩倒对方，那更有可能造成关系的中断！

3. 称赞

喜欢赞美是人类的天性，其实赞美也是一种爱抚。赞美什么呢？你可赞美他的观念、见解、才能、家庭……反正对方有可能引以为荣的事情都可以赞美，这种做法所费不多，效果却非常惊人。

诸葛亮对关羽，便采取此法。马超归顺刘备之后，关羽提出要与马超比武。为了避免二虎相斗必有一伤，诸葛亮给关羽写了一封信：我听说关将军想与马超比武。依我看来，马超虽然英勇过人，但只能与翼德并驱争先，怎么能与你美髯公相提并论呢？再说将军担当镇守荆州的重任，如果你离开了造成损失，罪过有多大啊！关羽看了信以后，打消了入川比武的念头。

4. 引导

这是最重要的方法，如果你一番"顺着人心"的功夫另有目的，尤其需要"引导"这一招。也就是说，你要在对方已经满足时，才把你的意思显现出来，但显现的方式还是要顺着人心，不要让对方感到不快，例如你应该说"我很同意你的观点，不过……"或"你的立场我了解，可是……"，先站在对方的立场，再提出自己的观点，把对方的意志引到你希望的地方去。

这样的方法可以用在平时与人相处，可以用在说服别人，也可以用在带领下属，效果可说是事半功倍。

巧用妙语，打好圆场

巧妙地说好贴金话，其实就是打好圆场。想要事事有个圆满的收场，就得锻炼自己的口才，提高自己的"语商"。

不管做什么事情，我们都渴望能有个圆满的收场，这就需要我们平时多多读书，多多磨炼，头脑充实，机智敏捷，反应灵活，并且平日持之以恒。与此同时，还要注意培养敏捷的表达能力以及逻辑与语言修辞素养。

有一个销售员在一家百货商店前推销他那些"折不断的"梳子。为了消除围观者的怀疑，他捏着一把梳子的两端使它弯曲起来。突然间，那把梳子啪地一下断了，销售员顿时惊得目瞪口呆。这个时候，只见他把它们高高地举了起来，对围观的人群说："女士们，先生们，这就是梳子内部的样子。"

如果一个人平时总是思考如何应付复杂局面和临场突发情况，临战自然不会仓促和不知所措。

有一个卖瓦盆的人，为了能够早点把瓦盆卖出去，便当着顾客的面用旱烟锅子敲了起来。他边敲边喊："听这瓦盆啥响声啊！"可是，令他意想不到的是瓦盆被敲破了。旁边看热闹的人忍不住笑出了声。他忙指着瓦片对身边的人说："你们看这瓦茬子，棱是棱，角是角，烧得多结实呀。"

参加面试时，主考官所问的问题并不一定有什么标准答案，只要能"自圆其说"便算是成功。

有一个年轻的小伙子来面试，主考官问了一个问题："你为什么要离开现在的企业？"他回答："在那家企业没有前途。""那么怎么样才算有前途？"主考官接着问。"企业蒸蒸日上，个人才能得到不断提高和发展。""你们公司的产品在市场上的占有率名列前茅，员工收入也很高，这是有口皆碑的，怎么能说在这个企业没有前途呢？"这位求职者被问倒了，为什么会出现这种情况呢？那是因为他不清楚随着问题的不断深入，他先前的论点将无法成立，这样就不能自圆其说了。

我们常常会遇到这样的提问："你最大的优点是什么"和"你最大的缺点是什么"。这两个问题看起来很简单，可是要回答好却不是一件很容易的事情，因为接下来主考官有可能会问："你的这些优点对我们的工作有什么帮助？你的这些缺点会对我们的工作带来什么影响？"然后还可以层层深入，"乘胜追击"，求职者是很容易陷入不能"自圆其说"的尴尬境地的。几乎所有的面试问题都有可能被主考官深化和挖掘，所以在回答问题之前一定要先考虑周到，然后再给予回答，这样才不至于使自己陷入被动的局面之中。

在日常生活中，我们不需要过于自夸，但在某些场景中，便需要好好运用自己的口才，把话说得巧妙高超。

说话要扬己之长，避己之短

想要抬高自己的身价，说好给自身贴金的话，就要懂得扬长避短的道理，多说一些自己的长处，少说一些自己的短处。

古人云："梅须逊雪三分白，雪却输梅一段香。"在常人的眼睛里，每个人或多或少总会在某方面存在一定的缺陷，就算是伟人也毫不例外：拿破仑矮小、林肯丑陋、罗斯福患脊髓灰质炎，而这些都没有阻挡他们极其辉煌自信的一生。

瑞士银行中国区主席兼总裁李一，最初在 1988 年去美国迈阿密大学留学时，学的是体育管理专业。他发现那是"富人玩的游戏"，于是在离毕业还有半年时，毅然报考沃顿商学院。

美国沃顿商学院是世界首屈一指的商学院，李一考得并不轻松，前后面试了三次，仍没结果。最后一次面试，他干脆在考场上直截了当地问主考官："如果我没有被录取，最可能的原因是什么？"

"很可能是因为你没有工作经验。在美国，商学院录取的前提条件是要有商务工作经验。"

李一作出的反应不是承认自己的不足，或者是阐述如何改变自己的缺点，而是立刻反驳："按你们的招生材料所说，沃顿作为世界最优秀的商学院，肩负着培养未来商务领袖的重任。但世界各国发展很不平衡，如果按你们现在的做法，商务成熟的国家会招生特别多，像中国这样的发展中国家可能一个也不招，这跟沃顿商学院的办学宗旨是自相矛盾的。"

出人意料的是，李一的反驳得到了主考官的欣赏。面试出来后，招生办主席秘书给李一打了一个电话："主席对你的印象特别好，说你很自信，与众不同。"后来，在当年 52 个申请该校的学生当中，李一成为唯一被沃顿商学院录取的中国学生。

李一的自信赢得了考官的欣赏，为自己铺垫了人生道路上的一块重要基石，更重要的是，他战胜了自己，他能够扬长避短，主动出击。著名管理学家德鲁克博士曾在 1999 年的《哈佛商业评论》中发表观点：对于一个集体，需要克服的是"短板定理"；而对于个人，发挥自己的长处，比努力去补齐短板更为重要。

我们都知道田忌赛马的故事，对手的每一匹马都有相对应的绝对优势。但没有关系，不需要补齐短板，只要注重自己能够形成优势的策略，简单地进行以长击短的顺序调整——上等马对中等马，中等马对下等马，下等马对上等马，就能获得完全不同的结局。

其实，每个人都有自己的可取之处。你也许不如同事长得漂亮，但你却有一双灵巧的手，能做出各种可爱的小工艺品；你现在的工资可能没有大学同学的工资高，不过你的发展前途却比他的大；等等。这并不是一种吃不到葡萄就说葡萄酸的心理，因为世界这么大，永远没有绝对的好，只有相对的好，永远没有绝对的失败，而只有相对的成功。

这世界上的路有千万条，但最难找的就是适合自己走的那条路。每一个人都应该努力根据自己的特长来设计自己，量力而行，根据自己的环境、条件、才能、素质、兴趣等确定发展方向。不要埋怨环境与条件，应努力寻找有利条件；不能坐等机会，要自己创造机会；拿出成果来，获得了社会的承认，事情就会好办一些。每个人都应该尽力找到自己的最佳位置，找准属于自己的人生跑道。当你事业受挫了，不必灰心也不必丧气，相信坚强的信念定能点亮成功的灯盏。

每个人都有自己的特质和特长，所以不要怀疑自己，更不要轻易地否定自己。认清你自己的优势与弱点，如果你身上有暂时或是永远无法补齐的"短板"，那么不如去吸引别人注意到你身上其他的闪光之处。每个人都有自己的发光点，只要你善于利用，就能扬长避短，形成制胜的优势。

善意的交谈让你更容易为人接受

与人交谈时，如果态度良好，更容易赢得别人的好感，你也就更容易为人接受。

"善待他人就是尊重自己。"给别人一片晴朗的天空，就是给自己一片明媚的天空。当你由衷发现他人的优点、好处、能力时，人家同时也发现了你的优点、好处、能力。善待他人就是善待自己，这是做人的基本原则。

孟子曾经说过："君子莫大乎与人为善。"那些慷慨付出、不求回报的人，往往容易获得成功。而那些自私吝啬、斤斤计较的人，不仅找不到合作伙伴，甚至有可能成为孤家寡人。有人可能会问：怎样才算与人为善？与人为善说起来很简单，做起来却不是一件容易的事，它包括相当广泛的内容。如：关心他人，当朋友遇到困难的时候，主动伸出友谊之手；尊重他人，不去探究他人的隐私；不在背后议论、批评他人；善于和别人沟通、交流；善于和那些与自己兴趣、性格不同的人交往；承认对方的价值和努力，对于错误要负起自己该负的责任……总的说来，善待他人的最重要原则就是"己所不欲，勿施于人"，凡事要从对方的角度来考虑。如果你能遵从这个原则，你将获得许多好朋友、好伙伴。

战国时代的名将吴起很懂得与人为善就是善待自己这个道理。《史记》中载有一个关于吴起的故事：他爱兵如子，深得士兵们的爱戴。有一次，一个刚刚入伍的小兵在战争中负了伤，因战场上缺医少药，等到打完仗回到后方时，那位小兵的伤口已经化脓生疽。吴起在巡营的时候发现了，他二话没说，立刻蹲下来，用嘴为那位士兵吸吮伤口、消炎疗伤。那位小士兵见大将军竟然如此对待自己，感动得热泪盈眶，说不出一句话。其他士兵们看了，也深受感动。而那位士兵的母亲听说了这件事后，却大哭起来。大家都以为她是感动而泣，可她却说："我是在为我儿子的命运担心呀！你们有所不知，当年，吴将军也曾为他的父亲吸吮过伤口，结果他父亲感念吴大将军的恩情，舍生忘死英勇杀敌，最后战死在沙场上了。"正因为吴起如此善待士兵，所以士兵们个个英勇善战。

可见，与人为善是我们在寻求成功的过程中必须遵守的一条基本准则。在当今这样一个合作的社会中，人与人之间更是一种互动的关系。只有我们先去善待别人，善意地帮助别人，才能处理好人际关系，从而获得他人的愉快合作。

我们静下心来仔细思考一下，会发现自己很少会赞美他人。我们跟他人比较时，总是会找到对方的缺点，总是会说谁谁谁又做错了，某某某很笨，遇到人家做成功什么事情后，我们会心里说："这有什么，要是我肯定能做得比他好。"而当一个人做事情失败后，我们中间很多人又会在内心里说："瞧瞧，他多笨呀，不行就是不行……"凡此种种，其实就是我们在内心深处不愿意看到他人的长处，不懂得善待他人的结果。

生活总是千差万别的，人的能力也是各种各样的，其实这跟我们的十个手指头不可能一样齐是一个道理。当一个不如自己的人，通过努力在做一件事情，我们用自己由衷的言语赞美一下，对于我们这可能不算什么，但是如果我们想象自己就是他，听到这赞美之词，会是一种什么样的心情呢？当一个强于自己的人，轻易完成一件事情后，我们给他赞美的同时，我们会在关注他的同时发现他强于我们的原因，我们会要求自己朝着他成功的方向去努力，这总比我们嫉妒他、不服气他要好多了吧？当遇到一个做错事情的人，特别是那种做错事情又伤害我们的人，如果我们宽恕他，给他改过的机会，我们得到的肯定不再是气愤之类的感觉；当一个人遇到困难的时候，我们尽力帮助他，善待他，试想一下，当对方说谢谢的时候，我们得到的又是什么呢？

皖南山区某县有一个青年农民，他种的水稻品种好、产量高，他总是将自己的优良水稻品种无偿地送给村里的人。村民问他："你这样做不怕我们超过你吗？"这位青年农民回答："我将好种子送给你们，其实也是帮助了自己。"他知道，周围的人们改良了他们的水稻品种，可以避免自己的水稻品种产生异变，导致减产。

生活中常是这样：对人多一份理解和宽容，其实就是支持和帮助自己，善待他人就是善待自己。如同有句话说的那样：授人玫瑰，手留余香。

可见，善待他人是人们在寻求成功的过程中应该遵守的一条基本准则。在当今这样一个需要合作的社会中，人与人之间更是一种互动的关系。只有我们先去善待别人，帮助别人，才能处理好人际关系。

有人说良好的人际关系不单单是行动上做出来的，更是从心底里"流"出来的。这句话很有哲理性，它告诉我们在人际交往中要以诚待人，用"心"和他人交往。

在追求成功的过程中，任何人都离不开他人的合作。尤其是在现代社会里，如果你想获得成功，就应该想方设法获得周围人的支持和帮助。只有你真诚地对待别人，对方才会与你真诚合作。请记住：善待他人也就是善待自己！

人际交往之始，如何说能让自己鹤立鸡群

熙熙攘攘的人群中，有人虽然飘然而过，却让你久久回首，难以忘记；社交聚会中，每个人都明艳照人，使尽浑身解数博取注意力，而有人却独领风骚，这和他们的说话方式不无关系。

在角色多如牛毛的社会舞台上，总有一些人一出场就能赢得满堂彩，一抬手、一顿足就能显出与众不同，惹人注目。我们大多数人，仿佛注定了默默无闻，我们的平凡无奇，仿佛是无力改变的。你甘心一辈子只做"绿叶"吗？你难道不想当一回社交圈中的明星，风光一回吗？你难道不想让别人对你过目不忘、艳羡不已而崇拜吗？

以下就是令你轻轻松松"鹤立鸡群"的一些秘诀，只要你真正掌握，并举一反

三，就能实现这些愿望。

1. 说话时善用手势，令别人对你过目不忘

令别人对你过目不忘的第一秘诀是妙用手势。手势是人际交往中不可缺少的动作，是最有表现力的一种"体态语言"。手势语言，可以使所说的话给人以立体感、形象感，帮助对方理解所说内容；还能强化所要表达的感情，激起对方的共鸣；手势语言还能传达有声语言所不能很好传达的微妙感情，令"一切尽在不言中"；同时，还有助于自己在交谈中做到同步思考。

总之，手势若使用恰当，不仅能很好地表情达意，而且能增加你的社交魅力，突出自己的个性。经研究证明，人们更容易记忆自己亲眼看到的动作，而对听到的声音，则因情、因境、因人各有不同，所以，在说话时巧妙地使用手势，更容易给对方留下深刻的印象，令人对你过目不忘。

恰当地运用手势，可以使你的形象更加生动鲜明，但是，手势的使用应该以帮助自己表达思想为准绳，不能过于单调重复，也不能做得过多。反复做一种手势会让人感觉到你的修养不够，有些神经质；不住地做手势，胡乱做手势，更会影响别人对你说话内容的理解。所以，手势要用得恰到好处，有所节制，否则，就会产生适得其反的作用。

2. 谈话时利用记事本，让别人做出"你很成功"的判断

也许，你和同事小王每天做同样的工作，拿同样高的薪酬，取得一样的成绩。可是，不知为什么，小王好像就是比你成功，至少，别人是这样以为的，有时，你也会有同感。为什么呢？原来，"成功"不仅是实质的工作、薪酬和成绩，对别人来说，"成功"更加来自你的社交形象，你在社交中能展示"成功"的一些小细节，而在这些细节表现当中，最具效果的，莫过于随时利用记事本这一道具。

与人约定时间时，我们一般会有两种反应：一种是表示什么时间都可以，而另一种则表示要翻一翻记事本，看看哪个时间可以。常常，对于第一种"友好和善"的人，我们会不置可否；而对于"不近人情"的后者，反而印象深刻，认为对方一定是一个业务繁忙的成功人士。

在人们心目中，成功人士都是很忙的，日理万机，所有的日程一般在几天前就已订好，而且由于所见的人物都非同寻常，要处理的也都是重大事项，不能随便更改。所以，如果你有这些细节表现，人们就会认为你很成功、很能干。

事实上，"成功"人士就算知道自己某一天有空闲，在与人约定时间时，也会掏出记事本装作要确定自己那天是否有时间，以使对方对他的"业务繁忙""事业成功"产生很深的印象，而且，边看记事本边约定时间，还可以给对方留下做事谨慎、重约守信的好形象。

当我们看到写满姓名、电话、地址及预定行程的记事本时，往往会被它吓一跳，并自然地产生这个人交际很广、工作能力很强的印象。同样，善用这一道具，我们也可以令别人对我们产生这种印象。需要注意的是，要自然随意地拿出，不能过于做作，让别人看出是在"作秀"。

3. 令你魅力倍增的说话方式

急事，慢慢地说。

遇到急事，如果能沉下心思考，然后不急不躁地把事情说清楚，会给听者留下稳重、不冲动的印象，从而增加他人对你的信任度。

小事，幽默地说。

尤其是一些善意的提醒，用句玩笑话讲出来，就不会让听者感觉生硬，他们不但会欣然接受你的提醒，还会增强彼此的亲密感。

没把握的事，谨慎地说。

对那些自己没有把握的事情，如果你不说，别人会觉得你虚伪；如果你能措辞严谨地说出来，会让人感到你是个值得信任的人。

没发生的事，不要胡说。

人们最讨厌无事生非的人，如果你从来不随便臆测或胡说没有的事，会让人觉得你为人成熟、有修养，是个做事认真、有责任感的人。

做不到的事，别乱说。

俗话说"没有金刚钻，别揽瓷器活"。不轻易承诺自己做不到的事，会让听者觉得你是一个"言必信，行必果"的人，愿意相信你。

伤害人的事，不能说。

不轻易用言语伤害别人，尤其在较为亲近的人之间，不说伤害人的话。这会让他们觉得你是个善良的人，有助于维系和增进感情。

伤心的事，不要见人就说。

人在伤心时，都有倾诉的欲望，但如果见人就说，很容易使听者心理压力过大，对你产生怀疑和疏远。同时，你还会给人留下不为他人着想，想把痛苦转嫁给他人的印象。

别人的事，小心地说。

人与人之间都需要安全距离，不轻易评论和传播别人的事，会给人交往的安全感。

自己的事，听别人怎么说。

自己的事情要多听听局外人的看法，一则可以给人以谦虚的印象，二则会让人觉得你是个明事理的人。

尊长的事，多听少说。

年长的人往往不喜欢年轻人对自己的事发表太多的评论，如果年轻人说得过多，他们就觉得你不是一个尊敬长辈、谦虚好学的人。

4. 令你魅力倍增的说话主题

谈谈梦想。假如你对别人说："我希望将来能住在国外，最好在澳大利亚买一个农场……"虽然有人会觉得你幼稚无知，但多数人都会觉得你天真可爱，充满了浪漫的生活情趣。

假如你的梦想不只是超现实的幻想，而且是你的人生目标和事业规划，那别人就会觉得你这个人不同寻常，拥有远大目标，总有一天会梦想成真、出人头地。而且，与有梦想的人在一起，人们也会感染他们的积极、乐观和热情，因此，也会乐于和他们接近、交往。

来点幽默。具有幽默感，不仅能给你的事业带来极大的好处，而且会使你的形象更有魅力。幽默可以消除紧张情绪，创造一种轻松愉快的工作氛围，从而使你的事业更为成功。它同样也是塑造完美社交形象的一个因素，每当面临人际选择时，绝大多数人都愿意与那些有幽默感的人打交道。

在当今社会中，竞争异常激烈，人际关系日趋复杂，人们的压力和紧张情绪比任何时候都明显，许多人灰心丧气、精神抑郁。在这种时候，幽默感就显得越来越重要。如果你天生就有幽默感，那一定要发扬它，这会令你的社交魅力倍增，人们会因此乐于与你共事。

初进职场，怎样说能让自己脱颖而出

在当今激烈竞争的职场中，一个新人如果不懂得为自己"评功摆好"，即使肚子里真有货色也是枉然。因此，对于职场新人来说，要实干，更要会"表功"。

职场新人的贴金术有如下几点：不经常闪光，却能总有新鲜才华示人，让人觉得你是不可多得的宝贝；有粉向脸上抹，平时便多找机会，看似不经意地露一手，或敢于说一鸣惊人之语；得不到的东西既然最好，你便应深居简出，保持神秘，不随便允诺请求，让他人"胃口"常开；发掘自身特点，所谓"不沾富贵就讲品位"，扬己之长，避己之短。除此之外，职场新人也要在说话上多注意，利用说话让自己在同事中脱颖而出。

1. 说清细节

人的精力有限，生活中的一些不起眼小事、微不足道的历史趣闻、某大作中的小人物，往往被人们忽略和忘记了。如果你能在交往的节骨眼上与别人清楚地谈起，别人就会以为你学富五车，才高八斗。如果你说"我市有 300 多万人口"，别人并不怎么留下深刻印象。假若你知道人口数是 301.2 万，那么就请你将这带尾数的数据一气说出。这样的话，别人就会被你的严谨所折服。

2. 用万能的形容词

有许多描述词句都能运用到其他任何事物上。当被问及你对一本著作、一部影片或者一段音乐的看法时，你也许对它一无所知，这时就可以说"我更喜欢他（作者）此前的作品"或者"我更喜欢他以后的作品，因为那些更成熟"。

3. 发表难以辩驳的观点

在交谈中，肯定有人会转向你，并询问"您的看法呢"，你此刻也许并不想说出你的真实想法，因为你的注意力根本就不在这儿。这时，可以用三种与任何主题都有关而又不产生矛盾的说法作为你的观点："这得依情况而定""也不能一概而论""在不同的情况下也许就不是这样了"。

不要夸夸其谈

有些人讲话，常常不考虑听者的感受，也不让他人有讲话的机会，所以容易引起他人的不满。其实，话语不在多少，只要恰到好处地说到"点儿"上即可，说多了反而会引起别人的反感。

古人言："劳谦虚己，则附之者众；骄慢倨傲，则去之者多。"善于交际的人往往虚怀若谷，在谈话中给别人留一片天地，而自以为是之人常常口若悬河，夸夸其谈，不给别人留说话的空间。后者把自己看得很重，常常会让别人敬而远之，而前者常常把自己放得很低，虚心接受，自然会赢得大家的尊重。社交中多一点谦和、谦虚、谦让、谦恭能让你在危急时刻获得绝处逢生的机会。

科学史上有过这样一件事。一个年轻人想到大发明家爱迪生的实验室里工作，爱迪生接见了他。这个年轻人为表示自己的雄心壮志，说："我一定会发明出一种万能溶液，它可以溶解一切物品。"爱迪生便问他："那么你想用什么器皿来盛放这种溶液呢？"

年轻人正是把话说绝了，陷入了自相矛盾的境地。如果将"一切"换为"大部分"，爱迪生便不会反诘他了。

词用对了，修饰程度不同，说起来分寸就不一样。如"好"一词，可以修饰为"很好""非常好""最好""不好""很不好"等，这些词的使用要慎重。

好的修饰词能使意思表达完整，恰到好处；过于夸张或过于缩小的修饰词，则会与客观实际相冲突。屠格涅夫的小说《罗亭》中，皮卡索夫与罗亭有一段对话：

罗：妙极了！那么照您这样说，就没有什么信念之类的东西了？

皮：没有，根本不存在。

罗：您就是这样确信的吗？

皮：对。

罗：那么，您怎么能说没有信念这种东西呢？您自己首先就有一个。

因此，遇到没有把握的事，一定要多用"可能""也许""或者""大概""一般"等模糊意义的词，为自己的判断留有余地。

话多的人不一定智慧多。在人际沟通中，说话切记不要旁若无人、滔滔不绝地讲个不停，应该给人留余地，让别人也有讲话的机会，这才是智者所为。

第十章

拒绝的语言要委婉

师出有名，给你做的每件事一个说法

很多时候，我们需要为自己所做的事找一个借口，这样，我们所做的事才更容易得到别人的认同。

做任何事情都要有正当的理由，至少是表面上的。古往今来，凡是成大事的人，都懂得为自己做的事找一个能够为人所接受的借口。

人与人交往，我们有时难免要借助善意的借口、美丽的谎言，因为它是关心对方、理解对方的一种表示，对人际关系的和谐大有裨益。如果我们懂得运用这种真诚和善意来处理相互间的关系，我们与他人的交往便更具艺术性。

在戴尔·卡耐基《人性的弱点》一书中，有这样一个例子。

一个妇女应老师的要求，回到家中请她的丈夫给自己列出六项缺点。本来，她丈夫可以给她列举出许多缺点，但是，他却没有这样做。而是借口说自己一时还很难想清楚，等次日想好后再告诉她。第二天，他一起床，便给花店打了一个电话，要求给他家送来六朵玫瑰花，并附了一张字条："我想不出有哪六项缺点，我就喜欢你现在的样子。"结果，他妻子不仅非常感激他那善意的宽容，而且自觉、自愿地改正了以前的缺点。

日常交往中，我们每个人都在有意、无意地用着这样或那样的借口。比如，朋友来家做客，不小心打碎了茶杯，这时，你马上会说："不要紧，你才打了一只，我爱人曾经打碎了三只。相比起来，你的战绩平平。"这种幽默的借口，既打破了尴尬的局面，也避免了对方陷入难堪的境地。

可见，在日常生活中，要处理好人与人之间的关系，做到善解人意、与人为善，有时就需要寻找合适的借口，因为这种善意的借口既能满足对方的自尊心，维护对方的颜面，又可以让自己摆脱不必要的尴尬和难堪。

托词要真诚

当你不得不拒绝别人时，要想好一些真诚的托词，让别人打心眼里觉得的确是你能力有限从而不得不拒绝。

拒绝总是会让人感到不愉快。委婉拒绝无非是为了减轻双方，特别是对方的心理负担，并非玩弄"技巧"来捉弄对方。特别是上司拒绝下属的要求时，不能盛气凌人，要以同情的态度，关切的口吻讲述理由，使之心服。在结束交谈时，一定要表示歉意。一次成功的拒绝，也可能为将来的重新握手、更深层次的交际播下希望的种子。

从事销售的小刘遇上一位工作狂的上司，很多同事都因此而"逃离"了，而她却能始终保持极佳的工作状态，她是怎么做的呢？

小刘说："一开始我也像他们一样以办公室为家，日日夜夜伏案工作，在我的字典里'休息'这个词似乎早就不存在了。后来我发现，工作狂的老板通常有一个思维定式：他们一般疏于考虑自己分配下去的任务量有多少，下属需要花费多长时间可以搞定，他们想当然地认为你应该没问题。所以，以后如果我觉得工作量过大，超出了个人能力所能达到的范畴时，我不会一味投身于工作中蛮干，要知道，不说出来的话，工作狂的老板是不会体会到你的负荷已经到了警戒线的。这也不能怪他，每个人的承受能力不同，老板又如何能体会到下属执行当中的难度与苦衷？这个时候，下属应该主动与老板沟通交流。口头上的陈述困难或许有故意推托之嫌，书面呈送工作时间安排与流程，靠数据来说明工作过多，让他相信，过多的工作令效率降低。合理正确的沟通会令老板了解你的需求，从而适当调整任务量及完成时间，或选派更多的同仁来帮你分担。"

试想一下，如果小刘怕得罪上司而勉强接受所有任务，到时完不成任务更会受到上司的指责，如果因为自己不事先说明难度，最后又耽搁公司整体事务的进展，罪过就更大了。这种坦诚拒绝的方法不仅适用于上司，也适用于周围的同事。当然，坦诚拒绝也要讲究方式。

当别人向你提出请求时，他一定会担心你会不会马上拒绝自己，或者给自己脸色看。所以，在你决定拒绝之前，首先要注意倾听他的诉说。比较好的办法是，请对方把处境与需要讲得更清楚一些，这样，自己才知道如何帮他。

倾听能够让对方感受到你的尊重和真诚，在你委婉地向对方表达了自己的拒绝时，这可以避免使对方的感情受到严重的伤害。

倾听的另一个好处是，你虽然拒绝他，却可以针对他的情况，建议如何取得适当的支援。若是能提出有效的建议或替代方案，对方一样会感激你，甚至在你的指引下找到更适当的解决方案。

直接的拒绝只会伤害彼此的感情，而委婉地说"不"却更容易让人接受。当你仔细倾听了别人的要求、并认为自己应该拒绝的时候，说"不"的态度必须是温和而坚定的。

例如，当对方提出的要求不符合公司或部门的规定，你就要委婉地让对方知道自己帮不了这个忙，因为它违反了公司的相关规定。在自己工作已经排满而爱莫能助的前提下，要让他清楚地明白这一点。一般来说，同事听你这么说一定会知难而退，再想其他办法。

拒绝除了需要技巧，更需要耐性与关怀。若只是敷衍了事，这样只会伤害到对方。

1. 对领导说"不"时一定要把握好时机

"不管什么事情只要交给安娜，我就放心了。"安娜进公司 3 年，这是领导常挂在嘴边的话。开始安娜很高兴，但时间一天天过去，交给她的任务越来越多。安娜，这个方案你盯一下；安娜，这个客户恐怕只有你能对付；安娜，上海的那个项目人手不够，你顶一下。老总为某事抓狂时，必会打开房门大叫安娜。

安娜手里的事情多到了加班加点也做不完，可周围有些同事却闲得很，薪水也并不比她少多少。安娜想，也许自己再忍一忍就会有升职的机会。然而，机会一次次地走到了她面前却又一次次地拐了弯。后来，安娜从人事部的一位前辈口里得知，关于她升职的事中层主管讨论过很多次了，每次都被老总否决了，说安娜虽然业务能力不错，但管理能力不足，需要再锻炼锻炼。

安娜很气恼，回家跟丈夫抱怨。丈夫居然也说："如果我是你们老总，我也不会升你的职。一个不懂拒绝的人，怎么去管理别人？"安娜仔细想了想，觉得这话真的很有道理。

往后，当老总给她加工作量时，安娜鼓足勇气说："我手里有3个大项目，10个小项目，我担心时间安排不过来。"老总一听，脸立刻变了色："可是，这个项目只有你去做我才放心。"

"那好吧，我赶一赶。"说完这句话，安娜恨不得咬掉自己的舌头。看到老总的脸，一个大胆的念头突然冒了出来："不过，要按时保质完成，我需要几个帮手。"安娜轻描淡写地说。老总惊讶地看着她，继而笑着说："我考虑一下。"

原来安娜想，如果老总答应给自己派助手，就相当于变相给自己晋升，自己的工作也有人可以分担了；如果不答应，老总也不好把新任务硬塞给自己了。

果然，老总再也没提过加派新任务的事，还破天荒地经常跑来关心安娜的工作进展，并叮嘱她有困难就提出来，别累坏了身体等等。

当领导把砖头一块块地往你身上叠加时，他也并不是不知道砖头的重量，但是他知道把工作加给一个不懂拒绝的人是件再省心不过的事。你不要因此就梦想你理所当然比别人薪水更高或升迁更快。

有的时候，你并不需要大张旗鼓地拒绝领导，只需要摆出自己的难处，领导也不会觉得你的拒绝很过分。要拒绝领导，就必须告诉他你在时间或精力上的困难，让他明白你既不是傻瓜也不是超人。

2.不想加班，就必须找个恰当的理由

"世界上最痛苦的是什么？加班！比加班更痛苦的是什么？天天加班！比天天加班更痛苦的是什么？天天无偿加班！"这些关于加班的种种看似戏言和怨言的说法，在调侃之余，也真实地反映了职场中人的生活和工作现状，因为加班已经成为他们生活的必要组成部分。

身在职场，加班是很多人最痛恨的一件事。面对领导要求的加班，做下属的就只能听之任之吗？是不是也可以找到合适的理由，既不得罪领导，又能够少受一点加班之苦呢？

小李和女友相识3周年的纪念日就在这个周五，可是当离下班还有10分钟时，小李听到了部门领导的MSN呼叫："今天晚上留下来吃饭，约好了一位客户谈目前

这个项目的事情。"顿时，小李不知所措。

小李肯定是不想错过今天这个重要日子的约会的，但是，他又不能得罪领导。他琢磨了一会儿，心想凭着自己几年来和领导的关系，再加上自己幽默风趣的性格，相信领导能够放他一马。于是小李通过 MSN 和领导说："本人是公司著名的妻管严，地球人都知道，要不是为了她，俺哪敢和领导讲条件，再说俺要敢放俺那口子鸽子，俺可能会有生命危险。"等了一会儿，MSN 上传来了领导的回复："你不用加班了，这事我来做，你去陪陪你的女朋友吧，代我向她问好！"

看到这句话，小李以最快的速度关掉电脑，拎起包飞奔出了办公室。

"适者生存，不适者淘汰"已成为企业中很多人士坚定不移的座右铭，也是上班族命运的真实写照。虽然如此，但每个人的生活中除了工作中的 8 个小时，还有亲情、友情、爱情需要时间去维护，若因为工作而将其他的统统放弃，实在是得不偿失。而要实现这一目标，就需要多学一些拒绝的技巧。小李的做法也许并不适合每一个人，但也不失为一种借鉴。其实，每个人在拒绝加班都可以找到恰当的理由，让 8 小时以外的时间真正属于自己。

3. 巧借打电话，逃离酒桌应酬

当单位里有应酬时，领导总想把自己喜欢和信任的下属带去"陪酒"。得到领导的赏识是一件好事，但有时候确实不愿意去，这时你该怎么办？如果贸然拒绝了领导的好意，就很容易把领导得罪了。如何逃离酒桌应酬，又能让领导理解，这得用点"心计"。

小王是一家杂志社的采访部主任，本来谈广告业务的事和她没有什么关系，但多年的打拼让她成了交际"达人"，再加上大方、稳重的气质和漂亮的外貌，主编每当面对大客户时都会想到她，让她作陪。

但小王对这类应酬是很不情愿的，因为下班后她希望能多陪陪孩子和丈夫，享受家庭的幸福生活。几次应酬之后，小王觉得不能再这样下去了，必须想个方法逃离酒桌。当主编又一次要带小王去见客户的时候，小王并没有当面拒绝主编，而是爽快地答应了下来。

晚上，小王如约前往。酒桌上，小王看出这次的客户确实来头不小，而且对他们的杂志比较认可。陪客人的除了她和主编外，还有杂志社的投资人以及广告部的主任。小王不知道自己的到来是否能起到一定的作用，但她还是不辱使命，施展着自己的交际才华。时间过去了大约半个小时，小王的电话响了起来，于是小王离桌去接电话。一会儿，小王回来，焦急地和主编说，自己的好朋友谢菲打来电话，说她得了急性阑尾炎，而其家人又不在身边，需要她去照顾一下。主编和在座的各位一看到这种情况，就马上答应了，让小王赶紧去。

就这样，小王一边说着抱歉的话一边急匆匆地离开了。

出门后，她给好友发短信："终于逃离了，谢谢你哦。是你的'阑尾炎'救了我！"

相信很多人都有同感。那些特别注重家庭生活的都市白领，都希望自己能够和家人共进晚餐，享受其乐融融的家庭氛围，而不是去酒桌旁陪客户、陪领导。在工作与家庭之间，在薪水与面子面前，他们往往不能按照自己的意愿行事，哪怕勉为其难也得将就着。不过，有些时候还是可以利用一些巧妙的方法，将那些自己不喜欢的应酬统统甩掉。就如小王这样，运用打电话救急，也不失为一个好办法。

4. 巧妙应对，避开另类"骚扰"

身在职场，很多女性都容易遭遇一个比较普遍的问题——性骚扰。在工作场合，性骚扰有时候会来自于领导。该怎样去应对性骚扰而又不得罪领导呢？

最近一次公司聚会后，伊茜发现老板罗伯特有点问题。饭后伊茜要回家，可罗伯特说要去唱歌，并且一个都不许走，其他同事都赞成，伊茜也不好反对。伊茜因为喝了点酒有点头晕就靠坐在了沙发上，偶尔为他们选一些歌。罗伯特坐在离伊茜不远处，突然在和伊茜说话时用手轻轻地划了一下她的脸，伊茜想罗伯特可能喝醉了，于是离他更远了一些。终于一曲完了，伊茜准备回家，没想到他跟着伊茜离开。电梯里只有他俩，罗伯特抱住伊茜说："亲一下！"伊茜说不行。这时电梯停了，进来几个人，他只好放开了伊茜。

后来伊茜想他大概是喝醉了，自己以后不再参加这种聚会就是了。可没过几天，罗伯特的秘书很神秘地对伊茜说，后天还有个聚会，大家都得参加。伊茜心里暗暗叫苦，麻烦来了！伊茜后来找了一个理由，才躲了过去。然而，这几天罗伯特总是有意无意地来到伊茜的办公室，伊茜只好跟他谈工作的事。但他却总是有意无意地把话题往别的方面引，伊茜思前想后终于想出了一个主意。由于伊茜和罗伯特的妻子是老同学，于是伊茜周末约罗伯特的妻子一起打牌、游泳，他知道这些事后，便不再"骚扰"伊茜了。

遇上想占便宜的领导是职场女性最烦恼的事，因为处理不好的话便会丢了工作和声誉。案例中的伊茜在对付来自领导的性骚扰时方法得当，巧妙地保护了自己，值得职场女性学习。

幽默拒绝很管用

用幽默的方法拒绝别人，既可以缓解紧张的氛围，又不会影响彼此的友谊。

玛丽抱怨她的丈夫说："你看邻居 W 先生，每次出门都要吻他的妻子，你就不能做到这一点吗？"丈夫说："当然可以，不过我目前跟 W 太太还不太熟。"

玛丽的本意是要她的丈夫在每次出门前吻自己，而丈夫却有意地曲解为让他吻 W 太太，委婉地表达了自己不愿意那样做的本意。

直接拒绝别人很容易伤害对方，甚至造成许多误解，破坏彼此间的友谊。但是，利用幽默，巧妙拒绝，却能使很多问题迎刃而解。

有位员工代表向老板谈加薪的问题，并使出了眼泪战术，苦苦哀求道："老板，请你一定要帮帮忙，现在这点薪水我实在无法和我太太继续在一起生活下去呀！"上司回答说："好吧！那么我会出面来说服你太太，要她跟你离婚的。"

在工作当中，如果不懂得拒绝的技巧，往往会吃亏上当。下面的例子很有借鉴意义。

大个子瑞克是一位被公司冷落的老主任。有一天，某部门经理拍着他的肩膀说："瑞克，你看是不是要早日把你的职位让给年轻人！"

"好啊！就这么办！"

"唉！你愿意？"

"是啊！不过俗话说，'鸟去不浊池'，所以我有一个请求，希望能让我把正在进行的工作彻底做好再走。"

"哦！这是理所当然的。不过，你那个工作预计什么时候可以完成呢！"

"我想，大概还要 10 年。"

在拒绝别人时，采用幽默的方式不但不会伤害到对方，而且还可以避免不必要的尴尬。

先承后转避直接

有时对方提出的要求有一定的合理性，但因条件的限制又无法予以满足。在这种情况下，拒绝的言辞可采用"先肯定后否定"的形式，使其精神上得到一些满足，以减少因拒绝而产生的不快和失望。例如，一家公司的经理对一家工厂的厂长说："我们两家搞联营，你看怎么样？"厂长回答："这个设想很不错，只是目前条件还没有成熟。"这样既拒绝了对方，又给自己留了后路。

对对方的请求最好避免一开口就说"不行"，而是要表示理解、同情，然后再据实陈述无法接受的理由，获得对方的理解，使其自动放弃请求。

李刚和王静是大学同学，李刚这几年做生意虽说挣了些钱，但也有不少的外债。两人毕业后一直无来往，忽一日王静向李刚提出借钱的请求，李刚很犯难，借吧，怕担风险；不借吧，同学一回，又不好拒绝。思忖再三，最后李刚说："你在困难时找到我，是信任我，瞧得起我，但不巧的是我刚刚买了房子，手头一时没有积蓄，你先等几天，等我过几天账结回来，一定借给你。"

先扬后抑这种方法也可以说成是一种"先承后转"的方法，这也是一种力求避免正面表述，而采用间接拒绝他人的一种方法。先用肯定的口气去赞赏别人的一些想法和要求，然后再来表达你需要拒绝的原因，这样你就不会直接地去伤害对方的感情和积极性了，而且还能够使对方更容易接受你，同时也为自己留下一条退路。一般情况来说，你还可以采用下面一些话来表达你的意见，"这真的是一个好主意，只可惜由于……我们不能马上采用它，等情况好了再说吧""这个主意太好了，但是如果只从眼下的这些条件来看，我们必须要放弃它，我想我们以后肯定是能够用到它的""我知道你是一个体谅朋友的人，你如果对我不十分信任，认为我没有能力做好这件事，那么你是不会找我的，但是我实在忙不过来了，下次如果有什么事情我一定会尽我的全力来支持你"等等。

有的时候对方可能会很急于事成而相求，但是你确实又没有时间，没有办法帮助他的时候，一定要考虑到对方的实际情况和他当时的心情，一定要避免使对方恼羞成怒，以免造成误会。

拒绝还可以从感情上先表示同情，然后再表明无能为力。

黄女士在民航售票处担任售票工作，由于经济的发展，乘坐飞机的旅客与日俱增，黄女士时常要拒绝很多旅客的订票要求，黄女士每每总是带着非常同情的心情对旅客说："我知道你们非常需要坐飞机，从感情上说我也十分愿意为你们效劳，使你们如愿以偿，但票已订完了，实在无能为力。欢迎你们下次再来乘坐我们的飞机。"黄女士的一番话，叫旅客再也提不出意见来。

对领导要这样拒绝

当领导提出某种要求而属下又无法满足时，设法造成属下已尽全力的错觉，让领导自动放弃其要求，这也是一种好方法。

领导委托你做某事时，你要善加考虑，这件事自己是否能胜任？是否违背自己的良心？然后再作决定。

如果只是为了一时的情面，即使是无法做到的事也接受下来，这种人的心似乎太软。纵使是很照顾自己的领导委托你办事，但自觉实在是做不到，你就应该很明确地表明态度，说："对不起！我不能接受。"这才是真正有勇气的人。否则，你就会误大事。

如果你认为这是领导拜托你的事不便拒绝，或因拒绝了领导会使其不悦而接受下来，那么，此后你的处境就会很艰难。因畏惧领导报复而勉强答应，答应后又感到懊悔时，就太迟了。

领导所说的话有违道理，你可以断然地驳斥，这才是保护自己之道。假使领导欲强迫你接受无理的难题，这种领导便不可靠，你更不能接受。

尽管部下是隶属于领导的，但部下也有他独立的人格，不能什么事不分善恶是非都服从。倘若你的领导以往曾帮过你很多忙，而今他要委托你做无理或不恰当的事，你更应该毅然地拒绝，这对领导来说是好的，对自己也是负责的。

当然，拒绝领导的要求不是一件容易的事。谁都不敢因此而得罪领导。因为领导有可能掌握你一生的前程。然而，你知道一些拒绝领导的技巧，就能两全其美，既不得罪领导，又可以表明拒绝之意。不过要强调的是，这些技巧仅限于那些领导的非合理要求。

当领导提出一件让你难以做到的事时，如果你直言答复做不到时，可能会让领导有损颜面，这时，你不妨说出一件与此类似的事情，让领导自觉问题的难度而自动放弃这个要求。

当上司要求你做违法的事或违背良心的事时，你要平静地解释你对他的要求感到不安，你也可以坚定地对上司说："你可以解雇我，也可以放弃要求，因为我不能泄漏这些资料。"如果你幸运，老板会自知理亏并知难而退；反之，你可能会授人以柄。但假若你不能坚持自身的价值观，不能坚持一定的准则，那只会迷失自己，最终会影响工作的成绩，以致断送自己的前途。

当上司器重你并将你连升两级，但那职务并不是你想从事的工作时，你可以表示要考虑几天，然后慢慢解释你为何不适合这工作，再给他一个两全其美的解决方法："我很感激你的器重，但我正全心全意发展营销工作，我想为公司付出我的最佳潜能和技巧，集中建立顾客网络。"正面地讨论，可以使你被视为一个注重团体精神和有主见的人。

当领导提出某种要求而属下又无法满足时，设法造成属下已尽全力的错觉，让领导自动放弃其要求，这也是一种好方法。

比如，当领导提出不能满足的要求后，就可采取下列步骤先答复："您的意见我懂了，请放心，我保证全力以赴去做。"过几天，再汇报："这几天×××因急事出差，等下星期回来，我再立即报告他。"又过几天，再告诉领导："您的要求我已转告×××了，他答应在公司会议上认真地讨论。"尽管事情最后不了了之，但你也会给领导留下好印象，因为你已尽力而为，领导也就不会再怪罪你了。

通常情况下，人们对自己提出的要求，总是念念不忘。但如果长时间得不到回音，就会认为对方不重视自己的问题，反感、不满由此而生。相反，即使不能满足领导的要求，只要能做出些样子，对方就不会抱怨，甚至会对你心存感激，主动撤回已让你为难的要求。

你也可以利用群体掩饰自己说"不"，这不失为一大妙招。

例如，你被领导要求做某一件事时，其实很想拒绝，可是又说不出来，这时候，你不妨拜托两位同事和你一起到领导那里去，这并非所谓的三人战术，而是依靠群体替你作掩护来说"不"。

首先，商量好谁是赞成的那一方，谁是反对的那一方，然后在领导面前争论。等到争论一会儿后，你再出面含蓄地说"原来如此，那可能太牵强了"，而靠向反对的那一方。

这样一来，你可以不必直接向领导说"不"，就能表明自己的态度。这种方法会给人"你们是经过激烈讨论后，绞尽脑汁才下结论"的印象，而包括领导在内的全体人士都不会有哪一方受到伤害的感觉，从而领导会很自然地自动放弃对你的命令。

对于超负荷工作的要求，你即使是力不能及，也不能马上面露难色。不妨先动起手来做，让事实来证明领导的要求是不可能达到的。

下面是发生在职场中的一件事情。

"小康，请你今晚把这一叠讲义抄一遍。"经理指着厚厚一叠稿纸对秘书小康说。小康听到此言，面对讲义，面露难色，说："这么多，抄得完吗？""抄不完吗？那请你另觅轻松的去处吧！"也许经理正在气头上，于是小康被"炒了鱿鱼"。

小康的被"炒"实在令人惋惜。像她这样生硬直接地拒绝上司的要求，给上司的感觉是她在对抗，不服从指示，因而扫了上司的威信，被"炒"也就难免了。其实，她可以处理得更灵活些。她不妨这样，立即搬过那一堆稿子埋头就抄起来，过一两个小时后，把抄好了的稿子交给经理，再委婉地表示自己的困难，那么经理肯定会很满足于自己说话的威力，并意识到自己的要求的不合理处，而延长时限。小康就不至于被解雇。

拒绝上司必须把握以下 3 点。

1. 要有充分的拒绝理由

首先设身处地，表明自己对这项工作的重视；然后再表明自己的遗憾，具体说明自己为什么不能接受。如说："我有件紧急工作，必须在这两天赶出来。"充足的理由、诚恳的态度一定能取得上司的理解。

2. 不可一味地拒绝

尽管你拒绝的理由冠冕堂皇，但是上司也许仍坚持非你不行。这时，你便不能一味地拒绝，否则，上司可能会以为你是在推脱，从而怀疑你的工作干劲和能力，以致失去对你的信任，在以后的工作中，会有意无意地使你与机会失之交臂。

3. 提出合理的接替方法

对上司所交代的事，你不能接受，又无法拒绝，这时，你可得仔细考虑，千万不可怒气冲天，拂袖而去。你可以与上司共商对策，或者说："既然这样，那么过两天，等我手头的工作告一段落，就开始做，你看怎么样。"你也可以向上司推荐一位能力相当的人，同时表示自己一定会去给他出点子，提建议。这样，你一定能进一步地赢得上司的理解和信任，也会为你以后的工作、生活铺开一条平坦的大道，因为上司也和你一样是个普普通通、有血有肉，有感情，也当过职员的人。

把握好以上要点，才能不让自己难堪，也不会失去上司的信任。

沉默迂回真高明

拒绝法有两种，一种是装聋作哑，沉默不语；另一种则是答非所问，模糊应对。这两种方式都是大智若愚的体现。

对一些不合理的要求，无法做到的要求，或自己不愿意允诺的要求，本来是应该拒绝的，只是由于人情关系、利害关系等，很难说出一个"不"字。

你可以以沉默来表示拒绝。狭义的沉默就是"徐庶进曹营——一言不发"，即缄口不语。广义的沉默则是不通过言语，而是综合运用目光、神态、表情、动作等各种因素，或明或暗地表达自己的思想感情，这是拒绝艺术中一种最常见的手段。

在处理问题时，沉默具有丰富的内涵，作用也十分明显。一是沉默可以用来避免冲突升级。当人们被拒绝时难免会产生不良的情绪，甚至会与拒绝人发生激烈冲突。当一方怒火冲天，严厉责备时，另一方应保持沉默，即使有理也暂时不争，以免火上浇油，使冲突进一步升级。这样既维护了对方的尊严，又避免了矛盾激化，还为进一步向对方陈述自己的观点留了余地。保持沉默，不仅可以避免矛盾激化，保全对方面子，还可以显示出你的豁达大度和良好修养。有时，面对一些难处理的问题，如果保持沉默，并伴以严厉的目光、严肃的神情，就可能会产生一种威慑作用，使对方迅速警醒，从而很快明白自己的要求不够合理。二是沉默可以用来作暗示性表态。沉默在有时候是模糊语言，不置可否，但在特定的背景下，其实就是明确表态。如果对方提出一种意见或处理办法，而你却不敢苟同，但出于全面平衡关系考虑，你又不能明示反对，这时的沉默看似不偏不倚，但聪明人却可意会神通，知道自己的要求令你为难，十有八九办不成，其实沉默就是不同意、不支持。此时彼此心照不宣，也不用固执己见，伤了和气。

在有的场合，对对方的提问不管作出怎样的回答，都于己不利，这时不妨佯装没有听见，没有看到，不作任何表示，也是一种行之有效的方法。

1953 年 6 月，年已 79 岁的英国首相丘吉尔到百慕大参加英、法、美三国会谈。他以自己年事已高为借口，时常装聋，在需要回避的问题上就装作没有听见，不予回答，在感兴趣的问题上就与美国总统艾森豪威尔和法国外交总长皮杜尔讨价还价，使与会者颇感头痛。艾森豪威尔幽默地说："装聋成了这位首相的一种新的防卫武器。"

然而有的时候采取一种答非所问的做法，比光是沉默来得更有效。

有这样一个例子。

一位名叫宫一郎的青年去拜访广源先生，想将一块地卖给他。

广源听完宫一郎的陈述后，并没有作出"买"或者"不买"的直接回答，而是在桌子上拿起一些类似纤维的东西给宫一郎看，并说："你知道这是什么东西吗？"

"不知道。"宫一郎回答。

"这是一种新发现的材料，我想用它来做一种汽车的外壳。"广源详细地向宫一郎讲述了一遍。谈论了这种新型汽车制造材料的来历和好处，又诚诚恳恳地讲了他明年的汽车生产计划。广源谈的这些内容宫一郎一点也听不懂，摸不着头脑，但广源的情绪感染了宫一郎，他感到十分愉快。广源在送宫一郎时顺便说了一句：不想买那块地。

广源的高明之处在于他没有一开始就回拒宫一郎。如果那样，宫一郎就一定会滔滔不绝地劝说他买那块地。而广源采取了答非所问的做法，装作没有听见宫一郎说的事情，把话题引到其他地方，没有给他劝说的时间，在结束谈话时才拒绝，这不失为拒绝他人的好方法。

最后，要说明的一种拒绝方法：将问题丢给时间。当无论如何实在无法拒绝对方的时候，你就先接受他的要求，然后再假装忘记。

"对不起，我忘得一干二净了！"

"你叫过我帮你什么吗？"

这一招只要一句"忘了"就能轻松搞定一切，因此我们常会用上它。然而，虽然它用法简单，但如果仔细想想，这招实在不值得推荐。这招容易使对方不悦，甚至你会被人认为是一个"随随便便、马马虎虎"的人。再说，别人会请你帮忙做的事，多半都是非做不可的事，因此在他对你死心，转而去找其他人帮忙之前，要"一直"忘记，似乎也不太容易。

不过，不管是真忘还是假忘，在公司里像这种"忘记委托"的人，其实还真不少。

迂回之道，我们在社交中所需要的正是这样一种为人处世之法。

第十一章

有理也要让三分，人人希望有台阶下

体贴别人，给对方台阶下

善于交际的人在交谈中懂得给别人留情面，有时候还会巧装糊涂，体贴别人，给对方一个台阶下。

李女士想买双鞋，但一个下午都没挑到满意的，批评意见倒提了不少。

最后，李女士干脆请售货员找来老板，当着许多顾客的面滔滔不绝地说一些如"这双鞋的后跟太高了""我不喜欢这种皮料""你们的服务态度真不好，我选了一下午的鞋子，居然没有一个人过来帮我出点主意"之类的牢骚话。

那位老板就像一名听话的小学生一样，一直站在旁边听她发表"高论"，一声都没有吭。直到李女士说完，老板才缓缓地说："对不起，请你等一会儿。"然后便走到鞋架旁，拿出一双鞋摆在李女士面前说："我想这双鞋最能衬托你的气质。"

李女士半信半疑地将鞋穿上，结果不但大小合适，而且颜色、样式都令她十分满意。

于是李女士满意地说："这双鞋好像是专门为我订做的一样。"最后高高兴兴地付账离开。

做生意，人们都知道秉持"顾客至上"的信条。一般而言，无论顾客说什么，你都不可以反驳，除非顾客有侮辱你人格的地方，否则你就应该像那位鞋店老板一样听她说话，然后再发表你的意见。这位鞋店老板十分懂得顾客的这种心理，也知道用什么话"攻"她的心。

因此，遇到这类不讲理或专门找麻烦的人，不妨学着鞋店老板"顺水推舟"，而不要发脾气或没耐心地应付。

一位外宾吃完最后一道菜，顺手把制作精美的景泰蓝食筷"插入"自己的口袋。

这时，一位服务小姐看到了。但她并没有当场给顾客难堪，而是不露声色地迎上去，双手捧着一只装有景泰蓝食筷的绸面小匣说："先生，我发现您在用餐时，对景泰蓝食筷颇为喜爱。非常感谢您对这种精细工艺品的赏识，为了表达我们的感谢之情，经经理同意，我们把这双图案最精美的景泰蓝食筷赠送给您，并按优惠价记在您的账上，您看好吗？"

善于交际的人在交谈中懂得给别人留情面，有时候还会巧装糊涂，给对方一个台阶下。因为他们知道，含蓄的言语比犀利的话语更能打动对方的心，从而让对方"软化"。

给人情面，不要咄咄逼人

与人交往，要懂得给人留情面，即使自己有理，也不要咄咄逼人。

失败的人常犯的毛病是：自以为是，逮到机会就大发宏论，把别人批评得脸一阵红一阵白，自己则大呼痛快。其实，这样做最终只会让自己吃苦头。事实上，给人面子并不难。尤其是一些无关紧要的事，你更要学会给人面子。

宋朝宰相韩琦在带兵期间，有一天晚上批阅公文到夜深。那位为他举烛的卫兵实在太困了，不小心将韩琦的头发烧掉一绺。韩琦只是摸了摸头发，一言未发，继续批阅公文。过了一会，他抬头一看发现卫兵换了人，才意识到刚才那个卫兵已被卫队长责罚了。他忙走出去，对卫队长说："他已经知道怎样拿蜡烛了，不要惩罚他。"还好言安慰那位卫兵。

还有一次，韩琦宴请下级官吏，并拿出一个玉杯请大家欣赏。这对玉杯价值连城，韩琦十分珍视。不料，一位下级官员喝醉了，不小心将玉杯碰落在地。这位官员吓得酒都醒了，跪在地上连称"死罪"。谁知，韩琦只是淡淡地说："大凡宝物，该有它时它就来了，不该有它时它就走了。天数如此，这不是你的错。"经此一事，朝中上下无不传颂韩琦的度量。

稍加留意，我们就会发现，越是地位崇高的人，越是谦虚待人，处处照顾别人的面子。

与人交往，一定要学会照顾别人的情面，千万不要咄咄逼人。咄咄逼人只会让人厌恶，让人产生刻薄的印象。没有人愿意跟刻薄的人交往。

宽容让心灵自由飞翔

如果一个人不懂得宽容，内心老是怀着对别人的仇恨，那么他的形象便不会好，人生也不会有多大意义。

在社交中，你要记住：你所相处的对象，并不是绝对理性的人，而是一个个充满了偏见、傲慢、虚荣和自负等情绪的人。假如你想激起一种反抗，使人痛恨你数十年甚至到死，你只要求一时痛快地发表一些具有刺激性的批评就可以了。假如你想获得友爱、理解，只有一条道路可以供你选择，那就是学会宽容，哪怕对方是你的敌人。树立宽容别人的形象，哪怕敌人也会变成朋友。

印度有句俗语说得好："热爱真理，但要宽恕缺点。"

要是自私的人想占你的便宜，你不要去理会他们，更不要想去报复。当你想跟他扯平的时候，你伤害自己的，比伤害那人的更多，你的美好形象也就会黯淡无光……

罗斯福和塔夫脱总统曾经发生过一场大的争论，并且他们的互相攻击导致了共和党的分裂，而伍德罗·威尔逊借机成功入主白宫。受到抨击的塔夫脱没有想到自己的行为所产生的不利影响，他含着眼泪说："我不知道我所做的一切到底错在哪里。"其实，他不能宽恕自己的竞争对手罗斯福，白白地耗费了个人精力，无法去做更重要的事，让第三者收获了渔翁之利。

在我们对仇人心怀仇恨时，就等于给了他们制胜的力量，使他们有机会控制我们的睡眠、胃口、血压、健康，甚至我们的心情。如果我们的仇人知道他带给我们这么多的烦恼，他一定会高兴得手舞足蹈！憎恨伤不了对方一根毫毛，却把自己的形象弄得一塌糊涂，使我们的生活和事业都受到严重影响。

《生活》杂志曾论述了"不宽容会毁坏健康"这一议题。它是这样说的："高血压患者最主要的个性特征是容易仇恨，长期的愤恨造成慢性心脏疾病，导致高血压的形成。"

人非圣贤，要爱自己的敌人也许真的有点强人所难，但出于自身的健康与幸福，形象与成功的考虑，我们也该学着去宽恕敌人，甚至忘掉所有仇恨。

下面这个例子会很好地告诉你宽容所带来的巨大力量。

乔治·罗纳住在瑞典的艾普苏那。他在维也纳当了很多年律师，但在第二次世界大战期间，他逃到瑞典，一文不名，需要找个工作。因为他能说并能写好几国的语言，所以希望能够在一家进出口公司里，找到一份秘书工作。绝大多数的公司都回信告诉他，因为正在打仗，他们不需要这类人，不过他们会把他的名字存在档案里，等等。不过有封写给他的信说："你对我生意的了解完全错误。你既蠢又笨，我根本不需要任何替我写信的秘书。即使我需要，也不会请你，因为你甚至连瑞典文也写不好，信里全是错字。"

当乔治·罗纳看到这封信的时候，简直气得发疯。于是乔治·罗纳也写了一封信，目的要使那个人大发脾气。但接着他就停下来对自己说："等一等，我怎么知道这个人说的是不是对的？我修过瑞典文，可是那并不是我家乡的语言，也许我确实犯了很多我并不知道的错误。如果是这样的话，那么我想得到一份工作，就必须再努力学习。这个人可能帮了我一个大忙，虽然他本意可能并非如此。他用这种难听的话来表达他的意见，并不表示我亏欠他，所以应该写封信给他，在信上感谢他一番。"

于是乔治·罗纳撕掉了他刚刚写好的那封骂人的信，另外写了一封信说："你这样不嫌麻烦地写信给我实在是太好了，尤其是你并不需要一个替你写信的秘书。对于我把贵公司的业务弄错的事我觉得非常抱歉，我之所以写信给你，是因为我向别人打听，而别人把你介绍给我，说你是这一行的领军人物。我并不知道我的信上有很多文法上的错误，我觉得很惭愧，也很难过。我现在打算更努力地去学习瑞典文，以改正我的错误，谢谢你帮助我走上改进之路。"

没几天，乔治·罗纳就收到那个人的信，请罗纳去看他。罗纳去了，而且得到一份工作。乔治·罗纳由此发现"温和的回答能消除怒气"，他暗自庆幸是自己的宽容让事情得到改观。

众所周知，德国伟大的哲学家叔本华曾经把生命比喻为痛苦的旅程，但在绝望深渊中的他仍说："假如有可能的话，任何人都不应有怨恨心理。"换句话说，就是要人们学会宽容。

相反，如果一个人不懂得宽容，内心老是怀着对别人的仇恨，那么他的形象便不会好，人生也不会有多大意义。仇恨会让我们即使面对山珍海味也没有丝毫胃口。《圣经》上是这么说的：怀着爱心吃青菜要比带着愤怒吃海鲜强得多。

仇恨也最能损害一个人的容颜。

有一位女士去找一个整形美容的权威医生，她请求医生把自己的容貌变得好看些。她告诉医生因为她听说看过她的人都觉得她长着一副"恶相"，因此想让医生帮忙把她变得让人看起来觉得温柔甜美。医生摇了摇头只说了一句话："你只要用一颗宽容的心去接纳别人就能改变自己，而我的手术刀对此无能为力。"

每个人并不是天生就具有超强的容忍力，能够忍许多事情。能够用宽大的胸怀容纳一切是需要一个过程的，它并不是一朝一夕、一蹴而就的。

身在职场，你会遇到各种各样的人，就拿领导来说吧，有脾气古怪、猜忌心重的人，而同事也有钩心斗角、自私自利之人。当面对这些人时，如果你想给自己树立一个好的形象以便继续发展自己的事业，开展好工作让自己有所作为，你就要用一颗宽容之心面对这一切。

老刘任财务科长的第三年，上司给他委派了一名新主任。新主任是老会计出身，没有多少能力，对所管辖的部属，谁工作认真、昼夜加班、出了成绩，他看在眼里，忘在脑后；谁迟到早退，不请假，或者没有给他及时送材料，他却牢牢记在心上，时不时地给点颜色瞧瞧。尤其是对财务科的工作总是挑毛病、找破绽，好像怎么看都不顺眼。

面对蛮不讲理的新主任，老刘既没有当面顶撞，也没有逢迎巴结。他经常和本科室的人员开会，定出工作程序，交给主任过目后，再切实执行，并做好系统记录，以便主任翻阅。

这样自行安排工作，既减少了他这个财务科长与新主任的摩擦，也减轻了自己的负担。

有几次，老刘被主任严厉批评，但他没有任何的情绪异常，也没有把这种情绪带到工作中去。相反，老刘每受到委屈，必当机立断，检查自己的工作、处事是否有错误，并且有错必改，或是重新评价自己，进一步做好本职工作。

此外，对待这样的"大老粗"主任，老刘为自己的前途着想，时时小心、处处小心、步步小心，每一件事、每一句话都对主任格外尊敬，尊重主任的意见、多向主任请教、多多体谅主任的难处。

这样一年下来，主任对财务科长褒奖有加，再也不像以前那样恶声恶气了。又过了半年，老刘被提升为财务部主管。

可见给别人留下一个宽容的形象对工作和前途是多么重要。

不要一味地指责别人

只懂得批评别人而不懂得宽容别人的人，是不会巧妙地指出别人的错误的。其实，在某些时候，宽容比批评更有效，更能让人保住面子，也更能激发人的积极性。

有很多人在说话时，经常只顾自己痛快，过后才发现不小心伤了别人的心。尤其是当别人做了错事，或自己因此而吃了亏，就更觉得自己受了委屈而要说出来图个痛快，于是一些难听的话就不自觉地冒了出来，结果是痛快了一时而伤了和气。自己的形象也因这一时的冲动而毁于一旦。

也许有人认为：下级犯了错误，作为领导应该严厉地训斥才能得到很好的效果，其实，婉转地纠正别人的错误会收到更理想的效果。

西雅图波音公司的一个部门经理有一次大发雷霆，原来他看到了一份报告上有一个错别字，那是个拼写错误，有人把"Believe（相信）"写成了"beleive"。

这位经理精明能干，可是有个怪毛病，他的眼睛里容不得任何一个小错误。于是他叫来了那个写错字的工程师。

整个走廊里都听得见部门经理的声音："你这个混蛋连这么点错误都要犯，你到底读过书没有？'E'怎么可能在'I'的前面，记住，'I'永远在'E'的前面。"

可是，没过几天，那位经理又发现了同样的拼写错误，而且又是出自同一人之手。

这次，经理被彻底地激怒了，他叫来了那个"屡教不改"的工程师，怒不可遏地冲他咆哮道："你耳朵长在头上了吗？为什么我说了你不听？"

那工程师很平静，说道："你不是说'I'永远在'E'之前吗？"

经理说："看来你是明知故犯了。"

工程师二话没说，随手从桌上拿起一份文件。把上面的"Boeing（波音）"字样一笔勾去，写成了"Boieng"。

可见，在工作中，不要留下一副尖酸刻薄、一味地指责别人的形象，那不仅无助于任何事情的发展，更可能阻碍事情向好的方向发展。当你几乎控制不住想要批评某人之时，有一种方法可以让你的心绪渐渐平静下来，使你重新思考究竟应该怎么做。这种方法就是：在你批评他人之前，先想想自己"我做得怎么样？是否应该完全怪罪他人？"这样想过之后或许你会完全改变自己的想法和行为。让我们来看看成功学大师卡耐基是怎么做的。

卡耐基的侄女乔瑟芬·卡耐基在19岁高中刚毕业的时候来到纽约担任卡耐基的秘书。"她当时没有任何做事的经验，"卡耐基回忆说，"在刚开始的时候，她十分敏感脆弱。有一次我正准备指责她，但马上对自己说：'等一下，戴尔·卡耐基，等一下。你几乎有乔瑟芬两倍的年纪，做事经验更是多出好几倍，怎么可以要求她能有你的看法、判断和主动的精神——何况你自己并不十分出色！还有，戴尔，你在19岁的时候是什么德行？记得你像蠢驴一样犯下的错误吗？记得你做过这些……还有那些……吗？'"

"一想到这里，我不得不老实地下个结论：乔瑟芬19岁时比我19岁时要好得多——而实在惭愧得很，我没有称赞过她。"

"于是，一遇到乔瑟芬犯错误，我总是这样说：'乔瑟芬，你犯下了一项错误。但是，老天知道，我以前也常常如此。判断力并非生来具备，那全得靠自己的经验，何况我在你这个年纪的时候还比不上你呢。我实在没有资格批评你或别人，但是，依我的经验，假如你……做的话，不是好些吗？'"

后来，年轻的乔瑟芬成为最出色的秘书之一。

只懂得批评别人而不懂得宽容别人的人，是不会巧妙地指出别人的错误的。其实，在某些时候，宽容比批评更有效，更能让人保住面子，也更能激发人的积极性。

迪利斯通是加拿大的一位工程师，他发现秘书在口授的信件中有拼写错误，几乎每一面总要错上两三个字。那么他是如何让秘书改正这一错误的呢？他说：

"就像许多工程师一样，别人并不以为我的英文拼写有多好。我有个维持了好几年的习惯，就是常常随身带着一本小笔记簿，上面记下了我常拼错的字。我虽然常常指正秘书所犯的错误，但她还是我行我素，一点也没有改进的意思。我决定改变方式，等第二次发现她拼错时，我坐到打字机旁，告诉她说：'这字看起来似乎不像，也是我常拼错的许多字之一，幸好我随身带有拼写簿（我打开拼写簿，翻到所要的那页）。哦，就在这里。我现在对拼写十分注意，因为别人常常以此来评判我们，而且拼错字也显得我们不够内行。'"

"我不知道后来她有没有采用我的方法。但很显然，在那次谈话之后，她就很少拼错字了。"

宽容能维护别人的尊严，给他一种自重感，无礼的命令只会导致长久的怨恨，即使这个命令可以用来改正他人明显的错误。

有个学生把车子停在了不该停的地方，因而挡住了别人的通道。有个老师冲进教室很不客气地问："是谁的车子挡住了通道？"等汽车主人回答之后，这位教师严厉地说道："马上把车子移开，否则我叫人把车拖走。"

这个学生犯了错，车子是不该停在那里。但是，从那天开始，不只那个学生对老师心存不满，甚至别的学生也常常故意捣蛋，使那位老师过不上好日子。

如果这位老师用不同的方式来处理这件事情，结果会如何？他可以好好地问："谁的车子挡住了通道？"然后建议这位学生移开车子，以方便别人进出。相信这个学生会乐意这么做，也不致引起其他学生的公愤。所以无论工作或生活中，当你遇到别人做的事并不顺你意的时候，请先冷静思考一番，不要一味尖酸刻薄地指责别人。给人留下一副坏形象，工作就很难顺利进行。

宽容是一种智慧

宽容是建立人与人之间良好关系的法宝。一个拥有宽容美德的人，能够对那些在意见、习惯和信仰方面与你不同的人表示友好和接受。

忍让和宽容不是怯懦胆小，而是关怀体谅。忍让和宽容是给予、是奉献、是人生的一种智慧，是建立人与人之间良好关系的法宝。一个人经历一次忍让，就会获得一次人生的亮丽；经历一次宽容，就会打开一道爱的大门。因此，人们常说：爱产生爱，恨产生恨。

我们都知道，有一些事情忍一下就过去了，其实没有什么大不了的，它既不会损害你的自尊，相反还能提升你的人格魅力。但遗憾的是，人与人之间经常因为一些彼此都无法释怀的坚持，而造成永远的伤害和无法挽回的恶果。当静下心来的时候，也许会常常抱怨自己当初何必要那样做。

现代社会竞争激烈，人与人之间难免有冲突，积怨过多招人恨，伤人过重结下仇。为人应宽大为怀，不计小隙。否则你对我要阴谋，我就给你设陷阱，如此以毒攻毒、以恶对恶地冤冤相报，何时有个了结呢？

如果你的行为让人们不喜欢，那你就危险了。因为这时原本和你毫无关系的他们会因为几句话就牢固地树立了你这个人的形象，虽然这可能是不正确的，但他们可能凭着对这种形象的好恶来办事，有时对你而言可能会成事不足，败事有余。

有这样一个例子：

一天在机场，一位旅客见到一位衣冠楚楚的商人在大声呵斥，责骂搬运员处理行李不当。商人骂得越凶，搬运员越显得若无其事。商人走后，这位旅客称赞搬运员有涵养。"噢，没关系，"他微笑着说，"你知道吗？那个人是到佛罗里达去的，可是他的行李嘛——将会运到密歇根去。"

和你共事的人——即使是下属——只要受了你的气，就会跟你捣蛋。

相反，只要你精于处事之道，那么犯了严重错误也没事。许多能力平庸的管理人员，都能安然度过公司的人事大变动。因为他们和人交往时，通情达理、对人宽容、讨人喜欢，一旦有错，支持他们的人总会帮他们补过。事实上，犯了一次错之后，如果老板知道他们以负责的态度处理这些错误，说不定他们的事业反而会更上一层楼。

宽容是建立人与人之间良好关系的法宝。一个拥有宽容美德的人，能够对那些在意见、习惯和信仰方面与你不同的人表示友好和接受。依靠这份宽容建立起来的形象，不仅对你的个人生活具有很大的价值，而且对你的事业也有重要的推动意义。一个人经历一次宽容，就可能会打开一扇通向成功的大门。借助宽容的力量，你可以实现自己伟大的梦想，成就自己的事业。

罗杰是一个室内装潢工厂的老板。有一次，生产线上有一个工人喝得酩酊大醉后来上班，吐得到处都是。厂里立刻发生了骚动：一个工人跑过去拿走他的酒瓶，领班接着又把他护送出去。

罗杰在外面看到这个人昏昏沉沉地靠墙坐着，便把他扶进自己的汽车里送他回家。那个工人的妻子吓坏了，罗杰再三向她表示什么事都没有。"不，杰克不知道，"她说，"老板不允许工人在工作时喝醉酒。杰克要失业了，你看我们如何是好？"罗杰告诉她："我就是老板，杰克不会失业的。"

杰克的妻子张着嘴愣了半天。罗杰告诉她，自己会在工作中尽力辅导杰克，同时也希望她在家里尽力照顾杰克，以便他在第二天早上能够照常上班。

回到工厂，罗杰就对杰克那一组的工人说："今天在这里发生的不愉快，你们要统统忘掉。杰克明天回来，请你们好好对待他。长期以来他一直是个好工人，我们最好再给他一次机会！"

杰克第二天果真上班了，他酗酒的坏习惯也从此改过来了。罗杰的宽容令杰克很感动，他一直记在心里。

3年后，地区性工会派人到罗杰的工厂协商有关本地工人的各种合同时，居然提出一些不切实际的要求。这时，沉默寡言、脾气温和的杰克立刻领头号召同事反对。他开始努力奔走，并提醒所有的同事说："我们从罗杰那里获得的待遇向来很公平，用不着那些外来'和尚'告诉我们怎么做。"就这样，他们把那些外来"和尚"打发走了。罗杰用宽容树立起了一副好形象，赢得了工人的拥戴，从而取得了事业的成功。

如果你想有所作为，获得成功，就要学会宽容，能够容忍、谅解别人的不同意见和错误。否则你永远不可能成为一个真正的成功者。试想你每天都在想着别人的一点过错，甚至心生怨恨，老想打击报复，那你还有精力发展自己的事业吗？无疑你也就离成功越来越远了。

诗人托马斯·查特顿年轻的时候因为直率的性格而历经坎坷，后来才变得善于处世，进而成了美国驻法大使。他的成功秘诀是，"我不批评人，我只夸奖人"。

一次，著名试飞驾驶员鲍勃·胡佛驾驶的飞机在数千英尺的高空，两个引擎同时出现故障，幸亏他经验丰富、反应灵敏、控制得当，飞机才得以降落。

在惊魂稍定后，胡佛开始检查飞机用油。原来那架螺旋桨飞机装的竟然是另一种型号的飞机用油。于是，胡佛约见了那位负责维护飞机的机械师。懊恼不已的年轻机械师，一见到胡佛，便后悔得泪流满面。刚刚从鬼门关走了一遭的胡佛并没有责备那个机械师，只是伸出手臂，抱住年轻机械师的肩膀说："我相信你不会再犯错，我的F-51飞机明天还请你维护。"机械师对胡佛宽恕了自己的失误十分感激，在以后的飞机维护中，他十分尽心，再也没有出过一次差错。机械师也因此成了胡佛最得力的助手。

当别人犯错时，尽量站在他人的角度上思考一下，少一点呵斥和责骂，多一些宽恕！试着去理解人们为什么要这样做，因为这比批评更有益，也更有趣。什么都了解，就什么都会宽恕。

当遇到与你不一致的观点、做法时，首先你要想想别人合理的地方，为什么会这样想、这样做。然后，你再把你的做法与他们的做法进行比较。你可以试着与不同风格、不同背景、不同思想的人做朋友，多观察他们的做法，要善于采纳新的观点，这样你才能学会宽容。

林肯曾用宽容和爱的力量在历史上写下了永垂不朽的一页：当林肯参选总统时，他的强敌斯坦顿因为某些原因憎恨他。斯坦顿想尽办法在公众面前侮辱他，毫不保留地攻击他的外表，故意制造事端来为难他。尽管如此，后来林肯当选美国总统时，须找几个人当他的内阁与他一同策划国家大事，其中必须选一位最重要的参谋总长，他不选别人，却选了斯坦顿。

当消息传出时，一片喧哗，街头巷尾议论纷纷。有人对林肯说："恐怕您选错人了吧！您不知道他从前如何诽谤您吗？他一定会扯您的后腿，您要三思而后行啊！"林肯不为所动，他回答说："我认识斯坦顿，我也知道他从前对我的批评，但为了国家前途，我认为他最适合这份职务。"果然，斯坦顿为国家及林肯做了不少事。

过了几年，当林肯被暗杀后，许多赞颂的话语都在形容这位伟人，其中，要算斯坦顿的话最有分量了。他说："林肯是世人中最值得敬佩的人，他的名字将流传万世。"

宽容不仅需要"海量"，而且更是一种修养促成的智慧。事实上，只有那些胸襟开阔的人才会自然而然地运用宽容，因为当你对别人宽大之时，也是在对你自己宽大。

生活中的不平、坎坷、误解、私怨、纠纷……一波又一波接踵而来，莫不令人心烦意乱。每逢此时，你将如何呢？有一位哲人在回答弟子"如何摆脱烦恼"的问题时，精彩地回答："宽容。"事实正是如此，生活中有不少烦恼之事，正是缺少"宽容"而造成的，有时甚至因为不能宽容他人而酿成悲剧。

如果你不想毁掉自己的形象，并且想事业有成、生活顺利，请想想宽容的力量吧！

宽容别人就是宽容自己

宽容大度是一种胸怀，为一点小事斤斤计较，争吵不休，既伤害了感情，也无益于成大事，甚至最后伤害的还是自己。

一位哲人说："人能成全他人，也能毁弃他人；互相帮助能使人奋发向上，互相抱怨会使人退步不前。"工作中同事之间有了不同意见，应以商量的口气婉转地提出自己的看法，尽量避免生硬地伤害他人自尊心的言辞。如果遇到不合作的同事，则要表现出你的宽容和修养。学会耐心倾听对方的意见，并对其合理成分表示赞同，这样不仅能使不合作者放弃"对抗状态"，也会开拓自己的思路。

某同事得罪过你，或你曾得罪过某同事，虽说不上反目成仇，但心里确实不愉快。如果你觉得有必要，可主动去化解僵局，也许你们会因此而成为好朋友，也许只是关系不再那么僵而已，但至少减少了一个潜在的对手。这一点相当难做到，因为大多数人就是拉不下脸！要允许别人犯错误，也允许别人改正错误。不要因为某同事有过失，便看不起他，或一棍子打死，或从此另眼看待对方，"一过定终身"。

春秋时期的管仲和鲍叔牙是一对好朋友，他们两个人合伙做过买卖，共同谋过事，一起打过仗。后来，他们两人都在齐桓公手下当大官。

管仲年少时家庭穷困，曾经和鲍叔牙合伙做生意，赚了钱，他分给自己的多，分给鲍叔牙的少。鲍叔牙根本不与之计较，也不认为管仲贪财。此后管仲多次为鲍叔牙出谋划策办事情，但"谋事在人，成事在天"，每次事情都办得十分糟糕，鲍叔牙并不因此认为他是愚笨之徒。事实清楚地证明了这段友谊的结果：在管仲落难，被"幽囚"之时，又是鲍叔牙力荐管仲为相，使管仲成就了大业。

同事所犯的错误有时候会给你带来一定的损害，或在某种程度上与你有关。在这种情况下，能否用一种宽容的态度对待这种"过"，就是衡量人的素质的一个标准。原谅别人是一种美德，有时尽管自己心里并不痛快，但却应该设身处地地为同事着想，考虑一下自己如果在他那个位置会如何做，做错了事之后又有何种想法。

其实只要你愿意做，你的风度会赢得对方对你的尊敬，因为你给足了他面子。

宽容大度是一种胸怀，为一点小事斤斤计较，争吵不休，既伤害了感情，也无益于成大事，甚至最后伤害的还是自己。

当你无辜受到伤害或被人欺负时，大部分人都是为了一时之快而选择了憎恨。殊不知，憎恨本身对怀恨者的伤害比被仇恨者还要多。憎恨就是一把双刃剑，伤了别人的同时，也深深地伤了自己。

宽容是要付出痛苦的代价的。在办公室中谁都会碰到个人利益受到他人侵害的事情，这时，你要闭住自己的嘴巴，管住自己的大脑，勇于接受宽容的考验，当你生出了宽容和大度时，机会也就随之而来了。

待人要宽容

一个人若能对别人宽容，在生活中养成将心比心、推己及人的做事习惯，这样的人肯定是受人尊敬和欢迎的。

实践证明，宽以待人的习惯是成就事业的前提与保障。反之，一个以敌视的眼光看人，对周围的人戒备森严，随时留心眼、处处提防、不能宽大为怀的人，必然会因孤独而陷于忧郁和痛苦之中，一个宽宏大量、与人为善、谦让待人，能主动为他人着想，肯关心和帮助别人的人，肯定讨人喜欢，容易被人接纳、受人尊重、魅力无限，因而能更多地体验成功的喜悦。

宽以待人，就是在交际交往中有较强的相容度。相容就是宽厚、容忍、心胸宽广、忍耐性强。人们往往把宽广的胸怀比作大海，能广纳百川之细流，从来没有把暴雨拒之门外；也有人把忍耐性比作弹簧，具有能伸能屈的韧性。有这样一句话："谁若想在前进中得到援助，就应在平时待人以宽。"就是说，相容能接纳、团结更多的人，有难同当、有福共享，进而增加成功的力量，创造更多的成功典范。反之，相容度低，则会使人疏远，减少合作力量，人为地增加成功的阻力。

一个人若能对别人宽容，在生活中养成将心比心、推己及人的做事习惯，这样的人肯定是受人尊敬和欢迎的。"己欲立而立人，己欲达而达人；己所不欲，勿施于人。"在一些小心眼的概念里，别人就是别人，我就是我，没有任何关系。然而，宽以待人其实也是善待自己的一种方法，正如一句话所说："原谅别人，才能释放自己。"借着宽恕，你释放了心牢里的犯人，而那个犯人，可能就是你自己。一旦你能舍得过去的一切，是福也好，是祸也好，让它们如烟消云散般飞去，原谅一切，你的宽容将会为你打开新局面。

　　宽容意味着理解和通融，是融合人际关系的催化剂，是友谊之桥的加固剂。宽容还能将敌意化解为友谊——心中装满了宽容，就会与人方便，与人方便就是与己方便，成功路上的坎坷也就会少一点。而事实上，很多人往往因为一点小小的利益与别人发生矛盾，甚至大打出手，不仅良好的人际关系被破坏了，也影响后来的事业。所以，每个人都要时时记住这句话：无论是在日常生活中，还是在工作岗位上，宽以待人，不懈地履行这个信条，对自己的未来是一定会有所帮助的。

第十二章

会婉转，少尴尬

说好难说的话，从生活细节开始

要想尽量不置身于尴尬的境地，首先要做的就是注意那些容易出现尴尬的场合和时刻，最好能防患于未然。

说话要注意礼节，避免忌讳。礼貌是文明交谈的首要前提。在交谈中要体现出敬意、友善、得体的气度和风范。要做到礼貌交谈，首先就要使用礼貌用语，如"请""谢谢"等；其次要注意学习一些礼貌忌语，一语不慎造成的后果可能是很难弥补的。

礼貌忌语是指不礼貌的语言，他人忌讳的语言，会使他人引起误解、不快的语言。不礼貌的语言，如粗话、脏话，是语言中的垃圾，必须坚决清除。他人忌讳的语言是指他人不愿听的语言，交谈中要注意避免使用。如谈到某人死了，可用"病故""走了"等委婉的语言来表达。容易引起误解和不快的语言也要注意回避。在议论他人长相时，可把"肥胖"改说成"丰满"或"福相"，"瘦"则用"苗条"或"清秀"代之。参加婚礼时，应祝新婚夫妇白头偕老，避免说不吉利的话。在探望病人时，应说些宽慰的话，如"你的精神不错""你的气色比前几天好多了"等等。

随着语言本身的发展，一些词汇的意义也发生了转移，譬如"小姐"等，在使用时要针对不同对象谨慎决定。还要注意，在日常生活中，遇到矛盾冲突时应冷静处理，不用指责的语言，应多用谅解的语言。

在交谈中，每说一句话之前都要考虑一下你要说的话是否合适，不要口无遮拦，想说什么就说什么，给其他人造成不快。

除非是亲密的朋友，否则最好不要对个人的卫生状况妄加评论。如果某人的肩膀上有很多头皮屑或口中很难闻，或者拉锁、纽扣没弄好，请尽量忍耐不去想，并等和他亲密一些的朋友告诉他。如果你直接告诉他，特别是在人比较多的场合，很容易让对方处于尴尬的境地。

许多人不喜欢别人问自己的年龄，尤其对女性而言，年龄是她们的秘密，不愿被人提及。对钱等涉及个人收入这类私人问题的询问通常也是不合适的，可以置之不理。

切忌哪壶不开提哪壶。人们在交谈中常有一些失言："哎，你儿子的脚跛得越来越厉害了！""你怎么还没结婚？""你真的要离婚吗？"等，一些别人内心秘而不宣的想法和隐私被你这些话无情地暴露了出来，实在是不够理智。

如果你想让人喜欢，就不要对跛子谈跳舞的好处和乐趣；不要对一个自立奋发的人谈祖荫的好处；不要无端嘲笑和讽刺别人，尤其是别人无能为力的缺陷，否则就是一种刻薄。此外，除非是熟识的亲友，不必多谈对方的健康问题，他若身有不适，很可能勾起他的愁绪，一旦他抱怨起自己的疾病和痛苦，你又未必会感兴趣，但你若没表露足够的同情心，则会使对方觉得你冷漠、自私。既然如此，那又何不谈些令人愉快的事呢？

一般说来，批评别人的话题应尽力避免，然而赞美别人所做的工作和本领却是很合宜的，常会使听者感到愉快。

有一位姑娘谈恋爱遇挫，头一回感情旅程就打了"回程票"，心里有点懊恼。这位姑娘性格内向，平时不善言谈，也没有向旁人袒露内心的秘密。单位里一个与她很要好的同事在办公室里看到她愁容不展，就当着众人的面说起安慰话："这个人有什么好，凭你这种条件，还怕找不到更好的？"没等她说完，这位姑娘就跑出办公室。这时她才感到在这样的地方说这样的安慰话有些不当，这位姑娘当然无法领情。几句安慰话倒成了彼此尴尬的缘由。由此可见，即使说安慰话也要尊重人格，充分考虑到对方的性格和习惯。

对性格内向的人，一般不宜在众人面前直接给予安慰；对不喜欢别人安慰的人，一般不要随意给予安慰。尤其是涉及别人的隐私，万万不可"好心办错事"，不宜在公开场合"走漏风声"。在说安慰话时，还得不同对象不同处置。

在语言交际中，我们经常还会遇到一些令人尴尬的问话，比如涉及国家、组织的秘密，涉及个人收入、个人生活及人际关系等问题。对待这样一些提问，如果我们用"不能告诉你"来回答，那么使你显得粗俗无礼，如果套用外交用语"无可奉告"来作答，那又会给提问者造成心理上的失望与不快。总之，对待这样一些古怪的问题，我们答得不好，就有可能自己给自己套上难解的绳索，使自己陷入十分难堪的泥淖，不能自拔以致大失脸面。因此，与之相关的话题就要注意避免，防止出现问题。

有些可以预见的难堪，应该设法去避免它的出现。如果某主管欲将一位不重用的职员降调至 A 分公司，直接对他说："我要将你调到某一公司去。"则他的内心必定会有被放逐的感觉。但如果说："我本想派你到 A 分公司或 B 分公司，但我考虑的结果还是认为 A 分公司较为恰当，因为 B 分公司对你来说太远了，可能不太方便，所以还是麻烦你到 A 分公司去。"

这样一来对方就不会有被流放的感觉，他的心里只存在如何做选择的问题。

只要平时多注意如何预防尴尬，尴尬出现的几率就会小很多。

自我调侃帮你走出尴尬

由于我们的过失，在谈话中出现难堪，这时我们不要责备他人，还是找找自己的责任，采用自我调侃的方式低调退出吧。

有一次，十多年没见的老同学聚会，因为大家都是好朋友，所以说起话来直来直去。有一位男同学打趣地问一位女同学说："听说你的先生是大老板，什么时候请我们到大酒店吃一顿？"他的话刚说完，这位女同学有点不安起来。原来这位女同学的丈夫前不久因发生意外去世了，但这位开玩笑的男同学并不知道，因而玩笑开得过了一点。旁边的一位同学暗示他不要说了，谁知这位男同学偏要说，旁边的那位同学只得告诉他真实的情况，这位男同学非常尴尬。不过他迅速回过神来，先是在自己脸上打了一下，之后调侃地说："你看我这嘴，十多年过去了，还和当学生时一样没有把门的，不知高低深浅，只知道胡说八道。该打嘴！该打嘴！"女同学见状，虽有说不出的苦涩，但仍大度地原谅了老同学的唐突，苦笑着说："不知者不怪，事情过去很久了，现在不提它了。"男同学便忙转换话题，从尴尬中解脱出来。

当我们处于类似的由于我们自己的原因造成不好下台时，最好的办法就是不要死要面子活受罪，可以采用自我调侃的办法，真诚一点，像该例中的那位男同学一样，表达自己真诚的歉意，而对方也不会喋喋不休地责备我们，相反，还会因为我们的真诚而一笑了之。

人一生中总会有当众失态的时候，此时我们不妨抢先一步对自己进行调侃，好过别人来嘲笑，使自己难堪。

宋朝大文学家石曼卿，人称"石学士"。一日酒后乘马车去报国寺游玩，突然马受惊乱跑，将石曼卿从车上摔了下来。只见石曼卿站起来，拍拍身上的尘土，拿起马鞭，然后风趣地对围观者说："幸亏我是'石'学士，要是'瓦'学士，一定要摔破了。"石学士把自己的姓做了另外一种解释，妙语解颐，为后人称道。

1915年，丘吉尔还是英国的海军大臣。不知他是心血来潮还是什么原因，突然要学开飞机，于是，他命令海军航空兵的那些特级飞行员教他开飞机，军官们只好遵命。

丘吉尔还真有股韧劲，刻苦用功，拼命学习，把全部的业余时间都搭上了，负责训练他的军官都快累坏了。丘吉尔虽称得上是杰出的政治家，但操纵战斗机跟政治是没什么必然联系的。也可能是隔行如隔山吧，总之，丘吉尔虽然刻苦用功，但就是对那么多的仪表搞不明白。

在一次飞行途中，天气突然变坏，一段25.75千米的航程他竟然花了3个小时才抵达目的地。

着陆后，丘吉尔刚从机舱里跳出来，那架飞机竟然再次腾空，一头扎到海里去了，旁边的军官们都吓得怔在那里，一动不动。

原来，匆忙之中的丘吉尔忘了操作规程，在慌乱之中又把引擎发动起来了。望着眼前这一切，丘吉尔也不知所措，好在他并没有惊慌，装作茫然不知似的，自我解嘲道：

"怎么搞的，这架飞机这么不够意思。刚刚离开我，就又急着去和大海约会了。"

一句话缓解了紧张的气氛，也让丘吉尔摆脱了尴尬。

在有些尴尬的场合，运用自嘲能使自尊心通过自我排解的方式受到保护，而且还能体现出说话者宽广大度的胸怀。

当你陷入窘境时，逃避嘲笑并非良方，也不是超脱。相反，你殚精竭虑地力图反击，很可能会遭到对手更多的嘲讽，不如来个180度大转变的超脱。这种超脱既能使自己摆脱狭隘的心理束缚，又能使凶悍的对手"心软"下来。

20世纪50年代初，美国总统杜鲁门会见十分傲慢的麦克阿瑟将军。会见中，麦克阿瑟拿出烟斗，装上烟丝，把烟斗叼在嘴里，取出火柴。当他准备划燃火柴时，才停下来，对杜鲁门说："抽烟，你不会介意吧？"

显然，这不是真心地向对方征求意见。杜鲁门讨厌抽烟的人，但他心里很明白，在面前的这个人已经做好抽烟准备的情况下，如果说他介意，那就会显得自己粗鲁和霸道。

杜鲁门看了麦克阿瑟一眼，自嘲道："抽吧，将军。别人喷到我脸上的烟雾，要比喷在任何一个美国人脸上的烟雾都多。"

杜鲁门总统以自我解嘲的形式来摆脱难堪的境况，而他自嘲，还包含着深深的责备和不满，无形中给了傲慢的将军以含蓄的训诫。

当然大多数人都不是故意陷人于难堪境地的。如果过分掩饰自己的失态，反而会弄巧成拙，使自己越发尴尬，并且对方会心神不宁、坐立不安。以漫不经心、自我解嘲的口吻说几句取悦于人的话，却可以活跃气氛，消除尴尬。

某次，柏林空军军官俱乐部举行盛宴招待会，主宾是有名的乌戴特将军。敬酒时，一位年轻士兵不小心将啤酒洒到了将军光亮的秃头上，士兵吓得魂不附体，手足无措，全场人目瞪口呆。面对颤抖的士兵，乌戴特微笑着说："老弟，你以为这种治疗会有效吗？"在场的人闻言大笑起来，难堪的局面被打破。

尴尬场合，运用自嘲可以平添许多风采。当然，自嘲要避免采取玩世不恭的态度。具有积极因素的自嘲包含着自嘲者强烈的自尊、自爱。自嘲实质上是当事人采取的一种貌似消极，实为积极的促使交谈向好的方向转化的手段。

紧张时刻用玩笑做掩护

说笑能极大地缓解尴尬气氛，甚至在笑声中这种难堪场面会瞬间消失，以至于人们很快忘却。

萧伯纳有一次遇到一位胖得像酒桶似的牧师，他跟萧伯纳开玩笑说："外国人看你这样干瘦，一定认为英国人都在饿肚皮。"萧伯纳谦和地说："外国人看到你这位英国人，一定可以找到饥饿的根源。"要用幽默来回敬对方。幽默感是避免人际冲突、缓解紧张的灵丹妙药，不会造成任何损失，不会伤及任何人。

如果活动中出现尴尬局面，说句调笑的话更是使双方摆脱窘迫的好办法。例如，两个班级联欢，男女舞伴第一次跳舞，由于一方的水平低发生了踩脚的情况，说"没关系"这样礼貌的话可能还会加重对方的紧张，如果用一句"地球真小，我俩的脚只能找一个落点了"，可使双方欢笑而心理放松。

尴尬是在生活中遇到处境窘困、不易处理的场面而使人张口结舌、面红耳赤的一种心理紧张状态。在这种时候，人们感觉比受到公开的批评还难受，会引起面孔充血、心跳加快、讲话结巴等。主动讲个笑话逗大家笑，绝对是减轻该症状的良方，尤其是在很多人看着你的时候。

苏联著名女主持人瓦莲金娜·列昂节耶娃有一次向观众介绍一种摔不破的玻璃杯。准备时几次试验都很顺利，谁知现场直播时竟出了意外，杯子摔得粉碎。而这时，成千上万的观众正看着屏幕。她灵机一动说："看来发明这种玻璃杯的人没考虑我的力气。"幽默的语言一下子就使她摆脱了窘境。

一位演说家对听众说："男人，像大拇指（做手势）；女人，像小指头儿……"话未说完，全场哗然，女听众们强烈反对他的比喻，他没法再讲下去了。怎么办？他立刻补充说："女士们，大拇指粗壮有力，而小手指则纤细、灵巧、可爱。不知哪位女士愿意颠倒过来？"一句话平息了女听众的愤怒，一个个相视而笑。

夫妻之间吵吵闹闹是常有的事，有的小打小闹就过去了，可有的气得决心分家，这种时候，只要你能把对方逗笑，僵局自然就被打破了。

约翰先生下班回家，发现妻子正在收拾行李。"你在干什么？"他问。"我再也待不下去了，"她喊道，"一年到头老是争吵不休，我要离开这个家！"约翰困惑地站在那儿，望着他的妻子提着皮箱走出门去。忽然，他冲进房间，从架上抓起一只皮箱，也冲向门外，对着正在远去的妻子喊道："等一等，亲爱的，我也待不下去了，我和你一起走！"怒气冲天的妻子听到丈夫这句既可笑又充满对自己爱心和歉意的话，就像气球被扎了一个洞，很快气就消了。

当约翰的妻子抓起皮箱，冲出门外之时，我们不难想象，约翰是多么的难堪、焦急！但他既没有苦劝妻子留下，也没有做任何解释、开导，更没有抱怨和责怪，而是说："等一等，亲爱的，我也待不下去了，我和你一起走！"这哪像夫妻吵架，倒像一对恩爱夫妻携手出游。约翰这番话，以谐息怒，不但会让妻子感到好笑，而且还会让妻子体会和理解丈夫是在含蓄地表达自己对妻子的爱心和歉意以及两人不可分离的关系。听到这番话，妻子怎能不回心转意呢？

恐怕谁都有当众滑倒的经历，每每回想起来都还会感到脸红。摔倒的场面总是很滑稽，难免会引得大家笑，你不妨用一种荒诞的逻辑将这种尴尬变成有利因素，从而自然大方地从困境中解脱出来。

1944 年秋，艾森豪威尔亲临前线给第二十九步兵师的数百名官兵训话。当时，他站在一个泥泞的小山坡上讲话，讲完后转身走向吉普车时突然滑倒。原来肃静严整的队伍轰然暴响，士兵们不禁捧腹大笑。面对突发情况，部队指挥官们十分尴尬，以为艾森豪威尔要发脾气了。岂料，他却幽默地说："从士兵们的笑声看来，可以肯定地说，在我与士兵的多次接触中，这次是最成功的了。"

顺着对方的话锋说话

顺梯而下，是指依据当时有利的时机，只要有可能，不可更多地纠缠，应顺势而下，不需要特意地去找，自然而然，做得巧妙，不会引起他人的注意，自己依然保持着主动的局面。顺梯而下有以下两种表现。

1. 顺着对方的话题而下

有时候，一个话题要进行下去，可朝着多种方向发展，我们可以有意识地将话题引往有利于自己的方向，然后顺着话题及时撤出去。

在一次师生座谈会上，师生之间聊起了如何面对自己弱点的话题。会议进行得很温和，从不指名道姓，遇到要举事例的时候，也是以假设开始，诸如"假设你有什么弱点，你该怎么做"。可是后来会议特意留出了一定的时间，让学生就不懂的问题向在座的老师请教。一位同学站起来向一位姓何的老师提问："当一个人遇到了非常难堪的事情，他可以正视它、战胜它，但也可以逃避它，哪种方法更好些呢？"何老师首先肯定了这位同学合理的分析，说："正视它，战胜它！"这位同学接着又问："能不能问您一个隐私的问题……"正在那位同学还在犹豫该不该问时，何老师说话了："既然是隐私问题，就不好当着众人的面讲，如果你感兴趣，会后我们可以私下里谈谈。"

在这里，如果何老师让那位同学把话说下去的话，接下来肯定会使自己左右为难，不如顺着对方的话音，巧妙地撤出去，不在原来的话题上打转转。

那些毫无根据又极具挑衅性的提问总是会激起人们的反感，但是直接的指责反而会显得自己涵养不够。所以，我们不如根据对方的诘问，为自己编造一个更严重的罪责，嘲讽对方无中生有、不讲礼貌，表达我方对这种无凭无据的问题的极大愤怒和拒绝回答的态度。

家庭生活中，也难免有下不了台的时候，顺梯而下的方法也可适当利用。

小张有一次到朋友家做客，恰巧他们夫妻在挂一幅装饰画。丈夫问妻子："挂正了吗？"妻子说："挺正的。"挂好后，丈夫一看，还是有点歪，就抱怨说："你什么事都马马虎虎，我可是讲求完美的人。"做妻子的有点下不来台，见有人在场便开口道："你说得对极了，要不你怎么娶了我，我嫁给了你呢！"这一巧妙的回答，不仅挽回了面子，又营造了一种幽默的气氛，做丈夫的也感到自己失言了，以一笑来表示歉意。

2. 顺着他人解围而下

在谈话中，如果因为我们自己的难堪，造成整个气氛的不和谐，可能会有知趣的人站出来，及时替你解围，这时，就应该抓住时机，顺着他人解围及时撤出。

小明喜欢和他人诡辩，并且以此为乐事。一天将近中午吃饭时，小可深有感触地说："人是铁，饭是钢，一天不吃饿得慌。"小明接着说："这句话就不对了，据科学分析，人是可以饿7天的。"小可说："那你饿7天看看。"小明接着说："这句话你又错了，你也可以饿7天的。"小可说："我才没那么傻呢，只有疯子才干这样的蠢事。"小明又说："历史上，很多当时被认为是疯子的人，后人把他们看作是伟人。"小明就这样无限地推演下去。哪知小可的个性淳朴，也不喜欢这样饶舌，后来就有点无法忍受了。这时小明的好友小冬见状，凑过来说："我们的小可最大的'优点'就是说错了话还不承认。"小可接过话头说："小冬真是了解我。"说着对小明一笑，走开了。

顺梯而下是解窘见效很快的方法之一，它能使人逃脱于无形，而让制造尴尬的人立即停止发话，可谓一箭双雕。

六大台阶帮你说好难说的话

人非圣贤，孰能无过？何况即使圣贤也有错的时候。西奥多·罗斯福承认说，当他入主白宫时，如果他的决策能有75％的正确率，那就达到他预期的最高标准了。像罗斯福这么一位20世纪的杰出人物，其最高希望也只有如此。可是，偏偏有人总是忍不住给别人纠错。

沙斯先生是纽约一位年轻的律师，他参加了一个重要案子的辩论，这个案子牵涉一大笔钱和一项重要的法律问题。在辩论中，一位最高法院的法官对年轻的律师说："海事法的追诉期限是6年，对吗？"

沙斯先生愣了一下，看看法官，然后率直地说："不。庭长，海事法没有追诉期限。"

"庭内顿时静默下来，"沙斯先生后来在讲述他的经验时说，"似乎气温一下就降到了冰点。虽然我是对的，法官是错的，我也据实地指了出来，但他却没有因此而高兴，反而脸色铁青，令人望而生畏。尽管法律站在我这一边，我也知道我讲得比过去都精彩，但由于没有使用外交辞令，我却铸成了大错，居然当众指出声望卓著、学识丰富的人错了。"

沙斯先生确实铸成了大错，在指出法官错误的时候，为什么不能更巧妙、更自然一些呢？为什么不能提供一个恰当的台阶，使法官免丢面子呢？这样不仅会获得法官的好感，而且也会为沙斯先生自己树立一个良好的社交形象。

在社交活动中，能适时地为陷入尴尬境地的对方提供一个恰当的"台阶"，使对方免丢面子，也算是处世的一大原则，也是人的一种美德。这不仅能获得对方的好感，而且也有助于自己树立良好的社交形象。否则对方没能下得"台阶"而出了丑，可能会对你记恨终生。相反，若注意给人"台阶"下，可能会让人感激一生。是让人感激还是让人记恨，关键是自己在"台阶"上不陷入误区。

外圆内方的人，不但能尽量避免因自己的不慎而使别人下不了台，而且还会在对方可能不好下台时，巧妙及时地为其提供一个"台阶"。这是因为他们在帮助别人"下台"时，掌握了正确的方法。

1.顺势是为送台阶

依据当时当场的势态，对对方的尴尬之举加以巧妙解释，使原本只有消极意味的事件转而具有积极的含义。

全校语文老师来听王老师讲课，想不到校长也莅临"指导"，这下可使小王犯难了。他既怕课讲得不好，又忧虑有的学生答问题时成绩不佳，有失面子。

课上，他重点讲解了词的感情色彩问题。在提问了两位同学取得良好效果后，接着提问校长的"孩子"："请你说出一个形容×××美丽的词或句子。"

或许是课堂气氛紧张，或许是严父在场，也可能兼而有之，孩子一时为难，只是站着。

空气凝固。王老师和校长都现出了尴尬的脸色。瞬间，王老师便恢复正常，随机应变地讲道："好，请你坐下。同学们，该同学的答案是最完美的，他的意思是说这个人的美丽是无法用文字和语言来形容的。"

听课者都发出了会心的微笑。

这一妙解为校长公子尴尬的"呆立"赋予了积极的意义，使他顺利下了台阶，而王老师和校长也很自然地摆脱了难堪。

2.破除尴尬造台阶

故意以严肃的态度面对对方的尴尬举动，消除其中的可笑意味，缓解对方的紧张心理。

第二次世界大战时，一位德高望重的英国将军举办了一场祝捷酒会。除上层人士之外，将军还特意邀请了一批作战勇敢的士兵，酒会自然是热烈隆重。没料想一位从乡下入伍的士兵不懂酒席上的一些规矩，捧着面前的一碗供洗手用的水就喝，顿时引来达官贵人、夫人小姐的一片讥笑声。那士兵一下子面红耳赤，无地自容。此时，将军慢慢地站起来，端着自己面前的那碗洗手水，面向全场贵宾，充满激情地说道："我提议，为我们这些英勇杀敌、拼死为国的士兵们干了这一碗。"言罢，一饮而尽。全场为之肃然，少顷，人人均仰脖而干。此时，士兵们已是泪流满面。

在这个故事里，将军为了帮助自己的士兵摆脱窘境、恢复酒会的气氛，采用了将可笑事件严肃化的办法，不但不讥笑士兵的尴尬举动，反而将该举动定性为向杀敌英雄致敬的严肃行为。乡下士兵不但尴尬一扫而尽，而且获得了莫大的荣誉，成为全场的焦点人物。

3. 不露声色搭台阶

心理学的研究表明，谁都不愿把自己的错处或隐私在公众面前"曝光"，一旦被曝光，其就会感到难堪或恼怒。因此，在交际中，如果不是为了某种特殊需要，一般应尽量避免触及对方所避讳的敏感区，避免使对方当众出丑。必要时可委婉地暗示对方其已知道他的错处或隐私，便可对他造成一定的压力；但不可过分，只需"点到而已"。

4. 佯装糊涂赏台阶

装作不理解对方尴尬举动的真实含义，故意给对方找一个善意的行为动机，给对方铺一个台阶下。

一位老师介绍经验时说："一天中午，我路过学校后操场时发现，前两天帮助搬运实验器材的那几位同学正拿着一个实验室特有的凸透镜在阳光下做'聚焦'实验。我想：他们哪来的透镜？难道是在搬运时趁人不备拿了一个？实验室正丢了一个。是上去问个究竟还是视而不见绕道而去？为难之时，同学们发现了我，从他们慌张的神情中我肯定了自己的判断。当时的空气就像凝固了似的，一分一秒也不容拖延。我快速地构思，终于想出一条妙方，笑着说：'哟，这透镜找到了！谢谢你们！昨天我到实验室准备实验，发现少了一个透镜，我想大概是搬运过程中丢失了，我沿途找了好几遍都未能找到，谢谢你们帮我找到了这个透镜。这样吧，你们继续实验，下午还给我也不迟。'同学们轻松地点了点头。"

这位老师采用了故意曲解的方法，装作不懂学生的真实意图，反误以为他们帮助自己找到了透镜，将责怪化成了感激，自然令学生在摆脱尴尬的同时又羞愧不已。

5. 增光添彩设台阶

有时遇到意外情况使对方陷入尴尬境地，这时，外圆内方的人在给对方提供"台阶"的同时，往往会采取某些妥善措施，及时给对方的面子上再增添一些光彩，使对方更加感激不尽。

6. 放低姿态献台阶

有一次，由爱因斯坦证婚的一对年轻夫妇带着小儿子来看他。孩子刚看了爱因斯坦一眼就号啕大哭起来，弄得这对夫妇很尴尬。心胸开阔的爱因斯坦却摸着孩子的头高兴地说："你是第一个肯当面说出对我的印象的人。"坦诚的妙答并没有使爱因斯坦失去面子，也给了这对夫妇一个情面，活跃了气氛，融洽了关系。

在这里，爱因斯坦向我们显示了他在交际中的宽容和机智。面对孩子大哭给年轻夫妇带来的尴尬，他既没有哄劝孩子，也没有安慰孩子的父母，而是采用了自嘲的方式来帮助对方化解尴尬。爱因斯坦把孩子的大哭理解为孩子对自己的恐惧和不满，然后放低姿态，凭借慈祥的语气表示自己对此态度的认同，一语便缓解了年轻夫妇的难堪。

人人都有下不来台的时候。学会给人台阶下，既可以缓解紧张难堪的气氛，使事情得以正常进行，又能够帮助尴尬者挽回面子，增进彼此的关系。要达到这样的目的，我们应学会使用以上技巧。

面对责难这样说

这个社会上不乏喜欢中伤他人的人，他们总是扫别人的兴，以别人的难堪为快，品质恶劣至极。我们如果刻意躲闪，反而使自身更加手足无措，使他人得意忘形。因此，我们必须懂得反击。

有时，别人可能用指桑骂槐的方式对你进行猛烈的人身攻击，侮辱你的人格。对此，你如果质问对方，正面回击，可能正中对方下怀，他可以说："我并没有指你，你为什么要往自己头上硬扯？"要回击这类人身攻击，最好的办法是也采用同样含沙射影的方式，反击对方，取得以隐制隐的效果。

有一伙人从某地火车站出来，到车站广场的摊点上想买几只烧鸡在旅途中吃，买主都很年轻。他们买烧鸡时，对女老板说："嘿，你这摊上卖得还真全啊！还有野鸡呢，你这野鸡肉香不香啊？想不到你们这地方还出这么漂亮的野鸡，这野鸡的肉多嫩呀！老板，怎么个卖法呀？可不可以送货上门啊？"说完后，他们一伙人都很轻慢地笑了起来。

女老板很清楚这伙人居心不良，把自己比作"野鸡"，如果直接骂他们几句，就会被指责为不文明经商；如果不回敬几句，就很可能有更难堪的场面出现。于是她不卑不亢地说："我们这里不出野鸡，只加工野鸡，这里的野鸡都是用火车从外地运来的。运来的野鸡都是活的，所以稍不留神就会被野鸡啄着，这些东西毕竟是野物嘛，又不通人性。我们在加工野鸡时，对那些野性大的野鸡先开刀，然后用开水烫，接着把它的毛扯光，乘热就开膛破肚，接下去就是烧烤熏煮。你们问问旁边这两位小妹，她们刚刚尝过。你们如果吃着好的话，就欢迎多买几只，我可以优惠点卖。你们除了自己吃，多余的带回去送给亲友，不是也算帮我们送货上门了吗？"

那些恶意挑逗者听了这番滴水不漏的回答之后暗冒冷汗，只好强打精神说："好！够份儿。老板娘的货漂亮，人漂亮，话更漂亮。"说完以后还真乖乖地买了几只烧鸡走了。

这位老板娘就是采用了含沙射影、以隐制隐的语言技巧，把"野鸡"的雅号送了回去，巧妙地回击了指桑骂槐的发难者。

在社交场合，有时会遇到别人有意无意抢白你，奚落、挖苦、讥讽你，你该怎么办？有随机应变能力的人，能化被动为主动，使尴尬烟消云散。"兵来将挡，水来土掩"，你可视不同的对象选择不同的应付办法。

来者不善，怀有恶意，故意挑衅，你可以"以牙还牙，以眼还眼"，有理、有利、有节，有礼貌而巧妙地回敬对手，针锋相对，"原物"顶回。

如果有人用过于唐突的言辞使你受到伤害，千万不要息事宁人，要知道，只有反击、进攻才能有效抑制那些人的出言不逊。

孔融10岁那年，有一次到李膺家做客，当时在场的都是些社会名流，孔融应答如流，得到宾客们的称赞。但有一位叫陈韪的大夫却不以为然，讥讽地说："小时候聪明，长大了未必也聪明。"孔融立刻回答道："我想先生在小时候一定很聪明吧？"

孔融采用以其人之"法"还治其人之身的语言形式，以问作答，把对方射过来的"炮弹"又原样给弹了回去。作答的语言一般都带有明显的嘲弄味和讽刺味，通常是由对方出言不逊、讽刺挖苦所引起的，这样的语言表达方式一般出现在不友好的两方之间，是答方对不礼貌的问方以牙还牙式的回敬。

有个成语，叫急中生智。要做到这一点，需要灵敏的思维、丰富的语汇、渊博的知识、娴熟的技巧。只有掌握了各种应付尴尬局面的语言技巧，受人责难时才能使自己立于不败之地。

第十三章

瞬间拉近距离的问话技巧

问话热身，消除冷状态

生活中，当我们与某人第一次见面时，不管有多想了解对方，一定不能忽视问话禁语的问题，要耐下心来慢慢诉说。

第一次见面，不管出于怎样的目的，总希望尽可能多地了解对方，一个又一个的问题就这样问了出来。殊不知，这样的问话方式会给对方造成不适之感，对你本就不熟悉的另一方，戒心会更重。最开始问话的一方往往觉察不到这种迹象，直到对方表现出明显的回避与提防的情形时，问话方才不得不就自己的问话做一番解释。于是疑云消散，双方的交谈才逐渐融洽。但是，如果在对话的最开始就先讲明自己询问某些事的原因，交流的效果是不是会更好呢？

小超是动漫爱好者，最近又迷上飞机模型的制作，经人介绍认识了一个叫赵彦的模型高手，两人一见面就谈了起来。

小超："听说你是这方面的行家？"

赵彦："也不算吧，只是喜欢玩而已。"

小超："你做这个多少年了？听说这行里的有些人很神秘，之前都是专门做飞机的？飞机的原理是不是很复杂？有没有什么有意思的事透露一下？"

听了小超的这几句话，赵彦的面部表情突然严峻了起来。

"你问这些干什么？我不知道。"

感到对方有明显的抵触心理，小超连忙说道：

"不好意思，我解释一下，我之所以问你飞机原理的事，是因为我最近在学着做飞机模型，我朋友没跟你说？"

赵彦摇摇头："他只说你想认识我一下，没说具体是什么原因。"

"噢，那就是我的不对了，我应该提前告诉你我那么问的原因的。除了飞机原理，我还想知道咱们国内制作飞机模型的整个状况，经费啊，材料源啊，等等。毕竟我刚接触这个，这方面的知识还非常缺乏，可以吗？"

"当然啊。你一解释我就明白了，不然一见面就问我飞机原理什么的，我以为你是间谍呢。"

"哈哈，我的错，我的错。"

小超就犯了只顾问而没有解释的错误。他的问题让对方疑虑重重，甚至因为问题的敏感怀疑他是间谍。因为有这样的想法，对方的心就会关闭得更严，而交流自然无法畅通。在这个过程中，对方还是一副戒备心，没有把小超当真正的朋友，而小超那样问，也是没读懂对方的表现。

不熟悉的人相见，认知总需要一个过程，切不可因为想急切了解某些问题而忽视了思想"互通有无"的过程。简而言之，就是让对方对你跟他对话的目的有个大概的了解，让他心中有数，他才会对你的问题予以解答。

小超从一开始就问，到后来对问话予以解释，就是感觉到了对方内心的变化：由陌生到抵触，不解释可能更加防备，这样发展下去的后果很可能是不欢而散。小超热情四溢，对方却一直是冷淡状态。

所以，生活中，当我们与某人第一次见面时，不管有多想了解对方，一定不能忽视问话禁语的问题，要耐下心来慢慢诉说。尤其要注意的是，在一些需要解释的问题之前做出必要的解释，跟对方说明自己这样问的意图。这样才能让他最大限度地敞开心扉说出自己的想法，你也会更加了解这个人。

认同与被认同里的玄机

心理学上讲，人往往会因为彼此间相似的秉性或者经历走到一起，在认同和被认同的过程中，慢慢由陌生变得熟悉。

一个严冬的夜晚，两个人初次见面。

对话一：

"今天好冷啊。"

"是啊。"

"……"

"……"

对话二：

"今晚好冷！像我这种南方人，尽管在这里住了几年，但对这种天气还是难以适应，你感觉怎么样？"

"是啊，我父母虽然是北方人，但我也是从小在南方长大的，在这里也还是不适应。"

"你也是南方的？你是南方哪儿的？"

"我是南方……"

以上两段对话均来自两个陌生人初次见面的情景。在第一段对话里，两人见面说的第一段话非常普通："天很冷啊""是啊"。从字面上就能判断出双方的聊天能力一般。

第二段对话则不同。第一个人见面就说自己是在南方长大的，对北方这种寒冷的天气很不适应，然后又问对方感觉怎么样。对方虽不是纯正的南方人，但也是在南方长大的，因此，两个人有共同话题，你来我往间，彼此就会越来越融洽。

从第二段的话中可以分析到，尽管见面的两人一个是纯正的南方人，另一个只是从小在南方成长，父母是北方的，两者虽有差异，但主动问话者故意忽略了这种差异，只强调双方的相似性：都在南方有一段成长经历，对北方寒冷的冬季极不适应。因为有了相似的经历，话题才会越来越多。

心理学上讲，人往往会因为彼此间相似的秉性或者经历走到一起，在认同和被认同的过程中，慢慢由陌生变得熟悉。没有人希望与自己对话的那个人是个和自己没有丝毫相同点的人，那样的话，两人很难有聊得来的话题。甚至，有可能爆发矛盾冲突，这也就是第二段的问话人求同存异的原因。

因为有了相同的地方，第一次见面的两个人才会渐渐有亲切感，慢慢放下戒备的心。除此，消除陌生感的方式还有以下几种：

1. 攀认式

赤壁之战中，鲁肃见诸葛亮的第一句话是："我，子瑜友也。"子瑜，就是诸葛亮的哥哥诸葛瑾，他是鲁肃的挚友。短短的一句话就定下了鲁肃跟诸葛亮之间的交情。其实，任何两个人，只要彼此留意，就不难发现双方有着这样或那样的"亲""友"关系。

例如，"你是××大学毕业生？我也在××进修过两年啊。你还记得××吗？"

"你来自苏州？我出生在无锡，两地近在咫尺，今天得好好聊聊！走，有没有兴趣喝一杯？"

2. 敬慕式

对初次见面者表示敬重、仰慕，这是热情有礼的表现。用这种方式必须注意：要掌握分寸，恰到好处，不能胡乱吹捧，不要说"久闻大名，如雷贯耳"之类的过头话。表示敬慕的内容也应该因时、因地而异。

锲而不舍，由浅及深问到底

在某些沉闷的环境里，没有人愿意开口跟陌生人说一句话，那是出于一种防备心理，在这种时候，该怎么办呢？你也要一直沉闷下去吗？

假如你正坐在火车上，已经坐了很久，而前面还有很长很长的路程。你想与他人讲讲话，这是人类的群体性在作祟，而你要尽力使你的谈话显得有趣和富有刺激性。

坐在你旁边的像是一个有趣的家伙，而你颇想知道他的底细，于是你便搭讪道：

"对不起，你有火柴吗？"

可是他一句话也不讲，只是点点头，从口袋里掏出一盒火柴递给你。你点了一支烟，在还给他火柴时说了声"谢谢"，他又点了点头，然后把火柴放进了口袋里。

你继续说："真是一段又长又讨厌的旅程，你是否也有这种感觉？"

"是的，真讨厌。"

他回答着，而且语调中包含着不耐烦。

"若看看一路上的稻田，倒会使人高兴起来。在稻谷收获之前的一两个月，那一定更有趣吧？"

"唔，唔！"他含糊地答应着。

这时，如果你再也没有勇气问下去，你们的谈话就会到此为止，沉默就会继续。但如果你不再只是问一些表面问题，而是换一个稍微深入的，能引起他兴趣的话题，对方可能就不再沉默了。

"今天天气真好啊，真是适合踢球。今年秋天有好几个大学的球队都很出色，你对这件事有关注吗？"

这时，那位坐在你身旁的乘客直起身来。

"你看理工大学球队怎么样？"他问。

"理工大学球队很好，虽然有几个老将已经离队，但那几位新人都很不错，对这个球队你也关注？"

"嗯，是的，你曾听到过一个叫李小宁的队员吗？"他急着问。

或许李小宁这个人你听说过，或许没听说过。这都不是关键，关键是李小宁这个人能引发对方的谈话兴趣。你就可以顺着他的话说："他是一个强壮有力、有技巧，而且品行很好的青年。理工大学球队如果少了这位球员，恐怕实力将会大减。但是李小宁毕业了，以后这个队如何还很难说。怎么，你认识他？"

这位乘客听了这话便兴高采烈、滔滔不绝地谈了起来。

可见，人与人相遇，并不是无话可聊，而是没有找到适合双方的话题。这样的话题常常需要一个试探的过程，而要想经历这个过程，就要有锲而不舍的精神，不能因为一两次的受阻就不再问下去。问得越深、越广、范围越大，就越可能找到尽可能多的谈资。挖掘到对方最感兴趣的话题，让原本陌生的两个人逐渐熟悉起来，谈话气氛也会变得融洽。

留心关键，反复提问

一位面容忧郁的太太走进一家心理诊所，还没完全落座就对心理医生说：

"医生，快帮帮我吧，我不知该如何是好了，我就要精神崩溃了。"

"太太，您怎么了，您看起来确实不怎么样。"

"我先生每天都很晚才回家，回家也不理我，问他做什么去了他说是加班，但我有时闻到他身上有香水味，加班还用喷香水？我怀疑他背着我做了什么见不得人的事。"

"你说'你怀疑'？"

"是，我怀疑。他每天都这样，我已经受不了了。"

"但是你确定吗？"

"医生，是女人的直觉，女人的直觉你懂吗？而且在男女双方之间，只有男人可以有外遇，可以拈花惹草，女人却不行。"

"你说'只有男人'可以？我好像听出了别的什么意思，你能解释一下吗？"

"这很好理解啊，男人什么事做不出来？在以前，大家都觉得男人在外边找女人很风光，但现在不一样了，男女平等嘛。"

"你的意思是女人现在可以和男人一样有外遇了？"

"我不是那个意思，那可能是气话。我只是想表达，我先生瞒着我做这种事让我很生气，我无法容忍！"

"你是说如果你先生告诉你这件事，你就会允许他这么做了是不是？而为了表达你男女平等的观念，你也会找别的男人是不是？"

那位太太还想否认，但看到医生坚定的眼神，也只好不情愿地承认了。

故事中的太太和心理医生是第一次见面，太太是抱着埋怨、发泄不满的情绪，却没想到，最后竟然被医生逼问出令人惊讶的不易察觉的真实意图。他是怎么做到的：只抓对方话里的关键点，着重提问，就可看出对方的端倪。

最开始，医生也不知道对方的真实意图是什么，但是当他听到"我怀疑""只有男人"等字眼时，他就马上意识到，这是个有企图心的女人。"我怀疑"反映出她主观性比较强，只会去臆想，"只有男人"则似乎透着某种"醋意"：只有男人可以，我们为什么不行？

这句话应该是那位太太的潜台词，她没敢说出来是因为，她是抱着让医生出几条对付丈夫的对策的心理来的，根本没想到自己会出问题。她可以刻意掩藏自己的心意，在对话中却不能做到完全没有瑕疵，不露马脚。医生正是利用了这一点，抓住了对方话里仅有的一些迹象大加追问，终于逼出了她的心里话：丈夫有外遇，我也要有外遇。

不管这是生气时的思想还是蓄谋已久的想法，归根结底被医生问了个正着。女人的心态也由此发生了极大的变化：由开始的怨恨、受委屈到后来被点破真实意图后的愧疚和不安。试想一下，如果医生在整个谈话过程中没有抓住对方话里的关键点追问不止，而是顺着她的话听下去，问下去，对方的真实意图还能被挖出来吗？结果很可能就是否定的了。

这给我们一个提醒：两个人初次见面的时候，不管对方有着怎样的身份和地位，也不管他将自己说得多么悲惨，切不可偏听偏信，而是要留意对方话里的关键因素，用一种不得结果不罢休的态度问下去，多问几遍，或许真的能问出不一样的内心，而这些内容才真的可能带你走进对方的心里。

潜伏在"醉翁"心里的游戏

有时候，邀请别人赴宴是一件难事。不是因为关系不好，而是因为对方本来就是个不爱赴宴的人，遇到这种情况应该怎么办呢？

有一名年轻人，胸怀大志，他很想自己开一家小公司，资金却是大问题。他想到可以求同学的父亲帮忙，于是千方百计地从同学那里打听到其父喜食海鲜，便决定到附近一家海鲜馆宴请同学的父亲。这位年轻人也从同学口中得知其父不轻易赴宴，于是年轻人就想了一个方法。

月末的一天，这位年轻人很早就给同学打电话得悉其父周末在家休息。于是他在上午 10 点左右风风火火地跑到那位同学家，当着其父亲的面告诉同学自己投资的一个项目赚了一笔钱，要请同学吃海鲜，同时也大力邀请同学的父亲一起去。

"叔叔，我投资的一个项目赚了一笔钱，我们想坐一起高兴高兴，您作为长辈就更不能缺席了不是？"

刚开始同学父亲有些犹豫，他就对同学说："让你爸爸跟咱们一起去热闹热闹，也不算什么过分的事吧？"

同学听了这句话，笑着看看爸爸，他爸爸也笑笑说："好，好，那我也跟着凑凑热闹。"邀请之事就这样办妥了。

在酒桌上，年轻人和同学的父亲谈起自己的生意，并说了自己眼前遇到的困难，希望对方能帮助自己。当时同学的父亲并没有答应，而是说回去考虑一下。没想到，一周之后，同学就告诉他，自己的父亲愿意帮他办公司，那位年轻人自然高兴得不能自己。

很多时候，怎样邀请别人赴宴是一门很深的学问，尤其是让别人为自己办事的时候。在上面的故事中，年轻人就遇到了一个不易邀请的人，他之所以能说动对方的心，就在于他巧妙的问话。

同学的父亲有资金，而自己开公司又需要资金。问题的关键是，其父亲并不知道自己缺钱，而且知道了也不一定愿意帮自己。想到这里，他就觉得可以借请同学吃饭的机会，请他的父亲也一同出席。"单约不行，还不允许我一起约出来吗？"有了这种想法，才有了他接下来的巧妙问话。

其实，自己的项目赚了钱，与同学父亲本没有多大关系，但他的真实目的是想借助同学父亲的实力帮助自己，所以就使出了"借花献佛"这一招，邀请同学的同时也将其父一起邀请。看见儿子跟同学的关系那么好，而这个同学又那么热情，一同赴宴也就没有什么不可以的了。

仔细分析，同学父亲之所以能答应年轻人的借款要求，还在于其心态的微妙变化。首先，同学父亲最开始并没有把年轻人看作一个借款者，只看作一个晚辈，也没有想到请他吃饭带有某种目的，有了这种心态，他的心里就没有设防，也间接地促成了对方的借款之举。

借花献佛，醉翁之意不在酒。平时的生活中，我们也可学着这种方法邀请别人，这不是要心机，而是运用小技巧，达到自己的目的。

激将法里的心理攻防术

每个人都有不同的性格，不同性格的人说出的话也不尽相同。求人帮助的时候要尤其注意这点。即使在最开始还摸不透对方的秉性，也要在交流一段时间后仔细观察，抓住对方性格里的弱点，以语相激，办事就可以达到事半功倍的效果。

美国房地产商约翰逊打算盖一座写字楼，手里的资金并不是非常充裕。想来想去，他决定先用已有的100万美元开工建设，剩余的300万美元找银行贷款。

100 万美元很快就用得所剩无几了，这天，他正好和某著名银行的主管一起吃饭，约翰逊就说起了贷款的事。

"我之前已经和你们银行的高层领导谈过，他们说我的贷款没有问题，不知进展如何了？"

"银行还在考虑，毕竟 300 万不是个小数目。"

"我现在急着用钱，最好今天就能得到消息。"

"你在开玩笑吧，我们还有很多程序没进行呢。"

他边说边点起一支雪茄，用手指了一下桌子上的一摞纸，眼神里有种居高临下的感觉。

"喏，这些是需要填的申请表，你一张都没填啊。"

听了这话，约翰逊笑了笑："您不是贷款业务的主管吗？ 300 万对您来说应该不是大数目吧？我只是想知道最新的进展而已，您连这点权力都没有？"

听了这话对方心头一震，他竟然说自己没有足够的权力。约翰逊看出了对方的心理变化，心中暗喜。

"如果您真没有这个权力，我也不为难您了，我还可以找别人是不是？"

"等等，"对方猛吸一口雪茄，"我去给你问问，你在这儿等着。"

过了一会儿，那个高傲的主管微笑着回来了。

"还是主管的权力大，我刚把你的事说出来，那人就说办得差不多了，三天之后应该可以了，怎么样，这次你知道我的能耐了吧？"

"那是，我从来没有怀疑过这点。"

银行主管是个性格高傲的人，自以为坐在权力之位上就可以让所有人按照自己的思维办事，被人求时更是如此。房地产商约翰逊最开始也是好言相求，但效果不佳，之后就变相地说其权力并非想象中那么大，意思是高看了对方。

高傲的人最难以忍受被人轻视，尤其是原本求自己的人。银行主管内心发生极大变化的深层次原因是：他的自尊受到伤害，权力受到挑战。说他不行，他就偏要证明给对方看，而这正是对方所期待的。

激将法是一种心理战术，是用刺激性的言语变相地鼓动对方做某事的技巧。求人帮助的时候，如果遇到难缠、难以说话的人，就可以从尊严、名声、能力等各方面给予必要的刺激，让其"短暂性发怒"，不自觉中顺着对方的意思办事，对方可能还不自知，而自己办事的目的早已经达到了。

藏在对方需求里的劝说术

有时，说服并不需要正面表达，将对方可能的答案暗含在自己的问话中，用他能接受的选择项引导他，很多事情就会容易很多。

想要说服别人不是件容易的事，当你试图让别人答应某件事或者买下某件东西的时候，他常常会想：我为什么要听你的？遇到这种情况，应该怎么办呢？

小芳是某汽车公司的业务员，因为业绩突出，已经连续三次被评为优秀员工，她到底是怎么做到的呢？以下是小芳和顾客的一次对话。

小芳：请问你需要多大吨位的？

顾客：很难说，大致2吨吧。

小芳：有时候多，有时候少，对吗？

顾客：是这样。

小芳：究竟要哪种型号的卡车，一方面要看你运什么货，另一方面要看在什么路上行驶，你说对吗？

顾客：对，不过……

小芳：假如你在丘陵地区行驶，而且你们那里冬季较长，这时汽车的机器和车身所承受的压力是不是比正常情况下要大些？

顾客：是这样的。

小芳：你们冬天出车的次数比夏天多吧？

顾客：可不是嘛，多多了，夏天生意不行。

小芳：有时候货物太多，又在冬天的丘陵地区行驶，汽车是否经常处于超负荷状态呢？

顾客：对，确实是这样。

小芳：从长远的眼光看，是什么因素决定买车型号，是否留有余地？

顾客：你的意思是……

小芳：从长远的眼光看，是什么因素决定买一辆车值不值呢？

顾客：当然要看车的使用寿命。

小芳：一辆车总是满负荷，另一辆车从不超载，你觉得哪一辆寿命更长些呢？

顾客：当然是马力大、载重多的一辆。

小芳：所以，我建议你买一辆载重4吨的卡车可能更划得来。

顾客：好的，我愿意考虑一下。

在以上小芳和顾客的对话中，我们并不能在最开始就准确地判断出小芳能否说服对方接受自己的意见，但有一个强烈的感受就是：小芳的话里似乎总有对方的需求和愿意接受的内容。

两个人交谈的时候，当答者对问者的问题没有表现出任何不适和反感，每次回答都能给予正面回应的时候，两人的交流就会呈现出一种良性循环。这里面暗含的意思是：回答问题者正逐渐在内心深处接受向自己提问的那个人，这种接受包括对方的问题和意见。那么，为什么会产生这样的效果呢？

在小芳的问话中，她一直将对方可能接受的答案包含其中，这个答案也是她想让对方接受的内容，这样问出来，会让对方觉得被尊重，他并没有感到自己被引导，虽然事实就是这样。

有时，说服并不需要正面表达，将对方可能的答案暗含在自己的问话中，用他能接受的选择项引导他，很多事情就会容易很多。

层层剥笋有术，步步紧逼有方

恰当地运用层层剥笋术，可使我们的论证一步比一步深化，增强我们语言的说服力量。

有时候，面对一时不好解决的问题，通过巧妙的问话由浅及深，层层递进，最终解决问题。

这个试验的方法运用到说服别人的时候就是层层剥笋，步步紧逼。有的人为了让他人接受自己的意见，往往会在最开始的时候问一些看似跟主题无关紧要的话，被问者也是非常不在意地回答，但到了最后，当被问者突然意识到问话者话里有话的时候，为时已晚，他已经掉到对方设的陷阱里爬不出来了。

有一天，孟子觉得齐宣王有些作为并不能与一个好国君相称，于是对齐宣王说："假如你有一个臣子把妻子儿女托付给朋友照顾，自己到楚国去了，等他回来时，他的妻子儿女却在挨饿、受冻，对这样的朋友该怎么办？"

齐宣王不知道孟子的用意，于是非常干脆地回答："和他绝交！"

孟子又问："军队的将领不能带领好军队，应该怎么办？"

齐宣王也觉得问题太简单，于是以更加坚定的口气回答："撤掉他！"

孟子终于问道："一个国家没有治理好，又该怎么办呢？"

齐宣王这才明白了孟子的意思——国家治理不好，应该撤换国君。虽然他不愿意接受这种观点，但是在孟子层层剥笋的巧妙言说之下，也只有忍受这种观点了。

故事里就是这样，孟子给齐宣王提了三个问题。这三个问题有递进的内在逻辑，与齐宣的关联程度也越来越深，最开始他没有意识到孟子问这些话到底是因为什么。前两个问题的目的性非常模糊，直到最后一个问题提出，他才顿悟：原来，一件事做得不当，是要付出代价的，孟子是在用这样的方式提醒我啊。

这种说服法就像剥笋，笋在成为竹子之前，有很多层外皮包裹着，剥笋时总要一层层地剔开，才能剥到所需要的笋心。所谓层层剥笋，就是在说服他人的过程中紧扣主题，从一点切入，由小至大，由远至近，由浅到深，由轻到重，逐层展开，直至揭示问题的本质，进而达到引诱对方就范的目的。

说服别人是要讲究技巧的，如果孟子一开始就提出第三个问题，齐宣王非但不会改，反而可能会加罪于他，这就有点得不偿失了。层层剖析，由浅入深不但可以在最开始的时候隐藏自己的真实目的，还可以顾及对方的接受程度，慢慢地将对方"吃进"。

看透对方心理，掌握谈话主动权

让步不是无谓的退缩，而是在谋划周全后，为了争取最大的利益而做出的举动。

在谈判中，一味地用和气、温柔的语调讲话，一个劲地谦虚、客气、退让，有时并不能让对方信赖、尊敬甚至让步，反而会使一些人误以为你必须依附于他，或认为你是个软弱的谈判对手，可以在你身上获得更多更大的利益。

相反，如果一开始就以较强硬的态度出现，从面部表情到言谈举止，都表现出高傲、不可战胜、一步也不退让，留给对方的也将是极不友好的印象。这样会使对方对你的谈判诚意持有异议，从而导致失去对你的信赖和尊敬。那么，正确的方法应该是怎样的呢？

故事中的谈判给我们提供了答案。

1923 年，苏联国内食品短缺，苏联驻挪威全权贸易代表柯伦泰奉命与挪威商人洽谈购买鲱鱼。

当时，挪威商人非常了解苏联的情况，想借此机会大捞一笔，他们提出了一个高得惊人的价格。柯伦泰竭力进行讨价还价，但双方的差距还是很大，谈判一时陷入了僵局。柯伦泰心急如焚，怎样才能打破僵局，以较低的价格成交呢？低三下四是没有用的，而态度强硬更会使谈判破裂。她冥思苦想终于想出了一个办法。

当她再一次与挪威商人谈判时，柯伦泰十分痛快地说："目前，我们国家非常需要这些食品，好吧，就按你们提出的价格成交。如果我们政府不批准这个价格的话，我就用自己的薪金来补偿，你们觉得怎么样？"

挪威商人听了她的话，一时竟呆住了。

柯伦泰又说："不过，我的薪金有限，这笔差额要分期支付，可能要一辈子，怎么样，同意的话咱们就签约吧？"

柯伦泰的这句话虽然让挪威商人很感动，但也感到了其中某种强硬的意味，要还一辈子？这里面似乎已经没有讨价还价的余地。最后，经过一番深思熟虑，他们最终同意了降低鲱鱼的价格，按柯伦泰的条件签订了协议。

本来是紧张的商业谈判，最后却因为一方的示弱发生了意想不到的改变。这种示弱在商业谈判中叫作"软硬兼施"。当谈话陷入僵局，双方各执一词争执不下的时候，要想让谈判继续下去，一方就要做出让步。让步不是无谓的退缩，而是在谋划周全后，为了争取最大的利益而做出的举动。

柯伦泰在双方分歧较大的时候提出用自己的钱买挪威人手中的货物，还言辞恳切地询问对方的意见如何。这些话麻痹了对方的神经，以为她真的会按自己说的去做，没想到这只是柯伦泰的一种策略，而且，她最后说如果是自己付钱，恐怕要一辈子。

通常来讲，谈判双方实际上就是在讨价还价，但柯伦泰的"一辈子"让对方一时语塞，不知道该怎样回答，这就是一种硬。先软后硬让对方无所适从，柯伦泰正是看透了对手的这种心理，才在谈判陷入僵局时，掌握了主动权，最后以较低价格签订合约。

　　无论是生活中还是谈判桌上，当我们遇到类似于故事中那样的局面时，不妨试用一下软硬兼施的谈判方式，熟练掌握，很可能会取得意想不到的好结果。

第十四章

说好应酬话，皆大欢喜

说好皆大欢喜的祝贺话

当亲朋好友遇到大喜事时，我们都会表示祝贺。但倘若我们没有针对性地胡乱祝贺，没有说好祝贺话，那么我们的"热心"换来的很可能就是对方的"白眼"。

祝贺是人们在生活中经常遇到的，是人与人之间交往的一种礼仪。每当我们遇到人生中的大喜事时，如婚姻嫁娶、生儿育女等，亲戚、朋友都会通过某些方式表达祝贺。祝贺时要注意仪表端庄，举止适度，祝词应视对象、场合和内容而定。祝贺送礼要注意三点：

第一，男女之间不可送贴身衣物。

第二，除非对病人，一般不要送药物。

第三，送礼只是表示友情，并不是显示阔气，要量力而行，适可而止。切忌互相攀比，耗财伤情。

从语言表达的形式看，祝贺语可以分为祝词和贺词两大类。祝词是指对尚未实现的活动、事件、功业表达良好的祝愿和祝福之意，比如某重大工程开幕、某展览会剪彩要致祝词，前辈、师长过生日要致祝寿词，参加酒宴要致祝词，等等。贺词是指对于已经完成的事件、业绩表示庆贺的祝颂，比如毕业典礼上，校长对毕业生致贺词；婚礼上亲朋好友对新郎新娘致辞；对同事、朋友取得重大成就或获得荣誉、奖励致贺喜词；等等。祝贺要注意以下几点：

1. 情景性

祝贺一定要考虑到特定的环境、特定的对象、特定的目的，使之具有明确的针对性，因为祝贺一般是在特定的情景下进行的。

鲁迅有篇散文叫《立论》，讲到这样一个故事：一家人家生了个男孩，全家高兴透顶。满月的时候，抱出来给客人们看，大概自然是想得到一点好兆头。一个说："这孩子将来要发大财的。"于是得到一番感谢。一个说："这孩子要做大官的。"于是收到几句恭维。另一个说："这孩子将来是要死的。"于是他得到大家合力的痛打。

在这个故事中，这个说孩子将来是要死的人，他的话从理论上来说是没有错误的，可是他的话不适合此种情景。所以惹人厌恶是必然的事情。不顾当时的特定情景，讲不合时宜的话会招人唾弃。

祝贺总是针对喜庆之事，因此，不应说不吉利的话，应讲使人快慰的话。

2. 情感性

祝贺语要达到抒发感情，增进友谊的目的，必须有较强的感染力，因此要求语言富有感情色彩，语气、语调、表情等都要带有情感。

3. 简括性

祝贺语简洁有力，才能产生强烈的感染力。

有些祝词、贺词是人们的临时发挥，但必须紧扣中心，点到为止，给听众留有回味的余地。

某人主持婚礼。婚礼一开始，主持上前致辞：

我今天接受爱神丘比特的委托，为这对爱人主持婚礼，十分荣幸。新郎新娘交换礼物。新郎为新娘戴上金戒指，新娘送给新郎英纳格手表。黄金虽然贵重，不及新郎新娘金子般的心；英纳格手表虽计时准确，也不及新郎新娘心心相印。

主持人的即兴贺词，得体而热情，简洁而明快，博得了阵阵掌声。

4. 礼节性

祝贺词一般需站立发言，称呼要恰当。不要看稿子，双目要根据讲话内容时而致礼于祝贺对象，时而含笑扫视其他听众。要同听者做有感情的交流。

应酬时要有的话语储备

在社交场合，为了使自己的语言更具有说服力，我们不仅要针对不同的应酬储备相应的话语，还要学会巧妙地运用。

在社交活动中，最主要的事情就是"说"，即用语言去表述自己的观点。因此，掌握好说话技巧，让语言更具说服力，就得储备些具有征服力的词汇，并巧妙地运用这些词汇，以达到说服的目的。一次成功的社交，是绝对离不开具有说服力的语言的。

很多人之所以成功，很大程度上是因为他善于辞令。在人际交往中，第一印象显得非常重要，而口才好的人很容易给人留下美好的第一印象，优雅的谈吐可以使自己广受欢迎，更有助于事业的成功。

无论在什么样的场合，如果你能够用词简洁、表达清晰，再加上抑扬顿挫的语调，就能够吸引听众、打动他人。如果你善于辞令，再加上优雅的举止，在任何场合，你都会受到欢迎。因此，这也可能成为你的秘密武器，能在不经意中助你成功。

拥有远大理想的人们，应该掌握谈话的技巧，提高驾驭语言的能力，在各种场合，做到谈吐优雅、应对自如、从容不迫。

不管你有什么样的梦想，首先必须掌握驾驭语言的能力，拥有让人羡慕的好口才。你也许不会成为律师或商界精英，但你每天都要说话，也就必然要借助语言的独特力量。要培养这方面的能力，就要研究修辞，尽量增加自己的词汇量，随时查阅工具书，注重平时的积累。如果你思想贫乏、词汇量少得可怜、阅历有限，是无法做到谈吐优雅、口才出众的。

语言表达能力是一个人综合能力的反映，从中可以看出他的才能、阅历和修养。不管他思维敏捷、条理清楚，还是思想懒散、不求上进；不管他治学严谨还是做事马虎，都能从他的语言中看出来。

在国会参议员竞选中，林肯与种族歧视者道格拉斯展开了辩论，林肯说："我想，耶稣基督并不真正渴望任何一个凡人能和天父一样完美，但是他说：'由于你天上的父是完美的，但愿你也完美。'他把这个树立为标准，谁尽最大努力达到这个标准，谁就达到了道德完美的最高境界。所以我们要尽可能实现'人人生而平等'这个原则。即使不能给予每个人自由，至少不要做奴役人的事情。让我们的政府回到宪法制定者们最初安放的轨道上来吧！让我们把所有关于某个人或某个种族因为劣等所以必须受歧视的诡辩统统扔掉吧！让我们扔掉这一切，在这块土地上团结得像一个民族，直到我们再一次站起来宣布：人人生而平等！"

一个健谈者会表现出各方面的素养：判断准确、思维敏捷、机智灵活、精力集中等等。健谈者还必须慷慨大度、心胸开阔。在交谈时，他应该充满爱心，不随意公开别人的缺点与不足，不触及对方的难言之隐，对听者表现出强烈的兴趣，而不是用语言来伤害对方。善于辞令者应该表现出丝丝入扣的分析能力、缜密的逻辑推理能力，有自己的独到见解。

在谈话前做好充分的准备，才能增强自己的自信心，才能拥有一种感染人的魅力。因此，平时就要加强语言储备。

餐桌上会说话，感情上好沟通

餐桌是交流感情、拉近彼此距离的一个重要场所，聪明的人在餐桌上要巧说话，借由请客吃饭沟通感情，拉近彼此之间的距离。

无论在哪个国家，参加宴会绝不只是为了吃东西，而是在交流。既然是交流，就少不了要说话，那么餐桌上应当怎样说话呢？

在正式用餐之前，通常主人会先招待客人喝点餐前酒，吃些小点心，一方面开开胃，另一方面也可等到客人来齐了再上桌。这是你与其他客人建立联系、交流信息的最佳时刻！不妨趁此机会主动与其他人交流，帮助主人照顾好别的客人，使聚会的气氛更加活跃。

在一场由营销界人士参与的宴会上，幽默的宴会主持人说："我们得先规划一下市场，大家千万不要喝出状况了，请各位先对自己做好定位啊！"宴会上少不了做自我介绍，刘先生第一个开口："我来做一下前期炒作吧！"老朋友李先生也站起来："来来来，我们做个联合炒作，一起推销吧！"其他人一听，乐了："你们蛮会做关系营销嘛！不过，可千万别搞恶性竞争啊！"

并非每个人都有新闻发言人那样的口才，也不可能"上知天文下知地理"，所以在与人交流时，难免会遇到一时答不上来的问题，这时不要感到太难为情，也不要不懂装懂，应该先弄清楚对方的意图，然后尽你所能地帮助对方解疑释惑。

不管是商业交流，还是朋友聊天，都要注意语言表达的得体。同时，要尽量使自己的语言表达具有幽默感，营造一个和谐、轻松、愉悦的氛围。

点菜是一项"硬功夫"

点菜是摆在众人面前一道严峻的选择题。如果菜点安排太少，会怠慢客人；反之安排太多，则会造成浪费，引起他人误解。所以，点菜是一个人饮食文化修养的集中表现，是一项复杂的工作，值得大家探讨。

作为请客者，若时间允许，应等客人到齐之后，将菜单给客人传阅，并请他们来点菜。当然，如果是公务宴请，要控制预算，最重要的是要多做饭前功课，选择合适档次的请客地点非常重要。一般来说，如果由你来埋单，客人也不太好意思点菜，都会让你来做主。

如果你的上司也在宴席上，千万不要因为尊重他，或是认为他应酬经验丰富，酒席吃得多，而让他来点菜，除非他主动要求，否则，他会觉得不够体面。

如果你是作为赴宴者出现在宴席上，在点菜时，不应该太过主动，而要让主人来点菜。如果对方盛情要求，你可以点一个不太贵、又不是大家忌口的菜，最好征询一下同桌人的意见，特别是问一下"有没有哪些是不吃的"，或是"比较喜欢吃什么"，要让大家有被照顾到的感觉。点菜后，可以请示"我点的菜，不知道是否合几位的口味""要不要再来点其他什么"等等。

点菜水平的高低直接影响进餐的心情和氛围，在点菜时一定要做到心中有数，牢记以下3条原则：

1. 一定要看人员组成，人均一菜是比较通用的原则。如果是男士较多的餐会可适当加量。同时，要看菜肴组合。一般来说，一桌菜最好是有荤有素，有冷有热，尽量做到全面。如果桌上男士多，可多点些荤菜，如果女士较多，则可多点几道清淡的蔬菜。

2. 若是普通的商务宴请，可以节俭些。如果这次宴请的对象是比较关键的人物，则要点上几个够分量、拿得出手的菜。

3. 点菜前要对价格了解清楚，点菜时不应该再问服务员菜肴的价格，或是讨价还价，这样会让你在对方面前显得有点小家子气，而且被请者也会觉得不自在。

中餐宴席菜肴上桌的顺序，各地不完全相同，但一般普遍依循下列六项原则：先冷盘后热炒；先菜肴后点心；先炒后烧；先咸后甜；先味道清淡鲜美，后味道油腻浓烈；好的菜肴先上，普通的后上。一般情况下，点菜也要遵循这个顺序。

宴会结尾细节决定成败

俗话说："编筐编篓，重在收口。"宴会也不例外。宴会虽然结束了，但并不意味着你就可以完全放松下来了，你还需要做好很多细节性的事情，才能让你的好形象留在宴请对象的心里。有很多人就是因为不重视宴会结束时的几个小细节，因此使得自己之前费尽心思保持的好形象瞬间崩溃，公关办事也变得一波三折。

那么，宴会结束时应该注意哪些细节呢？

1. 宴会结束的时间

一般来说，当主人把餐巾放在桌子上或者从餐桌旁站起身来，即表明宴会结束。只有看到这种信号以后，宾客才可以把自己的餐巾放下，站起身来。

正餐之后酒会的告辞时间按常识而定，如果酒会不是在周末举行，那就意味着告辞时间应在晚间十一点至午夜之间。若是周末，则可晚一些。除非客人是主人的亲密朋友，否则一般都不应该在酒会的最后阶段还坐在那里。

2. 离席的先后顺序

当宴会结束，离开餐桌时，不应把座椅拉开就走，而应把椅子挪回原处。男士应该帮身边的女士移开座椅，然后再把座椅放回餐桌边。要注意，有些餐厅比较拥挤，贸然起身，或使手提包、衣服等掉落在地上，或碰到人，打翻茶水、菜肴，失礼又尴尬！离席时让身份高者、年长者和女士先走，贵宾一般是第一位告辞的人。

3. 热情话别

当宾客离去时，宴会主人应像迎接宾客一样站在门口与他们一一握别。当宾客成群离去时，也应送至门口，挥手互道晚安，并应致意说："非常感谢各位的光临，真谢谢你们把宴会的气氛维持得这样好。"不要以时间过早为由挽留客人，如果是星期天晚上，你尤其不宜说："现在还早得很，你绝不能这么早走，太不给我面子了！"

要知道多数人次日清晨都要早起。对于迟迟还不离去的客人，他们明显地热爱这气氛，这时你可停止斟酒或停止供糖果瓜子等，以此暗示客人该是离去的时候了。

有的主人为每一位出席者备有一份小纪念品。宴会结束时，主人招呼客人带上。除主人特别示意作为纪念品的东西外，各种招待品，包括糖果、水果、香烟等都不能拿走。

商务宴会上的不宜话题

不是你不坦率，坦率是要分人和事的，从来就没有不分原则的坦率，什么该说什么不该说，心里必须有谱。

不恰当的话题会招来不必要的麻烦，以下话题是在宴会上不宜涉及的：

1. 薪水问题

很多公司不喜欢职员之间谈论薪水，因为同事之间工资往往有不小的差别，"同工不同酬"是老板常用的手法，用好了，是奖优罚劣的一大法宝，但它是把双刃剑。用不好，就容易引发员工之间的矛盾，而且最终会调转枪口朝上，矛头直指老板，这当然是他所不想见到的，所以他对好打听薪水的人总是格外防备。

有的人打探别人时喜欢先亮出自己，比如先说"我这月工资……奖金……你呢？"如果他比你钱多，他会假装同情，心里却暗自得意。如果他没你钱多，就会心理不平衡了，表面上可能是一脸羡慕，私底下往往不服，这时候你就该小心了。背后做动作的人通常是你开始不设防的人。

首先你不要做这样的人。其次如果你碰上这样的同事，最好早做打算，当他把话题往工资上引时，你要尽早打断他，说公司有纪律不谈薪水；如果不幸他语速很快，没等你拦住就把话都说了，也不要紧，用外交辞令冷处理："对不起，我不想谈这个问题。"有来无回一次，就不会有下次了。

2. 私人生活

无论你是失恋还是热恋，都别把情绪带到工作中来，更别把故事带进来。不要说起来只图痛快，不看对象，事后往往懊悔不已。可惜说出口的话如同泼出去的水，再也收不回来了。

商场上风云变幻、错综复杂，把自己的私域圈起来当成商务话题的禁区，轻易不让公域场上的人涉足，其实是非常明智的一招，是竞争压力下的自我保护。"己所不欲，勿施于人。"如果你不先开口打听别人的私事，自己的秘密也不易被打听。

千万别聊私人问题，也别议论自己公司或客户公司里的是非长短。你以为议论别人没关系，用不了几个来回就能"烧"到你自己头上，引火烧身，那时再"逃跑"就显得被动了。

3. 家庭财产

不是你不坦率，坦率是要分人和事的，从来就没有不分原则的坦率，什么该说什么不该说，心里必须有谱。

就算你刚刚新买了别墅或利用假期去欧洲玩了一趟，也没必要拿到宴会上来炫耀，有些快乐，分享的圈子越小越好。被人妒忌的滋味并不好受，因为容易招人算计。

无论露富还是哭穷，在宴会上都显得做作，与其讨人嫌，不如知趣一点，不该说的话不说。

4. 黄腔黄调

有些人为了活跃气氛，喜欢说一些黄色笑话，实在是不明智的做法。大多数的人说黄色笑话往往成了下流不堪的话，造成对方的尴尬，弄不好还惹上"性骚扰"的罪名，得不偿失。除了尽量避免说黄色笑话外，还要学会如何应付对方向你开黄腔。许多女性对于男同事的黄腔采取好言相劝或不理不睬，装作自己"耳背"没听见，这样会使男同事认为你软弱好欺负，他们不但不会"同情"你，反而会变本加厉地对你开黄腔。理想的方式是巧言以对，既对他们的话表示抗议，又运用机智和幽默的口吻含蓄地进行还击。识趣的男同事自然会自讨没趣地拍拍屁股走开。

千万别装作听不懂，越是听不懂，对方基于捉弄的心理，越会说给你听。如果无法阻止对方住口，干脆起身避开，来个耳不听为净。

警惕有失礼仪的交谈方式

以下十种方式是不合礼仪的：

1. 在交谈之中"闭嘴"

所谓的"闭嘴"，是指交谈中一言不发，从而使交谈变相地冷场，导致不良的后果。在交谈对象侃侃而谈的过程中，自己始终保持沉默，会被视为对交谈对象的话不感兴趣。本来双方交谈甚欢，一方突然"打住"，会被理解成对对方"抗议"，或对话题感到厌倦。

所以，但凡碰上无意之中所出现的交谈"暂停"，商务人员一定要想办法尽快地引出新话题，或转移旧话题，以激发交谈者的情绪。

转换话题也需要一定的技巧，最好能不着痕迹，巧妙自然地将对方导向新话题。成功运用这个要领的关键，在于会话双方对新的话题应有较多的共同语言。

这样，会话才能拓展交谈天地，维持融洽气氛。为此，在有意转换之前，充分估计对方心态和审慎选择比原来话题更有新意的、在需求上更能满足对方的话题，无疑十分重要。

2. 在交谈之中"插嘴"

所谓"插嘴"，是指在他人讲话的中途，突然冒出来插上一句，打断对方的话。

商界人士在一般情况下，都不应该打断他人讲话，上去插上一嘴，这样有喧宾夺主、自以为是之嫌。如果确实想对他人所说的话发表见解，也需要等对方把话讲完。

如果打算对他人所说的话加以补充，应先征得其同意，先说明"请允许我补充一点"，接下来再插话。不过插话不宜过长、次数不宜过多，免得打断对方的思路。有急事打断他人的谈话时，务必要先讲一句"对不起"。

当与不相识者、异性、长者或上司交谈时，更不宜"不邀而至"，上去就插上一嘴。

3. 在交谈之中"杂嘴"

交谈之中的"杂嘴"，就是语言不标准、不规范。比如说，在国内的商务交往中，应使用汉语普通话，因为它是国人彼此之间理解与沟通的最佳手段。如果开口方言、闭口土语，不仅可能被他人误解，弄不好还会被视为做人不够开化。在对外商务交往中，应使用双方均能够接受的语言。

4. 在交谈之中"脏嘴"

"脏嘴"，意即说话不文明，满口都是"脏、乱、差"的语言。

5. 在交谈之中"荤嘴"

"荤嘴"，指的是说话带"色"，时时刻刻把丑闻、艳事挂在嘴上。无论从哪一方面而论，"荤嘴"都属于商界人士的大忌，在哪里都会让人瞧不起。

6. 在交谈之中"油嘴"

"油嘴"，是指说话油滑，毫无止境地胡乱幽默。谈吐幽默是一种高尚的教养，它是指说话生动有趣，而且意味深长。在适当的情境中，使用幽默的语言讲话，可以使人摆脱拘束不安的感觉，变得轻松而愉快。此外，它兼具使人获得审美快感、批评和讽刺等多重作用。

然而幽默也需要区分场合与对象，需要顾及自己的身份。要是到处都"幽他一默"，就有可能"沦落"为油腔滑调，从而招致反感。

7. 在交谈之中"贫嘴"

"贫嘴"，是指爱多说废话，爱乱开玩笑。爱耍"贫嘴"的人，动不动就拿交谈对象调侃、取笑、挖苦一通，不是没话找话，话头一起就絮絮叨叨；就是不分男女、不论长幼、不辨亲疏地乱开玩笑。爱耍"贫嘴"，好比作践自己，既令人瞧不起，又招人讨厌。

8. 在交谈之中"犟嘴"

"犟嘴"，就是喜欢跟别人争辩，喜欢强词夺理。他们自以为"真理永远在自己手中"，自己永远正确。爱"犟嘴"的人，"没理争三分，得理不让人"，这种人不受人们的欢迎。

9. 在交谈之中"刀子嘴"

"刀子嘴"，就是说话尖酸刻薄，喜欢恶语伤人。每个人都有自己的隐私，都不希望告之于人，不该"打破砂锅问到底"。每个人都有自己的短处，都不乐意将此展示于人，所以不应该在交谈时"哪壶不开提哪壶"。俗话说："良言一句三冬暖，恶语伤人六月寒。"其口似刀的人，处处树敌，时时开战，触犯了商家"和气生财"的大忌，终将会因为这一缺点而被淘汰。

10. 在交谈之中"电报嘴"

"电报嘴"，是指那些爱传闲话、爱搬弄是非的人。"电报"者，取其传播迅速之意也。在正式的商务交往中，一言一语都有可能成为有价值的商业情报，不容扩散。在非正式的亲友聚会上，他人出于对自己的信任所讲的一些心里话，也应该"到此为止"。将以上内容到处暗传，无限度地张扬，是人格卑鄙的表现。至于那些无中生有、以造谣生事为己任的人，就更不足挂齿了。所以请君勿做"电报嘴"的"中转站"。

别把应酬当作承诺

在商务应酬中，我们要学会说场面话，给别人一点尊重，但万万不可轻信别人的一时之言。轻信别人的场面话，有时不只是一种天真，更是一种愚蠢。

一个人不可能完完全全地在别人面前表现最真诚的一面，正如一个人不能把别人说过的每一句话都信以为真一样。场面话，总是可说不可信，一旦你违背了这条原则，善良便会退化为愚钝，真诚也会成为伤害自己又危及他人的利器。

坦露之心犹如在众人面前摊开的信，那些胸有城府的人总是懂得潜藏隐秘，所以他们说的话大都只是些场面之言。"说者无意听者有心"，如果你把别人的这些话都当成真的话，就只能证明你的天真和幼稚。

人往往会呈现多面性，在不同的时空，善与恶会因不同的刺激而以不同的面貌呈现。也就是说，本性属"恶"的人，在某些状况之下也会出现"善"的一面；本性属"善"的人，也会因为某些状况的引动、催化而出现"恶"的作为。而何时何地出现"善"与"恶"，人自己也无法预测及掌握。所以，当萍水相逢之人在你面前做出承诺时，不能被这一时的"善"意冲昏了头脑，应保持理智，让自己回到真实的生活轨道上来。

对于称赞的"场面话"，你尤其要保持冷静和客观，千万别因别人的两句话就乐昏了头，那会影响你的自我评价。冷静下来，反而可以看出对方的用心。

对于拍着胸脯答应的"场面话"，你只能持保留态度，以免希望越大，失望也越大；只能"姑且信之"，因为人情的变化无法预测，你既然猜测不出别人的真心，就只好抱持最坏的打算。要知道对方说的是不是场面话也不难。事后求证几次，如果对方言辞闪烁、虚与委蛇，或避不见面、避谈主题，就说明那些真的是"场面话"。所以对这种"场面话"，也要有所区分，否则可能会坏了大事。

什么是"场面话"？简而言之，就是让别人高兴的话。既然说是"场面话"，可想而知就是在某个"场面"才讲的话。这种话不一定代表内心的真实想法，也不一定合乎情理，但讲出来之后，就算别人明知道你"言不由衷"，也会感到高兴。聪明人懂得："场面之言"是日常交际中常有的，而说场面话也是一种应酬的技巧和生存的智慧。

但从另一个角度来讲，如果别人在某些特定的场合、特定的际遇下对你说了一些场面话，作为听众的你千万不可把这些场面之言当真。

得意忘形是应酬大忌

成大事者不会轻易受情绪制约，纵使有厌恶与愉悦的心情，也绝不会轻易流露出来。

人生中有许多得意事，比如事业有成、乔迁升职等，这些当然是值得庆贺的，但这种庆贺应适可而止，切忌得意忘形而无所顾忌地表现出自己的喜怒哀乐。特别是在言辞上，那种"上嘴唇顶天，下嘴唇顶地"的高谈阔论，还是少一些为妙。因为在你的身边，还有一些失意的人，你的张扬会引起他们的心态失衡，以至于给你带来麻烦。在失意的朋友面前，更要注意自己的言行，只有在言辞上低调，才能融入朋友之中，从而更好地保护自己。

一只野兔被老鹰捉住了，大哭大叫。这时，一只乌鸦飞了过来，得意忘形地对野兔说："你平时不是跑得挺快吗？这次怎么不跑了？看，还是我们有翅膀的好啊。"接着便大谈自己有翅膀的好处，还手舞足蹈起来。正在这时，另一只老鹰突然飞下来捉住了它，它将面临和野兔一样的命运。野兔在断气之时，对乌鸦说："啊，你方才还在为自己的平安而得意忘形，现在你也该哀叹和我有着同样不幸的命运了吧！"

一个人的心里再怎么高兴，也必须加以掩饰，否则，自己的心意岂不全被别人猜透了。喜怒形于色，易于冲动，思想偏激，生出的古怪念头，稍稍过量便会使我们的判断处于病态，使我们因失控而幼稚、肤浅。感情用事不会有好结果，你要做到不管是大顺之时还是大逆之际，都不会有人批评指责你情绪不稳定。

谨慎的人总是试图保持自我控制能力。成大事者不会轻易受情绪制约，纵使有厌恶与愉悦的心情，也绝不会轻易流露出来。对于极端厌恶的人，能把嫌恶之情深深隐藏起来，见面时，仍然显出十分亲善的样子，礼貌而诚挚地问候对方。

在交际中，感情用事，得意忘形，是人生之大忌。踌躇满志、春风得意，是人人向往的人生境界。如果被一时的得意冲昏了头脑，就会故步自封、停滞不前。要随时保持清醒的头脑，时刻反省自己，这样才能获得成功。

第十五章

对症下药，人人喜欢的说服术

让引导成为说服的第一手段

要想说服别人，我们就要想办法让别人认可我们的想法，而引导术无疑是让别人认可我们的想法的有力的劝导术。

与他人理论时，你的想法必须得到对方的认可。为了达到成功说服的目的，我们必须采取一些方法及手段，而引导，正是在这一过程中必须采用的手段之一。引导说理，心平气和，步步引导，耐心商讨，别人易于接受。引导技巧的关键在"诱"字，立足在"导"字。要诱得巧妙，导得自然，应做到四点。

1. 有目的地引导

要有明确的说明目的，有的放矢，所有的引导内容，都要紧紧地为总目的服务。

古时候，有一位父亲得知儿子染上了赌博的恶习，便给他写了一首戒赌诗，以诗说理规劝。诗曰："贝者是人不是人，只因今贝起祸根。有朝一日分贝了，到头成为贝戎人。"儿子看后，不解其意。父亲给他一一指道："贝者是赌，今贝是贪，分贝是贫，贝戎是贼。赌、贪、贫、贼是每一个赌博之徒的必由之路。"儿子听了，立刻幡然醒悟，弃赌从良，自食其力。

这位父亲劝子戒赌的方法巧就巧在：第一，以诗劝子方法新颖，让儿子去思考其中的含义；第二，当儿子百思不得其解时，一语道破诗意，道出"赌博必定贫穷，强盗出于赌博"的道理，使儿子恍然大悟。这种有目的的引导方法往往能收到较好的劝说效果。

2. 有步骤地引导

既有总体设计，又有分步计划。每一步怎样引导，怎样发问，谈话前都要经过深思熟虑，胸有成"话"。这样，环环紧扣，步步深入，最后矛盾凸显，诱使对方在无法解决的矛盾面前自我否定。

某饭店服务员小刘捡到顾客遗失在店内的手机，想悄悄据为己有，被领班董大姐发现了，让她上交，可小刘说："手机是我捡的，又不是偷的，更不是抢的，不上交也不犯法。"董大姐说："小刘，你知道什么叫作'不劳而获'吗？""不知道！"小刘嘟着嘴回答。董大姐："你看，不劳而获是不经过劳动而占有劳动果实。说得确切点是占有别人的劳动果实！""你什么时候学会咬文嚼字了？"小刘有点不耐烦了，董大姐耐心地问："你说，抢别人的东西是不是'不劳而获'？""是的。""你说，偷别人的东西是不是'不劳而获'？""当然是。""那么，捡到别人的东西据为己有是不是'不劳而获'呢？""这……"小刘顿时语塞。董大姐顺势教育道："拾到别人的东西据为己有，和偷、抢来的东西，在'不劳而获'这一点上是相通的，除了国家法律，我们还应该有一定的社会公德，再说店里也有工作守则，拾到顾客遗失的物品要交还，你可不能犯糊涂啊！"经过董大姐的教育，小刘终于认识到自己行为上的错误，把手机交了出来。

在这里，董大姐避开小刘振振有词的歪理，而是有意和她弄清楚一个看似与论题无关的"不劳而获"的意义，再引导她由大及小，从面到点，步步推进，最后才切入实质性问题：拾到东西据为己有，同偷、抢一样是"不劳而获"，是同样可耻的行为。一席话使小刘受到了教育。

总之，说服的过程是说服者对被说服者攻心的过程，也是被说服者心理渐变的过程。运用"层渐递进"的说服技巧，从理论上讲，符合心理学的基本规律，从实践中看，只要运用得恰当巧妙，就能取得理想的说服效果。

3. 有预料地引导

在引导之前要考虑到对方会怎样讲，可能有几种讲法，怎样随机应变。这样才能使自己的引导不会变成"哑炮"，一个人唱独角戏。要使自己的引导能引出对方的话，开启其思路，就要做通盘打算。

新转入某班的方方同学，做作业马虎、潦草。老师把他叫到办公室，拿出一本字迹工整的作业递给他说："你看这位同学的作业写得怎么样？"方方看了一眼，没说什么。老师又拿出一本字迹潦草、错误较多的作业给他看，并说道："你看这本作业怎么样？"方方看了一眼，说："跟我的作业差不多。""你再看看这两个作业本上的名字。"老师温和地说。这一回，方方疑惑了："都是李林的？"老师抓住时机，耐心地说："差的一本是李林同学去年的作业，这一本是他现在的作业。你现在的作业和李林同学去年的作业差不多，但这不能说明你永远是这样。李林同学经过半年的努力，能写出工整漂亮的作业，老师相信你一定会像李林一样。用不了多长时间就能将作业写好。"老师这段谈话，言此意彼，既维护了学生的自尊，又达到了指出其不足，勉励其进步的目的。

方方的老师已经预测出他的每一句问话方方会怎样去回答，然后，他根据方方的回答顺势劝导，起到了较好的说服效果。

4. 有诚意地引导

诚恳开导，不讽刺，不挖苦，这样才能使得对方心悦诚服。此法的好处是容许被说服者在接受说服的过程中，存在一个认识过程，获得一些全新的知识。

用引导技巧说服人，要认真构思，事先把各个关节想清楚，谈话中又要针对实际情况，灵活应变。

说服别人要有合理的理由

说服，是影响人际关系的一种形式，人们都希望掌握说服的技巧，轻松地说服他人，然而，这并非易事。它主要表现为劝说者通过谈话让被说服的对象理解并接受自己的观点和理由。同时，说服力并不取决于是否能言善道，而是在于是否拥有恰当的观点和合适的理由。

大部分人都希望能巧妙地说服他人，但在说服时能拿出充分理由的却非常少。例如：告诉对方"如果不这么做，公司就会有危险""这样会给大家添麻烦""如此才能拓展前途"……这样才算符合说服的需要。与人交往，想不费吹灰之力就说服对方是不可能的。必须彻底归纳自己的意见，表明自己的理由。若抓不住说服意见的重点、想表达的意思不够明确，这样，不但无法说服对方，反而会遭到对方的反击而不得不知难而退。如果一开始就心生胆怯，心想自己的意见能否顺利地说服对方，或者一味地考虑万一遭到对方的拒绝该怎么处理，甚至在说服前已经开始认可对方的观点等，就不可能有一个稳固的说服基础，就无法想出能成功说服对方的方法和手段。

因此，在准备说服他人之前，先回顾一下谈论事情的中心思想，找到能打动人的理由，再开始进行说服，这样做的好处是能使说服工作开展得更加顺利，并且胜算更大。

南方的夏季是很难熬的，不但潮湿，而且气温也是高得惊人。在这种环境中，就连树上的虫子都懒得出来，更何况每天需要工作十几个小时的建筑工人呢！

又是一个炎热的午后，工人们吃过午饭后都各自找个地方纳凉，因为天气实在是太热了。这时，一位监工走到工人们跟前，大声呵斥，工人们害怕监工，都纷纷拿起工具去干活了。可是等监工一走，他们又都停下手中的活儿，开始偷懒。这一切，都被精明的监工看在眼里，他马上明白严厉的呵斥根本解决不了问题，故而，他换了一种战术。

大约过了 10 分钟，监工又来到工人这边，偷懒的工人们见监工来了，马上开始干活。监工笑着说："来，来，来，大家都把手里的活停下，这大热的天，咱们聊聊天。"说完，还顺手拿出刚刚买来的矿泉水分给每个人。他继续说道："这鬼天气，谁愿意在大太阳底下干活啊，可是没有办法啊，现在上面领导催得紧，而且还要求保质保量。这些倒不是问题，关键是工期我们耽误不得啊，如果我们的工程不能如期交工，不但上面要扣我的工程款，就连各位师傅的工钱我也得拖着了啊。所以，我们大家就一起忍耐一下，抓紧时间把活儿干完，咱们早早干好活，也能早点拿钱回家孝敬父母，回去也好给老婆孩子添置点儿新东西，你们说是这个道理不？"

工人们一听监工说的句句在理，谁也不好意思再偷懒了，都一声不响地去干活了。

工人们之所以在监工第二次的说服之后都主动地去干活，就是因为监工掌握工人的心理，理解工人的内心，适时地找到可以劝说工人们自愿干活的理由，使目的达成。

若对方固执地坚持己见，不妨直接说出你的意见，让对方暗自权衡一下利弊得失。当你想说服某个人时，若能先将利害关系说出，则更容易达到你的目的。譬如你只是说："赶紧将这份工作完成。"倒不如说："你若能尽快将此事完成，就会有更充裕的时间休息。"虽然辛苦一点，但有充分的时间可以休息，这种诱惑是谁也无法抵挡的。说话者技巧的高明之处，在于他们总会先将对方的心理揣摩一番，发现对方防守的要害，用攻坚或软化的方法破坏其防线，以求达到"攻心为上"的效果。

一位平时很节俭的老先生有一部老旧轿车，但这部车已经无法再发动上路了，于是有许多汽车推销员整日围着他推销新车，让他不胜其烦，造成他强烈的防范心理，常常扭头就走。最后，只要推销员一上门，他就会想："这家伙又是看上我的钱包，我绝不会上他的当。"

"你这部老爷车早就该进博物馆了，开这种车实在有失你的身份。""你不如把修车的钱攒起来买部新车，这样才划算。"这位老先生每次听到这些大同小异的商业推销用语，马上反感。

有一天，又来了一名陌生的推销员，老先生的第一个反应是："骗子又来了！"然而，出乎意料的，那位推销员并没有向他夸耀自己的汽车，而是很内行地将老先生的旧车仔细地看了看，然后诚恳地对他说：

"先生，您这部车保养得很好，起码还可以用一年半载，似乎不太需要立刻买新车，过半年再买也不迟。"说完便有礼貌地递给老先生一张名片，然后就直接离开了。听他这么一说，老先生心里泛起莫名的亲切感，不知不觉心中的防御系统已冰释瓦解，愈看愈觉得自己应该换部新车了。于是他马上照名片上的电话号码打电话给那名推销员，结果如何，各位可想而知。

充分的理由是说服人的关键，也是根本。因此我们在说服别人的过程中，就是强调最充分、最关键的理由。

多年以前，美国成功学家拿破仑·希尔曾应邀向俄亥俄州立监狱的服刑人发表演说。他一站上讲台，立刻看到眼前的听众之中有一位他在十年前就已认识的朋友——D先生，D先生此前是一位成功的商人。拿破仑演讲完毕后，和D先生见了面，谈了谈，发现他因为伪造文书而被判20年徒刑。听完他的故事之后，拿破仑说："我要在60天之内，使你离开这里。"D先生脸上露出苦笑，回答说："希尔，我很佩服你的精神，但对你的判断力却深感怀疑。你可知道，至少已有20位具有影响力的人士曾经运用各种方法想使我获得释放，但一直没有成功。这是办不到的事。"

希尔前去拜访俄亥俄州州长，向他表明了此行的目的。希尔是这样说的：

"州长先生，我这次是来请求您下令把 D 先生从俄亥俄州立监狱释放出来。我有充分的理由，请求您释放他。我希望您立刻给他自由，为此我准备留在这儿，等待他获得释放，不管要等待多久。在服刑期间，D 先生已经在俄亥俄州立监狱中推出一套函授课程，你当然也知道这件事，他已经影响了俄亥俄州立监狱中 2518 名囚犯中的 1728 人，他们都参加了这个函授课程。他已经设法请求获得足够的教科书及教学资料，而使得这些囚犯能够跟得上功课。难得的是，他这样做并未花费州政府的一分钱。监狱的典狱长及管理员告诉我说，他一直很小心地遵守监狱的规定。当然了，一个能够影响 1700 多名囚犯努力学习的人，绝对不会是个坏家伙。我来此请求您释放 D 先生，是因为我希望您能指派他担任一所监狱学校的校长，这将使得美国其余监狱的 16 万名囚犯获得向善学习的良好机会。我准备担负起他出狱后的全部责任。这就是我的要求，但是，在您给我回答之前，我希望您知道，我并不是不明白，如果您将他释放，可能会使您在竞选中失去很多选票。"

俄亥俄州州长维克·杜纳海先生紧握住拳头，宽大的下巴显示出坚定的毅力。他说："如果这就是你对 D 先生的请求，我将把他释放，即使这样做会使我损失 5000 张选票也在所不惜……"

说服工作就此轻易完成了，而整个过程费时竟然不超过 5 分钟。3 天以后，州长签署了赦免令，D 先生走出监狱的大铁门，他恢复了自由之身。

希尔之所以能够成功地说服州长，与他的周密考虑和精心安排是分不开的。希尔事前了解到，D 先生在狱中的行为良好，对 1728 名囚犯提供了良好的服务。当他创办了世界上第一所函授监狱学校时，他同时也为自己打造了一把打开监狱大门的钥匙。既然如此，其他请求赦免 D 先生的那些人，为何无法成功地使 D 先生获得释放呢？他们之所以失败，主要是因为他们请求州长的理由不充足。他们请求州长赦免 D 先生时，理由或是他的父母是著名的大人物，或者是说他是成功的商人，而且也不是什么坏人。他们未能提供给俄亥俄州州长充分的动机，使他能够觉得自己有充分的理由签署赦免令。

希尔在见州长之前，先把所有的事实研究了一遍，并在想象中把自己当作是州长本人思考一遍，而且弄清楚了，如果自己真的是州长，什么样的说辞才最能打动州长。希尔是以全美国各监狱内的 16 万名男女囚犯的名义，请求释放 D 先生的。因为这些囚犯可以享受到 D 先生所创办的函授学校的利益。他绝口不提 D 先生有声名显赫的父母，也不提自己以前和他的友谊，更不提他是值得我们帮助的人。所有这些事情都可被用来作为请求赦免他的最佳理由，但和对另外的 16 万名囚犯有很大的帮助这个更充分、更有意义的理由比较起来，就显得没有太大的意义了。希尔靠着这个最充分、最关键的理由获得了成功。可见，找准了理由，就找到了说服他人的关键。

充满感情的话语才能打动他人

劝说，必须在"晓之以理，动之以情"上大下功夫。而在劝说者与被劝说者之间矛盾尖锐、情绪对立时，说理往往难以奏效，这时，就需要"动之以情"了。换言之，用充满感情的话语更容易赢得别人的尊重和信服。

简单的事情、小道理，用一两个典型事例，再加上简明、扼要的分析，就可以讲清楚。但是，复杂的事情、大道理，涉及多方面的因素，触动一点就牵动全局，则必须全方位、多层次、多角度地进行一系列的说服工作，从多方面展开心理攻势，并辅以严密的逻辑推理，而后才能水到渠成地得出结论。这个结论最好是不要由自己单方面推断出来教给对方，应当以征询意见的口气引导对方同你一起来推理，共同探讨得出结论。让他把你的意见、主张，当作自己寻求的答案，自愿接受，自动就范。这样的说服才是高明的说服。因为对于经过自己头脑思考发现的真理，人们更坚信不疑。晓之以理，要满怀信心，争取主动，先取攻势。当对方已明确、坚决地表示不同意见之后，再说服他，就要付出加倍的努力。当然，争取主动仍要运用委婉、商榷的语气，切忌盛气凌人、以势压人。

很多说服者在说服他人时，往往能在催人泪下的同时，不露痕迹地对听众施加影响，使人不知不觉地接受，这就是情感的力量。对于形象思维强于逻辑思维的青少年儿童，对于多数平日没有深刻的理论思维习惯的人，以事比事，将心比心，运用其自身或熟人的经验教训，再加上感情色彩浓厚的语言，去进行绘声绘色的诉说，易令人感到亲切可信，引发情感上的共鸣，从而为接受道理扫清障碍，铺平道路。

　　数学家苏步青上小学时，成绩特别差，年年期末考试都是倒数第一。这种情形，就如同把名次靠前的同学的名字"背"在自己身上一样，所以人称"背榜生"。有一次他又逃课了，老师找到他，告诫道："你不读书，别人怎么会看得起你呢？看不起你的原因，不就因为你是背榜生吗？如果你考前几名呢？你知道牛顿吗？他也生长在农村，到城里念书时成绩也不好，同学都欺负他瞧不起他。一次，一个成绩名列前茅的同学还故意把他打得趴在地上——他凭什么？不就是成绩比牛顿好、身体比牛顿壮吗？别看平时牛顿不敢惹他，这回可不一样了。只见牛顿猛地翻身跳了起来，将那个打他的同学逼到了墙角。那个同学一见牛顿如此勇猛，不由得害怕了，只得认输，从此再也不敢欺负他了。从这件事上，牛顿得到了启发，只要有骨气，肯拼搏，就能取胜。从此他努力学习，终于取得全班第一名的好成绩。"老师在一系列的反问中，苏步青第一次听到了一位大科学家奋发图强的事迹，这无疑使他的心灵受到极大的震动。从此他不断地发奋学习，终于使自己的学习成绩得到根本性的提高。

　　心理学研究表明，当一个人处于愧疚、自责、害怕、焦虑等情绪中时，较易接受劝说信息。因此，说服者应设法通过具体生动的现身说法，帮助说服对象。再以利害关系的强烈对比等方法去感染和警示对方，使他悔悟。那些实惠观念很强的人，理难服他，情难动他，但是，如果你能把其中的利害关系给他剖析得明明白白，他一定会仔细考虑你的意见，因为趋利避害是人的本性。

　　有个出租车女司机在夜晚把一个男青年送到指定地点时，对方突然掏出尖刀逼她把钱都交出来，她装作害怕的样子交给歹徒300元钱说："今天就挣这么点儿，要嫌少就把零钱也给你吧。"说完又拿出20元找零用的钱。见"的姐"如此爽快，歹徒有些发愣。"的姐"趁机说："你家在哪儿住？我送你回家吧。这么晚了，家人该等着急了。"见"的姐"是个女子又不反抗，歹徒便把刀收了起来，让"的姐"把他送到火车站去。见气氛缓和，"的姐"不失时机地启发歹徒："我家里原来也非常困难，咱又没啥技术，后来就跟人家学开车，干起这一行来。虽然挣钱不算多，可日子过得也不错。何况自食其力，穷点儿谁还能笑话我呢！"见歹徒沉默不语，"的姐"继续说："唉，男子汉四肢健全，干点儿啥差不了，走上这条路一辈子就毁了。"火车站到了，见歹徒要下车，"的姐"又说："我的钱就算帮助你的，用它干点正事，以后别再干这种见不得人的事了。"一直不说话的歹徒听罢突然哭了，把三百多元钱往"的姐"手里一塞说："大姐，我以后饿死也不干这事了。"说完，低着头走了。

人类是感情动物，每个人都希望得到他人的尊重和爱护。当受到了他人的关心时，随之便产生了感恩之情，就很容易地接受说服者的意见和建议。说服不是压制，心理学上有"对抗理论"，人们都喜欢自由支配自己的活动，而不愿听从他人发出的强硬的命令。鉴于这种心理的存在，在说服他人的时候，一定要充满感情，至少要用商量的语气，以保证不伤对方的自尊，这样才利于取得良好的说服效果。

设身处地，说服时要站在对方的立场上

很多双输者的教训都是当事人一味地打自己的算盘，寸土不让，结果导致两败俱伤。而要想实现双赢，方法其实很简单，就是站在别人的立场想问题。

琼斯是芝加哥一位富有的慈善家，他把大量的时间和金钱都花在心脏病的研究上，这是他最热心的一桩事业。国会参议院的一个委员会正在就建立全国心脏病基金会的可能性进行调查，要求琼斯到会作证。为了准备发言，他请教了一些最优秀的专家。民间的心脏病研究组织配合他的工作，为他准备了递交给参议员的呼吁书和详实的文件。

当他带着准备好的发言材料去出席听证会时，发现自己被安排在第六个发言作证，前五人都是医生、科学家及公共关系专家，这些人终生从事这方面的工作，委员还会对他们每个人的资格——加以盘问，甚至会突然问道："你的发言稿是谁写的？"琼斯看出，缺乏医学专业知识的议员，对专家们内容高深的演讲半信半疑。轮到琼斯发言了，他走到议员们面前，对他们说：

"先生们，我准备了一篇发言稿，但我决定不用它了。因为我不能同刚才已发表过高见的那几位杰出人物相比，他们已向你们提供了所有的事实和论据，而我在这里，则是要为你们的切身利益而呼吁。你们是美国的优秀分子，肩负重大的责任，决定美国的沉浮，现在你们正处于生命最旺盛时期，处于一生事业的顶峰，你们日夜为国家呕心沥血，工作十分紧张和辛劳。正因为如此，你们的心脏最有可能受到损害，你们最容易成为心脏病的牺牲者。为了你们自己的健康，为了你们家庭中时常祈祷你们安康的妻子和儿女，为了千千万万个把你们送进这个大厅的选民

们，我呼吁和恳请你们对这个议案投赞成票！"

琼斯面带感情，慷慨陈词，一口气说了三个小时，议员们被彻底地征服了。不久全国心脏病基金会就由政府创办，琼斯成为首任会长。

琼斯站在议员们的立场上，直接指出了心脏病对议员本身的威胁，使对方不得不通过这项有利于自身的法案，这是这篇演说词成功的关键。

有一位先生，辛辛苦苦赚了十几年的薪水后，终于买得一块理想的地皮，并着手修建房屋。他整天都笑逐颜开。在城市里生活，谁不想拥有一栋属于自己的房子呢？谁知事情发生了变化，他突然接到公司的命令，要他到欧洲某个国家主持分公司的工作。这下他乱了阵脚，简直不知道该如何是好。

他想去又放心不下正在动工的房子，想留下又怕影响自己的事业，真是左右为难。不过，他很快就拿定主意，立刻与建筑公司取得联系，通知对方要停止后续工程并解约。

建筑公司负责人认真地听了他的理由，然后从容不迫地说："哦！这确实是件大事，事情既然这么突然，那就得尽快解决。不过，先生，我想提醒你一句，建造这样一栋房子，是你这一生中的一件大事，或许你一生就只修建一次房子，况且工程都已经过半，停工将会有很大的损失，是否应该考虑清楚后再做决定呢？"

那位负责人的话似乎是说，这件事如果处理不当，将会影响自己的一生，千万不能因眼前的某件事而改变终身长远的计划。

本来已经决定解除房屋修建契约的人，最终放弃解约的念头。

这位建筑公司负责人是说话高手中的高手，虽然短短几句话，却深藏着高明的策略在其中。

首先，他先站在对方的立场想，这么一来，对方在心理及认知上，就会把他当成同路人。

接着，他强调盖房子不是开玩笑的，每个人一生或许就只有一次机会盖房子，千万不能儿戏。

再者，他又回到现实，强调如贸然停工，费用上有极大的损失。综合这两个重要且不利于当事人的结果，再下结论，请当事人三思而行，自然会让对方心中一震，如大梦初醒，心中感激这位老板，要不然他可能就做错了决定。

一位哲人说过：婚姻没有你赢我赢，只有双赢或双输。不光是婚姻，在人生的其他方面，这句话同样有效。很多双输者的教训都是当事人一味地打自己的算盘，寸土不让，结果导致两败俱伤。而要想实现双赢，方法其实很简单，就是站在别人的立场想问题。这是一种逆向思维，需要拿出过人的眼光、勇气及大度的心胸，还要做好舍己为人的准备。

很多时候，如果我们及时调整心态，站在对方的立场思考问题，就会转被动为主动，迅速博得谅解与认同。实践证明：对善于"投桃"的人，现实总会对他"报李"，从而化腐朽为神奇。

循序渐进，说服别人需要耐心

说服别人并不是三言两语就可以搞定的事，说服别人需要的是耐心。因此，我们在说服别人时要循序渐进，耐心地、一步步地说服别人。

作为一名说服者，不到最后的时刻，永远不要放弃你的说服目标。

1928 年，著名的松下公司急需一笔项目的建设资金。当时的松下公司还处于起步阶段，公司账面上的钱远远不够，只能向银行贷款。

松下和有联系的银行负责人见面，说明公司的项目要求贷款。银行经理详细询问了整个项目的细节，决定和总行协商后再做出答复。3 天以后，总行答复：同意贷款，但要以土地、建筑物乃至松下的"信誉"做担保。

尽管贷款有了着落，但却不是松下所希望的那种方式。对银行方面的做法，松下心中不大满意：以松下的"信誉"做担保，总让人觉得不那么舒服，如果在投资上真的遇到风险，那么把松下的"信誉"赌了出去，松下公司将如何发展呢？在松下看来，信誉是无价的。松下考虑，最理想的结果应该是无担保贷款。于是松下向银行方面表示："对贵行的决定，我表示衷心感谢。但如果以不动产做担保，恐怕会影响到企业的形象，不仅对公司不利，将来对贵行可能也会有所影响。所以，我冒昧地请求，贵行是否可以提供无担保贷款？"

银行方面显得有些犹豫不决。松下接着说："偿还贷款，给我们公司两年时间就足够了，请放心。我厂的土地权利书和建筑物权利书，都可以交由贵行保存。我很希望贵行能给松下公司一次机会。"

经过松下的耐心说服，银行方面终于同意了松下的请求，答应再和总行联络。两三天以后，银行通知松下，决定对松下公司提供无担保贷款。

如果你的观点是对的，一时不能说服人家，你很可能会犯过分心急的毛病。当然，如果人家听了你劝说，立刻点头叫好，改弦易辙，并称赞你"一言惊醒梦中人"，这自然是最妙不过的。实际上，这样的情况并不多见。别人的看法、想法、做法不是一天形成的。"冰冻三尺，非一日之寒"，要对方改变看法也绝非一日之功。有时，即使他当时表示了心悦诚服，你还要让他回去好好考虑。因为积习难改，当面服了，回去细想可能还会出现反复。即使真是如此，也千万不能指责对方是"当面一套，背后一套"。可见，说服别人要循序渐进，要有耐心。因为有时候，说服本来是可以取得更好效果的，但因为说服人认为已经达到了说服的目的，早早地放弃了说服，使得本来有可能更有利的局势毁于一旦。因此要想说服他人，要遵循以下三个步骤，循序渐进。

1. 了解对方的想法

想要让对方同意你的意见，第一步就是要设法先了解对方的想法。很多人为了说服对方，就精神十足地拼命说，说完了七成，只留下三成让客户"反驳"，这样如何能顺利圆满地说服对方？所以，应尽量将原来说话的立场改变成听话的角色，去了解对方的想法、意见以及其想法的来源，这才是最重要的。

2. 先接受对方的想法

当你感觉到对方仍对他原来的想法坚信不疑时，最好的办法就是先接受他的想法，甚至先站在对方的立场发言。先接受对方的立场，说出对方想讲的话。为什么要这样做呢？因为当一个人的想法遭到别人一无是处的否决时，极可能为了维护尊严或咽不下这口气，反而会变得更倔强地坚持己见，排斥反对者的新建议。

某家庭电器公司的推销员挨家挨户推销洗衣机，当他到一户人家里，看见这户人家的太太正在用洗衣机洗衣服，就忙说："哎呀！这台洗衣机太旧了，用旧洗衣机是很费时间的，太太，该换新的啦……"

结果，不等推销员说完，这位太太马上驳斥道："你在说什么啊！这台洗衣机很耐用的，到现在都没有故障，新的也不见得好到哪儿去，我才不换新的呢！"

过了几天，又有一名推销员来拜访。他说："这是台令人怀念的旧洗衣机，因为很耐用，所以对太太有很大的帮助。"

　　这位推销员先站在太太的立场上说出她心里想说的话，使她非常高兴，于是她说："是啊！这倒是真的！我家这部洗衣机确实已经用了很久，是太旧了点，我倒想换台新的洗衣机。"

　　于是推销员马上拿出洗衣机的宣传小册子，提供给她做参考。这种推销说服技巧，确实大有帮助，因为这位太太已被动摇而产生购买新洗衣机的想法。至于推销员是否能说服成功，只不过是时间长短的问题了。

　　善于观察与利用对方的微妙心理，是帮助自己提出意见并说服别人的要素。一般来说，被说服者之所以感到忧虑，主要是怕"同意"之后，会发生意想不到的后果。如果你能洞悉他们的心理症结，并加以防备，他们还有不答应的理由吗？至于令对方感到不安或忧虑的一些问题，要事先想好解决之道以及说明的方法，一旦对方提出问题，可以马上说明。如果你的准备不够充分，讲话模棱两可，反而会令人感到不安。所以，你应事先预想一个可能引起对方考虑的问题，此外，还应准备充分的资料，给客户提供方便，以方便客户决策。

3. 让对方充分了解说服的内容

　　有时，虽然有可行的计划，但在向对方说明时，对方无法完全了解其内容，他可能马上加以否定。另外还有一种情形是，对方不知我们说什么，却已先采取拒绝的态度，摆出一副不会被说服的模样；或者根本不听我们说什么。如果遇到以上几种情形，一定要耐心地一项项按顺序加以说明。让对方了解我们的真心实意，这是说服这些人先要解决的问题。

深入了解对方才能找到说服的突破口

　　"知己知彼，百战不殆"，我们要说服别人，就要先了解别人，只有了解了别人才能对症下药，找准说服对方的突破口。

　　说服他人是生活中常见的一种现象，需要说服的对象有很多，他可能是你的父母、你的上司、你的顾客、你的朋友、你应聘的主考官等。由于每个人经历不一，性格不一，学识不一，专业不一，与之相对应的心态、兴趣、处世、为人，当然也不一样。因此，要想在最快的时间内寻找到说服别人的最佳突破点，可以深入了解对方找到说服别人的突破口。

1. 了解对方的性格

不同性格的人，接受他人意见的方式和敏感程度是不一样的。是性格急躁的人，还是性格稳重的人；是自负又胸无点墨的人，还是有真才实学又很谦逊的人。了解了对方的性格，就可以按照他的性格特征，有针对性地进行说服。

2. 了解对方的长处

一个人的长处就是他最熟悉、最了解、最易理解的领域。如有人对部队生活比较熟悉，有人对农村生活比较熟悉，有人擅长文艺，有人擅长体育，有人擅长交际，有人擅长计算等。

在说服人的时候，要从对方的长处入手。第一，能和他谈到一起去；第二，在他所擅长的领域里，谈论起来他容易理解，因此容易说服他；第三，能将他的长处作为说服他的一个有利条件，如一个伶牙俐齿、善于交际的人，在分配他做推销工作时可以说："你在这方面比别人具有难得的才能，这是发挥你潜在能力的一个最好机会。"这样谈既有理有据，又能表现领导者对他的信任，还能引起他对新工作的兴趣。

3. 了解对方的兴趣

有人喜欢绘画，有人喜欢音乐，有人喜欢读书，还有人喜欢下棋、养鸟、集邮、书法、写作等，人人都喜欢从事和谈论其最感兴趣的事物。从这里入手，打开他的"话匣子"，再对他进行说服，便较容易达到说服的目的。

4. 了解对方的想法

一个人坚持一种想法，绝不是偶然的，他必定有自己的理由，而且他讲的道理一般都符合他的利益。尽管有时这也许不是他想要坚持的，只是不愿承认，难于启齿罢了。如果说服者能真正了解他的"苦衷"，就能有针对性地加以解决。

5. 了解对方的情绪

一般来说，影响对方情绪的因素有以下三方面。一是谈话前对方因其他事所造成的心绪仍在起作用；二是谈话时对方的注意力还未集中起来；三是对说服者的看法和态度。因此，说服者在开始说服之前，要设法了解他当时的思想动态和情绪，这对说服的成败，是一个至关重要的环节。

凡此种种，我们都要悉心研究，才能够有针对性地采取有效的说服方式。另外，了解对方是有许多学问的。许多人不能说服别人，就是因为他不仔细研究对方，不研究该用怎样的表达方式就急忙下结论，还以为"一眼看穿了别人"。这就像那些粗心的医生，对病人病情不了解就开药方，当然不会有好的效果。

借用双关语意说服他人

"双关语"指在一定的语言环境中，利用词的多义和同音的条件，有意使语句具有双重意义，言在此而意在彼的修辞方式。双关可使语言表达得含蓄、幽默，而且能加深语意，给人以深刻印象。

从前，有个媒婆，她凭一张巧嘴不知使多少青年男女结成了良缘。一次，她遇到了难题。一位姑娘缺了一块嘴唇，一直嫁不出去；一个小伙子没有鼻子，娶不上媳妇。他们虽然容貌各有缺陷，找对象时却都要求对方五官端正。但是，这位巧嘴的媒婆还是把他们说合了。

媒婆对小伙子说："这姑娘没有别的毛病，就是嘴不好！"小伙子想，准是心直口快，爱唠叨，于是说："嘴不好不算大毛病，慢慢她会改嘛！"媒婆对姑娘说："小伙子什么都好，就是眼下缺少点东西。"姑娘听了以为是结婚礼品准备不全，就说："眼下缺少点东西怕啥，我多陪嫁点就是了。"媒婆见双方表示同意，于是叫他们把自己的话写下，以免口说无凭。

在尊奉父母之命、媒妁之言的社会，他们没有见面就定下了自己的婚姻大事。到了新婚之夜，真相大白了，双方都指责媒婆骗人，媒婆却拿出字据说："我怕你们不满意这事儿，都清清楚楚、明明白白地告诉你们啦。（对小伙子）我不是跟你说了姑娘嘴不好吗？（对姑娘）我不是告诉你小伙子眼下缺点东西吗？可是你们都同意了，这不，还立了字据呢！怎么能说是我骗人？"两个人都无话可说了。后来这对青年生活得挺美满。

这位媒婆真是有口才，将一对无情却有缘的人牵到了一起。姑娘"嘴不好"，小伙子"眼下缺少点东西"，是利用多义构成双关：按小伙子的理解，姑娘"嘴不好"准是心直口快，爱唠叨，然而，还可表示"兔唇"；按姑娘的理解，小伙子"眼下缺少点东西"，是结婚礼品准备不全，"眼下"的引申义是目前，指说话这个时候，媒婆却用的是它的字面意思，真的是"眼睛下面"。由于两位青年根据自己憧憬的形象，做了理想的理解，因而产生了这样的效果。

层层剥笋，把道理向对方说明说透

人的思想是复杂的。对某一事物不理解，想不通，往往非一点即通，而需像剥笋一样，把握脉络，层层递进，穷追不舍，把理说透。

1921 年，哈默听说苏联实行新经济政策，鼓励吸收外资，就打算去那儿做买卖。他想，那儿最迫切的是消灭饥荒，得到粮食。当时美国粮食正值大丰收，1 美元可买到 24~35 升大米，农民宁肯把粮食烧掉，也不愿以这样的价格送往市场出售。苏联有的是美国需要的毛皮、白金、绿宝石，如果双方交换，岂不是很好吗？哈默到达莫斯科的第二天早晨，列宁和他做了亲切的交谈。粮食问题谈完以后，列宁希望哈默在苏联投资，经营企业。哈默听了，默默不语。因为西方对苏联实行新经济政策抱有很深的偏见，搞了许多怀有恶意的宣传，使许多人把苏维埃的政策想象成可怕的怪物，将到苏联经商、投资办企业视为"到月球去探险"。俗语说，众口铄金。哈默虽然做了勇敢的"探险"者，同苏联做了一笔粮食交易，但对在苏联投资办企业一事，仍心存疑虑。

明察秋毫的列宁看透了哈默的心事。他讲了实行新经济政策的目的，告诉哈默："新经济政策要求重新发展我们的经济潜能。我们希望建立一种给外国人以工商业承租权的制度来加速经济发展。"

经过一番交谈，哈默弄清了苏维埃政权的性质和苏联吸引外资办企业的平等互利原则，很想大干一番，但是说着说着，又动摇起来。当列宁听出哈默担心苏联政府机关人员办事拖拉时，立即安慰说："官僚主义，这是我们最大的祸害之一。我打算指定一两个人组成特别委员会，全权处理这一事务，他们会向你提供你所需要的帮助。"

列宁看哈默的眼神里还流露着不放心的意思，就索性把话说得一清二楚："我们明白，我们必须确定一些条件，保证承租人有利可图。商人不都是慈善家，除非觉得可以赚钱，不然只有傻瓜才会在苏联投资。"没过多久，哈默就成了第一个在苏联经营租让企业的美国人。

列宁对哈默一连串的不解、疑虑，像剥笋一样逐个加以分析，斩钉截铁、干脆利落、毫不含糊，把政策交代得明明白白，使得哈默心里的一块石头落了地。这就是"层层剥笋法"的奇效。试想，如果列宁只是简单地向哈默做些保证的允诺，效果肯定不会太好。

轻松地掌握说服的策略

说服别人并不是一件容易的事，说服别人需要掌握一些说服的策略。这一小节，我们就为大家介绍两种说服的策略。

在语言的表达中，说服的语言是最有难度的。说服的语言中包含很多策略，只要掌握并运用好这些策略，说服也就不是什么难办的事了。下面，我们就来介绍几种说服的策略。

1. 明责自己，暗劝别人

"明责自己，暗劝别人"是指通过谴责或贬低自己来劝说对方，促其良知醒悟，达到自我改错的目的的一种技巧。其思路是：责备自己——促其觉醒——改正错误。此法最适宜劝说上级、长者以及听不得不同意见的人。

公元前655年，晋献公之子重耳因国内宫廷内乱，被迫逃亡，先后在狄国、齐国、宋国、楚国、秦国避难，长达19年之久，直到公元前636年（周襄王十六年），才在秦穆公的支持和帮助下，得以返回晋国为君。秦穆公派公子絷率兵护送重耳渡黄河回归晋国本土，专门负责照料重耳饮食起居和行李炊具的近臣壶叔忙着收拾行装，把一些坏笾（盛果品的器皿）残豆（豆：古代盛肉或其他食品的器皿），敝席破帷，仍然当作宝贝一件件地搬到船上，就连吃剩下的食物也不肯丢弃。重耳见了不禁说："我今天就要回国当国君了，吃穿都不愁了，还要这些破烂货干什么？都给我扔了吧！"其舅狐偃对重耳这种未得富贵先忘贫困，好了伤疤忘了痛的言行十分反感，他担心重耳当上晋国国君后喜新厌旧，玩物丧志，居安忘危。但因重耳在兴头上，不便直言顶撞，于是审时度势，采用"明责自己，暗劝别人"的方法，旁敲侧击道："公子此番渡过河去，便进入晋国地界，内有诸臣辅佐，外有强秦做后盾，以公子之才能，定能将晋国治理得繁荣昌盛。我伴随公子在外奔波了19年，年岁已老，体力日衰，就像那些余笾残豆，不可再盛，敝席破帷，不可再用。如仍继续留在公子身边，已于事无益，愿留秦邦，以终余生。临别之际，特献上秦穆公馈赠我的白璧一双，留作纪念，聊表寸心。愿公子大展宏图，晋国繁荣昌盛。"

一席出自肺腑的真情实话，立刻引发重耳对流亡异国、寄居篱下、有国难投、有家难回的痛苦回忆。面对着跟随自己多年，一直忠心耿耿的舅父狐偃，他不禁悲从中来，惭愧万分。他双手扶起狐偃，斩钉截铁地说："我回国之后，如若喜新厌旧，沉湎酒色，忘恩负义，不同你们同心同德把国家治好，我就禽兽不如，子孙也不会容我！"说罢，同壶叔、狐偃一起，将已弃之物一一拾回。

此法的核心是启其醒悟，使其良知发现，自觉改正错误，切忌尖锐批评与讲空道理。运用此法时，要牢牢掌握"责"与"劝"的内在联系。"责"的时机必须恰当，责的内容必须与劝的内容紧密相关。"责"的时机不好，对方听不进去，不仅收不到好的效果，甚至还可能引起反感；责的内容与劝的内容无关，则起不到启发的作用，也会令对方厌烦。只有审时度势，因人因事制宜，才能快速有效地启发对方的良知，使其幡然悔悟，痛改错误。狐偃的劝说，是完全符合上述思路的。首先，他顺着重耳即将回国执政的兴头，祝愿他国运昌盛，以迎合重耳踌躇满志的心理，取得共识，令他听着高兴，这叫作审时度势。然后巧妙地贬低自己，谴责自己在国家形势大好的情况下，"年岁已老，体力日衰，就像那些余筐残豆，不可再盛，敝席破帷，不可再用"，只好恳求退休，以免拖累对方。暗含重耳即将结束流亡生活，过上好日子了，对艰苦奋斗、勤俭度日的精神也可能丢弃的批评，正话反说，令对方醒悟，这叫作责的内容与劝的内容紧密相关。最后，献上白璧一双，情理交融，表示一片忠心和诚意。这样，终于达到了启发对方认识错误、心悦诚服地接受劝说的目的。

2. 欲抑故扬，营造氛围

在现实工作和生活中，总有一些人感到心态不平衡，遇到不如意的事，爱发一点牢骚。要说服这一类常发牢骚如同穿衣吃饭的人，直言批评往往起不到预期的效果，运用一种"欲抑故扬，营造氛围"的说服技巧却能奏效。其思路是欲贬抑对方不妨先褒扬之，通过"故扬"，肯定其积极方面，缓解其不良情绪，为对方接受批评意见营造一个心平气和的氛围。然后再话锋一转，化"扬"为"抑"，只要说得合情合理，就能够使对方心悦诚服地放弃偏激之见。

青年工人赵平因为企业上调工资，而他却没有在上调的名单之列，气势汹汹地闯进厂长办公室，对着周厂长大声嚷道："这次调工资为什么没有我？和我一同进厂的王林、郑军都涨了工资，他们谁也不比我强多少，为什么单单把我落下了，这不是欺负人吗？"周厂长听了一声不吭，待他稍微冷静下来，便说："小赵啊，你说得不错，你和王林、郑军一同进厂，你确实做到了按时上下班，从未迟到早退，更未旷工，干活也确实认真负责，为企业创造了一定的效益，这些方面还希望你继续坚持发扬。但是，你知道这次调工资为什么没调你吗？一方面，人家王林和郑军不仅工作努力，而且还爱厂如家，在节约原料、设备养护方面比你做得好一些；另一方面，他们二人的上进心都很强，王林坚持业余自学，已经拿到了函授大学本科文凭，而郑军已通过考核获得技师资格证，听说他正在加紧练习，准备将来考高级技师呢！因为他们有一种紧迫感，明白现代企业的工人应该与时俱进，才不会落伍的道理。他们二位同志的表现，得到了大家的肯定，这次调工资，厂里的领导对于每位够资格上调工资的人都有着详细的了解，对于他们二位都投赞成票。其实，你刚才反映的事，厂里研究过，大家一致认为在你和他们二位之间还存在着一段差距，就说业余时间吧，你都在干什么呢？"赵平说："和朋友出去玩玩牌，吃吃饭，年轻人玩玩有什么不行？"周厂长语重心长地说："我不反对青年工人玩，但是要玩得正当、玩得有意义。你那天晚上一下子把一个月的工资输光，而且还进了公安局，公安局只是认为你是初犯，没有处理你。这次之所以没升你的工资，也是想让你从中吸取教训。"赵平没词了，低下头沉思着。周厂长拍拍他的肩膀，说："你呀！好好向王林、郑军他们学习，来年的奖励升级我可等着你啦！"赵平听了，心悦诚服，点头称是。

当面对一些情绪冲动的人的质问和无理取闹的时候，首先要做的是用缓和的语气使对方情绪冷静下来，再顺着对方的脾气对其大加赞扬一番，当时机成熟时再一语击破，使对方心服口服地接受现实。

在这里，周厂长面对因未涨工资而发牢骚的赵平，先耐心倾听他的意见，知道赵平主要是与一同进厂而涨了工资的王林、郑军攀比时，他心中就有了底。于是，他在说服赵平时，先夸赞赵平与王林、郑军一样，出勤状况好，工作认真负责，为企业做出了贡献，并勉励他要继续发扬这些优点。这使赵平感到领导并没把自己看扁了，不满的情绪得到了一定程度的释放。然后，周厂长话锋一转，实事求是地指出赵平与王林、郑军之间的差距，并用小赵业余时间参与赌博的缺点，让小赵认识到自己的不足之处。最后，周厂长再教育他要见贤思齐，并以希望激励之，使小真的服了。

由此可见，运用"欲抑故扬，营造氛围"的说服技巧，要注意以下几点：

第一，言辞委婉，减压缓冲。

这种说服技巧的要点是以委婉的说辞柔化批评的锋芒，建立一个心理上的"缓冲带"，为心情郁闷的对方减轻压力，有助于对方调整心态，接受批评意见。

第二，辩证剖析，一分为二。

运用这种方法要善于对人对事进行辩证剖析，采用一分为二的方法，明辨是非，分清正误，帮助对方正确认识自己，正确对待别人。对己，不仅看到所长，更要看到所短；对人，不仅要看到所短，更要看到所长，只有这样，才能帮助对方打开心结。

第三，设身处地，为人着想。

运用这种说服技巧，还有一点很重要，那就是设身处地为对方着想，既有实事求是的批评帮助，又有满腔热忱的激励关心，以理服人，以情动人，这样才能收到很好的说服效果。

第四，投其所好，顺其所爱。

投其所好，既是一种说服技巧，又是一种劝导他人的思路。也就是说，根据被说服一方的性格特征、兴趣爱好、文化修养、人生经历，选择他爱听的话或事例，并顺着他的感情倾向、审美意识、道德标准、价值取向加以引导与启发，使之对劝说一方产生"无话不可对君谈"的亲切感、信任感，从而心悦诚服地改变初衷，接受对方的观点，按照对方的观点去行动。

言语要有针对性

拥有一句话抓住对方的本领，能够迅速形成融洽、热烈的交谈局面，让双方谈得很投机，很倾心，从而顺利地达到沟通、交流的目的。

一语勾心指的是与人交谈，一句话就抓住了对方，让对方愿听乐意说。拥有这种本领的人办起事来一般都是比较顺利的。因为这样能够迅速形成融洽、热烈的交谈局面，让双方谈得很投机，很倾心，从而顺利地达到沟通、交流的目的。

一个人每天的生活大概有80%的事情就是同人沟通，所以一语勾心能够带给你方便、快捷和幸福。要想做到一语勾心就需要良好的综合素质和较高的洞察力，能够准确地洞悉人际关系并随机应变。总之，说话是一门艺术而非一日之功，是需要人们长期地积累和锻炼的。

1. 针对对方选择话题

每个人都希望有人关心自己，如果你针对对方选择话题，对方就会倍感兴趣。比如你与同事交谈，别过分以"我"为中心。话题跳不开一个"我"字，对方至多出于礼貌应付几句。如果你谈谈对方职称评定情况、孩子的升学情况、爱人的就业情况，对方一定会有一肚子话被你勾起。再比如你同恋人初约黄昏后，你就对方的工作、兴趣等展开话题，对方就会敞开心扉，打开话匣子，兴致勃勃地与你聊起来。

当你针对对方选择对了话题的时候，你的交谈才能打动对方的心灵，并且为其所接受。为此，你要多了解对方，多读点心理学，做到一语中的。

2. 尽量表现你的真诚

真诚总是能够打动人心的，当你把自己的真心捧在手心，别人便会推心置腹地与你畅谈。比如与异性交谈，双方存在性别差异，矜持和自重之心很难让人敞开心扉，尤其是女性。可是，谁也拒绝不了真诚之心。真诚代表着一颗冰清玉洁的纯净之心，让人禁不住心荡神驰。

当你付出真诚之心时，别人是完全可以体会、感受到的。人类就是具有这样的天赋。但你可以表现真诚，让你的真诚更加淋漓尽致，更具有表现力。比如你的表情、眼神、语气、话语本身，都可用以表现真诚。就是说，你不要让真诚自然显露，而要善于表现真诚。

3. 将"一语"设计为"凤头"

写文章有凤头、猪肚、豹尾之说，有一个好的开头，确实更加吸引人。说话也是如此，开一个漂亮的、独特的"开头"，才能把对方的心"勾"住。你可以设置一个悬念，让你的话形成一种神秘性，比如你讲一个故事，或打个比方。

二战时期，英国外汇枯竭，无力从美国购买物资。美国总统罗斯福起草了《租借法》，拟通过租借的方式给英国提供物资，但一些美国人只看到眼前利益，并不能理解《租借法》。为了说服他们，罗斯福说："假如我的邻居失火了，我有一截浇花园的水龙带，要是邻居拿去水龙带，就可以把水灭掉，就可以阻止火势蔓延到我家。这时候我总不能对他说：'朋友，这管子值15元，你得付钱。'这时候邻居刚好没有钱，我看就不能死要15元钱。"罗斯福用一个形象而贴切的比方，说服了他的人民。

4.使用一些具有"勾力"的语言

有"勾力"的话都是根据具体情境临时组织的，但确有一些语言本身就更具有"勾力"。比如尊称（尊称人的职位、辈分等）、招呼语（您好、早上好）、欣赏赞美语（你真行、你真漂亮、做得好啊）、感谢语（谢谢你的帮助、您是我的老师）、惊叹语（真想不到啊、竟是这样啊）等。这些语言都具有一定的"勾力"。当然对象不同，又具有不同的"勾语"，如恋爱着的人，赞美和肯定的话语更具有"勾力"；对上司，尊重的话语更具有"勾力"；对同事，关于工作和福利的话语更具有"勾力"。

婉言相劝，妙语激将

俗话说："良言一句三冬暖，恶语伤人六月寒。"在日常交际当中，一般说来，直言快语可以体现一个人的直率和真诚，但有时效果并不见佳，轻者会损害人际关系的和谐，重者会给自己造成很大的麻烦，"祸从口出"便是由此而来。

有的时候，我们需要委婉地表达，或直话曲说，或巧用譬喻，通过曲折含蓄的语言，把自己的意见、思想暗示给对方，旁敲侧击，实话"巧"说。这样，曲径也能通幽，让"良药"不再苦口，"忠言"也能顺耳，以达到劝告对方的目的。

传说郑板桥早年家贫，一年除夕赊了一只猪头，刚下锅，又被屠户要回去转手卖了高价。为此他一直记恨在心。直到后来到山东范县做官，还特别规定杀猪的不准卖猪头，自己吃也要交税，以示对屠户的惩罚。郑板桥夫人听说此事，感到不妥。一天她捉到一只老鼠，吊在房里。夜里老鼠不住地挣扎，郑板桥一宿没睡好觉。郑板桥埋怨夫人，夫人说她小时候好不容易做了件新衣裳，被老鼠啃坏了。郑板桥听后笑了："兴化的老鼠啃坏了你的衣裳，又不是山东的，你恨它是何道理？"夫人说："你不是也恨范县杀猪的吗？"郑板桥恍然大悟，随即吟诗一首：

贤内忠言实难求，

板桥做事理不周。

屠夫势利虽可恶，

为官不应记私仇。

郑板桥的夫人运用类比的方法，巧用譬喻，旁敲侧击，委婉劝说，让丈夫领悟到话里蕴涵着的言外之意，从而促使丈夫醒悟过来，明白了自己的错误。

除了婉言相劝，有时不妨走另一个极端"激"他一下。

人们常常说："树怕剥皮，人怕激气。"其中的"激"就是指激动，心有所感而表露于外者，不管是言语的挑拨或事情的刺激。孟子说过："一怒而天下定。"这怒因刺激而起，勇气也从胆中生，许多事业的成功就靠一怒而成，也有无数坏事起于一怒之差。

唐天祐年间，叛臣朱全忠用计诱骗五路兵马谋反驻守太原的唐晋王李克用。叛军中一员猛将名叫高思继，他相当勇猛，而且善用飞刀，后来被晋王李克用的十三太保李存孝生擒。本意留他在帐前听用，可高思继却执意要回山东老家过田园生活，改恶从善。后来李存孝被奸臣康立君、李存倍所害，朱全忠闻李存孝已死，又发兵来犯，其帐前王彦章不仅勇猛盖世，且智谋过人。晋王将士皆哑然相对，无人请战，晋王见状，痛哭一场。李嗣源说道："昔日降将高思继闲居山东郓州，何不请他迎敌？"晋王听后大喜，立即命李嗣源去山东求将。

李嗣源到了山东后，找到了高思继。提起前事，高思继说道："自勇南公李存孝饶了我性命，回到老家，与世无争，今已数年，早把兵家征战之事置之身外。今日相见，别谈这些。"李嗣源见高思继已无出山之意，心想，自古道：文官言之，武将激之。对高将军好言相求，难以收效，必须巧用激将之法，激其就范。于是，他编出一通谎言，说道："天下王位，各镇诸侯，皆闻将军之名，如雷贯耳，称羡不已。我与王彦章交战被他赶下阵来，我对王彦章说：'今来赶我，不足为奇，你如是好汉，且暂时停战，我知道山东浑铁枪白马高思继，盖世英杰，有万夫莫当之勇。待我请来，与你对敌。'王彦章见我阵营前夸耀将军，愤然大叫：'就此停战，待你去请他来，不来便罢，若到我宝鸡山来，看我不把他剁成肉酱！'"高思继听此一说，不由得心头火起，口中生烟，大叫家丁："快备马来，待我去生擒此贼！"于是就披挂上马，跟随李嗣源往宝鸡飞驰而去。

高思继和李嗣源快马加鞭，日夜兼程，赶到唐营，不仅唐晋王见了高思继喜出望外，就连三军的将士也是精神抖擞。第二天，王彦章又来挑战，唐晋王命高思继出马迎战，高思继与王彦章厮杀起来，连斗 300 回合，难分胜负，直战到天黑。双方见天色已晚，才鸣金收军。但这却是唐营军民出师以来的第一次战了个平手，军威大振，信心大增，等待来日再战。

高思继本来已经没有再出山的念头，决定弃武从耕，安度田园生活。李家虽然对他有无限的恩情，但正面动员他出山，重返军旅时，他却以"与世无争"拒绝了。然而，当李嗣源借用谎言激他时，他却毅然披挂上马，重返战场，一斗就是 300 回合。可见，激将法在求人办事的过程中是一个多么重要的手段。

有一个橡胶厂进口了一套价值 200 万元的现代化胶鞋生产设备，由于原料与技术力量不够，搁置了 4 年也无法使用。

后来，新任的李厂长决定将这套生产设备转卖给另一家橡胶厂的王厂长。

正式谈判前，李厂长了解到两个重要情况：

一是该厂经济实力雄厚，但基本上都投入了再生产，要马上挪 200 万元添置设备，困难很大。

二是该厂厂长年轻好胜，几乎在任何情况下都不甘示弱，甚至经常以拿破仑自诩。

李厂长对对方的情况有所了解后，决定亲自与王厂长谈判。

李厂长："昨天在贵厂转了一整天，详细了解了贵厂的生产情况。你们的管理水平确实令人信服。你年轻有为，能力非凡，真让我钦佩。"

王厂长："哪里哪里，老兄过奖了！我年轻无知，恳切希望得到老兄的指教！"

李厂长："我向来不会奉承人，实事求是嘛。贵厂今天办得好，我就说好；明天办得不好，我就会说不好。"

王厂长："老兄对我厂的设备印象如何？不是说打算把你们进口的那套现代化胶鞋生产设备卖给我们吗？"

李厂长："贵厂现有生产设备，在国内看是可以的，至少三五年内不会有什么大的问题。关于转卖设备之事，只是有两个疑问：第一不知贵厂是否有经济实力购买这样的设备；第二，既使有能力购买，贵厂也未必有能力招聘到管理、操作这套设备的技术力量。"

王厂长听到这些后，不免有些不快，觉得对方轻视了自己的实力。于是，他用炫耀的口气向李厂长介绍了本厂的经济实力和技术力量，表明本厂有能力购进并操作管理这套价值 200 万元的设备。经过一番周旋，李厂长巧妙地将闲置了 4 年的设备转卖给了王厂长。

李厂长就是利用王厂长自尊心的积极的一面，从相反的角度激起其"不服气"的情绪，使其产生一种奋发进取的"内驱力"，将自己的潜能充分发挥出来。从而巧妙地达到自己的目的。

现在，有许多人都是在为面子而打拼。在大多数情况下，很多人信奉"不蒸馒头蒸（争）口气"的道理，到了一些场合，宁愿咬牙出血，拿出平日里根本没有的慷慨。利用人们爱面子的心理，施以激将法，就可以顺利地达到自己的目的。

在生活当中，往往有些人非常自负，你用正常的方法，他会懒得理你，这时不妨采用一下激将法。

但对于那种性情急躁、老奸巨猾的人，最好是不要用，就算用了也不一定会有效。像曹操这类人千万勿以此计去激他。善疑的人，绝无可相信之人，可能会弄巧成拙。即使不能全盘把握，也要有个大略评估，这是决定激将成败的关键。面对那些明白事理，却因为偶尔的犯错或突然受挫以致暂时迷失方向、产生自卑感或自暴自弃的人，使用激将也可以产生意想不到的效果。

什么是激将法呢？激将法就是在一定的条件和环境下，当有些人的自尊心由于遭受挫折、犯了错误而缺乏信心时，为了使之接受上司的意图或意见，而用语言故意贬低他、刺激他，从而激发起他强烈的自尊心的方法。

常言说："请将不如激将。"在人才的运用中，如能够使用巧言激将法，将会收到意想不到的效果。

在运用激将法时一定要注意区分对象，根据性格特征因人施法，犹如对症下药，方能于病有益，否则，只会白费唇舌、枉费心机。运用激将法还要看准时机。如果出言过早，时机不熟，就很容易使人泄气；如果出言过迟，又成了"马后炮"。除注意把握时机外，还要注意分寸，运用激将法，不痛不痒的语言犹如隔靴搔痒；但言语过于尖刻，也会使人反感。因而，语言激将要灵活运用。这里介绍几种用法：

直激法。就是面对面直截了当地来刺激对方，羞辱他、激怒他，把他的自尊心激发起来。

有一个纺织厂改革用人制度时，对中层干部实行毛遂自荐。能力技术俱佳的技术员小王众望所归。然而，不知何故小王迟疑难决。在厂领导的暗示下，一位老工人找到他，言辞激烈："小王，你不也是一位大学毕业的高才生吗？大家都对你寄予厚望，没想到你这么没出息，连个车间主任的位子都不敢接，真是窝囊废！"

"我是窝囊废？"小王腾地站起来，说，"我的大学白上了，连个车间主任也当不了吗？"说完就激情满怀地走进厂领导的办公室。

暗激法。有意识地褒扬第三者，暗中贬低对方，运用人们争强好胜的心，激起他压倒别人、超过别人的强烈愿望。

东汉末年，诸葛亮为了抗曹来到江东，他深知孙权骄傲自负的性格。诸葛亮故意说曹军有一百万，其实曹兵有150万，兵多势大，所向披靡。孙权对曹军人数表示怀疑。诸葛亮说："我只讲一百万，怕吓坏你们江东的人呀。"孙权中计，忙问："那我是战，还是不战？"诸葛亮乘机说："如果东吴人力、物力能与曹操对抗，那就战；如自觉不敌，那就投降！"孙权不服，反问道："依你之言，刘豫州缘何不降呢？"此话正在诸葛亮预料之中，于是进一步激他说："田横乃齐国一壮士，尚能坚守气节，何况刘豫州乃皇室之后，盖世英才，众望所归如百川入海，岂能屈膝投降、屈于他人旗下呢？"孙权被激得勃然大怒，发誓要与曹军决一死战。

在这个故事中，诸葛亮旁敲侧击，刺中对方不甘落后于他人的自尊心，使他萌发一种非要超过第三者，以胜利者的姿态昂然屹立的念头。

导激法。面对不同的被激对象，有时简单的否定、贬低收效甚微，还需要"激中有导"，用明确的或引导性的语言，把对方的热情激发起来。

某学校有一个差生黄刚总是喜欢与人打架。一次，他打了一位同学还自诩为英雄。老师批评他说："打架算什么英雄，学习超过他，那才是真正的英雄。"那个学生从此发愤学习，在后来的期末考试中果然取得了可喜成绩。

作为一个公司老板，倘若在言谈中使下属心服口服，必然能在日常工作中达到彼此融和，上下一心，产生良好的效益。

以言谈俘虏对方靠的是聪明才智和日常生活经验的积累。主要方法有以下两个：一个方法是强调责任，每个人都希望获得他人的依赖和尊敬，当你抓住这一点而强调其能力时，就能够轻易"俘虏"他。即使明知是奉承话，他也乐于接受。自我感觉越好的人，越有这种倾向。

有一个聪明的老板想派他的一名下属去边远的地方主持业务。他是这样说的：

"那里的业务已乱如一团麻，整个企业都已受到影响，如不及时整顿，必将一败到底。因而我首先考虑到了你，相信只有你才能力挽狂澜，起死回生，使那里的业务蒸蒸日上。"

这位职员被派驻边远地区，心中原本不悦，但听到领导如此信任自己，赋以如此重任，顿时有一股激情自心中腾起，没有理由不去好好干一番。

另一个方法是笼络感情。当你提出的问题对对方不利时，或者会让对方难过时，你最好的办法就是笼络其感情。在开始谈话之前，尽量抢先占领对方的感情空间。譬如在谈正题前可以这样说："当然，我明知你会不满意，还是要说……""可能你听了会不愉快……"如果你会学类似上面的话，那么对方就能消除大半的不快，对你的怨言也会烟消云散，这样，就把对方牢牢地笼络在你的麾下。

第十六章

懂点说话技巧，少一些生活磕绊

倾听对于别人来说就是赞美

倾听不仅是一种对别人的礼貌与尊重，也是对讲话者的高度赞美。每个人都希望获得别人的尊重，受到别人的重视。当我们专心致志地听对方讲，努力地听，甚至是全神贯注地听时，对方一定会有一种被尊重和重视的感觉，双方之间的距离必然会被拉近。所以，懂得倾听可能会直接决定你要办的这件事能否成功。

经朋友介绍，重型汽车推销员乔治去拜访一位曾经买过他们公司汽车的商人。见面时，乔治照例先递上自己的名片："您好，我是重型汽车公司的推销员，我叫……"

才说了不到几个字，该顾客就以十分严厉的口气打断了乔治的话，并开始抱怨当初买车时的种种不快，例如，服务态度不好、报价不实、内装及配备不对、交接车的时间等待得过长……

顾客在喋喋不休地数落着乔治的公司及当初提供汽车的推销员，乔治只好静静地站在一旁，认真地听着，一句话也不敢说。

终于，那位顾客把以前所有的怨气都一股脑地发泄了。当他稍微喘息了一下时，方才发现，眼前的这个推销员好像很陌生。于是，他便有点不好意思地对乔治说："小伙子，你贵姓呀，现在有没有一些好一点的车种，拿一份目录来给我看看，给我介绍介绍吧。"

当乔治离开时，已经兴奋得几乎跳起来，因为他的手上拿着两台重型汽车的订单。

从乔治拿出产品目录到那位顾客决定购买，整个过程中，乔治说的话加起来都不超过 10 句。重型汽车交易拍板的关键，由那位顾客道出来了，他说："我是看到你非常实在、有诚意又很尊重我，所以我才向你买车的。"

只是几分钟的倾听，就做成了一笔业务，这就是倾听的魅力。

玫琳凯·艾施在《玫琳凯谈人的管理》一书中，就曾对倾听的影响做了如此说明："我认为不能听取别人的意见，是自己最大的疏忽。"

玫琳凯经营的企业能够迅速发展成为拥有 20 万名美容顾问的化妆品公司，其成功秘诀之一就是她相当重视每个人的价值，而且很清楚地了解员工真正需要的除了金钱、地位外，还有一位能真正"倾听"他们意见的知心人。因此，她严格要求自己，并且让所有的下属铭记这条金科玉律：倾听，是最优先的事，绝对不可轻视倾听的能力。

所以，当你说话办事时，不要一味地只顾着表达自己的想法和观点，留一点时间给别人，沉静下来听别人说一会儿话，你的倾听会给你带来更多的收获。

远离无谓的争论，有效深入人心

世上只有一种方法能从辩论中得到最大的利益，那就是停止辩论。你永远不能从辩论中取得胜利。如果你辩论失败，那你当然失败了；如果你得胜了，你还是失败的。这是因为，就算你将他驳得一无是处又怎样？你觉得很好，但他怎么认为？你使他觉得脆弱无援，你伤了他的自尊，他不会心悦诚服地承认你的胜利。所以我们说所有的争论都是无谓的，一个会说话的人应该远离争论。

多年前有一位叫杰克的爱尔兰人，他因为喜欢和别人辩论，经常和顾客发生冲突，所以很难将他的载重汽车推销出去。但后来他成了纽约怀特汽车公司的一位推销明星。这其中发生了什么故事呢？

下面是他自己叙述这非凡转变的经过："假如现在我去向客户推销汽车，如果他说：'什么？你们的汽车？你白送给我，我都不要，我要买某牌的车。'我便告诉他，某牌是一种好车，如果你买那种牌子的，你也不会错的。那个牌子为一家可靠公司所制造，推销员也很优秀。于是他没有话说了。如果他说某牌最好，我同意他的说法，他不可能整个下午继续说某牌最好了。然后我们离开某牌的题目，我开始讲自己的车的优点。"

充满智慧的富兰克林常说："如果你辩论争强，你或许有时会获得胜利；但这种胜利是得不偿失的，因为你永远无法博得对方的好感。"

因此，你需要好好考虑一下，你想要什么，只图一时口才表演式的胜利，还是一个人的长期好感？

美国总统威尔逊执政时的财政部长威廉·麦肯锡，他将多年政治生涯获得的经验，归结为一句话："靠辩论不可能使无知的人服气。"

恨不能止恨，爱却能止恨。问题永远不能靠争论来解决，需要的是智慧、方法、宽容和理解。

委婉地表达自己的意思更易被人接受

委婉是指在讲话时不直陈本意，而用委婉之词加以烘托或暗示，让人思而得之，而且越揣摩，含义越深远，因而也就越具有吸引力和感染力。委婉含蓄是说话的艺术，它体现了说话者驾驭语言的技巧。生活中有许多事情是"只可意会，不必言传"的，如果说话者不考虑当时的情境不顾及别人的感受，把想说的话直接地表达出来，不仅起不到应有的作用，还会引起对方的不悦，破坏相互之间的和谐关系。而委婉地表达自己的意思，即使是批评，别人也会很容易接受。

传说汉武帝晚年时很希望自己长生不老，一天，他对侍臣说："相书上说，一个人鼻子下面的'人中'越长，命就越长；'人中'长一寸，能活百岁，不知是真是假？"侍臣东方朔听了这话后，知道皇上又在做长生不老梦了，不觉哈哈大笑。皇上见东方朔似有讥讽之意，面露不悦之色，喝道："你怎么敢笑话我！"东方朔脱下帽子，恭恭敬敬地回答："我怎么敢笑话皇上呢，我是在笑彭祖的脸太难看了。"汉武帝问："你为什么笑彭祖呢？"东方朔说："据说彭祖活了800岁，如要真像皇上刚才说的，'人中'就有八寸长，那么，他的脸不是有丈把长吗？"汉武帝听了，也哈哈大笑。这种委婉含蓄的批评，汉武帝却愉快地接受了。

现代文学大师钱钟书先生，是个自甘寂寞的人。居家耕读，闭门谢客，最怕被人宣传，尤其不愿在报刊、电视中扬名露面。他的《围城》再版以后，又拍成了电视剧，在国内外引起轰动。不少新闻机构的记者，都想约见采访他，均被钱老执意谢绝了。一天，一位英国女士，好不容易打通了他家的电话，恳请让她登门拜见钱老。钱老一再婉言谢绝都没有效果，他就对英国女士说："假如你看了《围城》，像吃了一只鸡蛋，觉得不错，何必要认识那个下蛋的母鸡呢？"那位女士终于被说服了。

从上面的事例我们可以看出，委婉含蓄主要具有以下三个方面的作用：

第一，人们有时表露某种心事，提出某种要求时，常有种羞怯、为难心理，而委婉含蓄的表达则能淡化这种羞怯。

第二，每个人都有自尊心。在人际交往中，对对方自尊心的维护或伤害，常常是影响人际关系好坏的直接原因；而有些表达，如拒绝对方的要求，表达不同于对方的意见，批评对方等，又极容易伤害对方的自尊。这时，委婉含蓄的表达常能达到既完成表达任务，又不伤害对方自尊的目的。

第三，有时在某种情境中，例如，碍于第三者在场，有些话就不便说，这时就可用委婉含蓄的表达。

但是，使用这种表达方式时也要注意，委婉含蓄不等于晦涩难懂，它的表述技巧首先是建立在共同语境中对方能够明白的前提下，否则你的表达是没有意义的。另外，委婉含蓄并不适合任何场合，需要直白的时候就不要委婉含蓄，否则反而会引起别人的反感。

开玩笑时不要信口开河

不难发现，生活中那些会开玩笑的人特别受欢迎。他们凭借一个得体的玩笑，不仅给他人带来了欢乐，而且能迅速获得别人的好感。但是，开玩笑也要有分寸，并不是所有的场合都适合开玩笑，并不是所有的话题都可以用来开玩笑，如果把握不好开玩笑的"度"，不仅会得罪人，甚至会酿成悲剧。

莉莉是一家公司的外勤人员，是个聪明伶俐的女孩。她脑子快，言辞犀利，还有丰富的幽默细胞，无论到哪儿都是颗"开心果"。但如此可爱的莉莉小姐，却得不到老板的青睐。原来，她不仅跟同事开玩笑，还会和平易近人的老板开玩笑，而且没注意开玩笑的分寸。

一次，莉莉带着刚刚谈好的客户和协议来找老板签字。看到老板龙飞凤舞的签名，客户连连夸奖说："您的签名可真气派！"莉莉听了却调皮地说："能不气派吗？我们老板可是暗地里练了三个月了！况且这是他写得最多的文字。"此言一出，老板和客户都陷入了尴尬。

开玩笑也要分对象，如果双方都是同事，莉莉的话也许并不会引起反感，但是在客户面前开老板的玩笑却是大忌，这会让老板觉得很没面子，客户也不知道该怎样继续下去，这就是莉莉为什么得不到重用的原因。

开玩笑时，务必要考虑这个玩笑带来的后果，绝不要信口开河，随意开玩笑。不然，发生意外时，只会让我们后悔莫及。

大大方方，说话不要羞怯

一说话就脸红，一笑就捂嘴，一出门就低头，这是许多天性羞怯者的共同表现。虽然屡下决心，却总是不能够大见成效，怎么办呢？

想象自己是完美的化身。面对大客户或提案，先静坐，心中默想曾有过的愉悦感受，比如曾经聆听的悠扬乐章，越具体效果越好。以拥有者的态度走入每间屋子，昂首阔步，抬头挺胸，仿佛一切都在你的掌握之中。

大胆表现自我，把自信心视为肌肉，需要定时持之以恒地锻炼，如果稍有懈怠，它很快会松弛。改善外表，换一套新洗过的衣服，去理发店吹个发型，这些办法会使你觉得焕然一新，增强自信。

进行想象练习。想象你正处在你最感到羞怯的场合，然后设想你该如何应付。这样在脑海里把你害怕的场合先练习一下，有助于临场表现。

逐渐接近目标，可以减少你的焦虑。掌握害怕的根源和知道害怕时会有的生理反应，如冒冷汗或呼吸急促，当它们出现时你就可以通过一些放松的小技巧来克服它。说话时语气要坚定。没有自信的人都有说话过于急促、细声细气的毛病。说话的诀窍在于音量适中、语调平稳，速度不缓不急，此举显示你对说话的内容信心十足，利用呼吸换气时断句，内容则显得流畅有条理，切忌以疑问句作为结束陈述事实的语句，以免影响语气的坚定。

专心倾听别人的讲话。在轮到你讲话之前，先专心听别人怎么讲。一来可以分心，不再一心只顾着紧张；二来当你讲话时，别人也会专心听你的。

多找一些你不认识的人谈话，例如在排队买东西时，多与人攀谈，这可以增加你的胆量和技巧，又不至于在人前出丑。

要避免不利的字眼，与其对自己说"我感到很紧张"，不如说"我感到很兴奋"。

确信一个事实：其实在别人的心目中，你并不像你想象的那样害羞。设法避免紧张时的动作，例如你演讲时手会发抖，就把讲演稿放在讲台上。

事情做好了，不忘自己庆祝一番，这样有助于增进你的自信。

平常不要拘泥，要多参加活动，多与人接触，这对克服羞怯心理很有帮助。

把抱怨收起来，认真做事才不会吃亏

在工作中，你给上司的印象应该是踏实的、低调的、不争功倨傲的，如果你给上司的印象恰好与此相反，你张扬、浮躁、总是不停地抱怨……这对你来说不会有任何好处。所以，为了你的前途，你还是把抱怨收起来，认真踏实地做好自己的事吧。

有一位在网络公司做美编的年轻人讲述了自己的一段亲身经历。

半年过去了，我的薪水依然没有提高。于是，我开始在上司面前隐约地提到这个问题，上司一直装傻。我有点急了，那天办公室就我和上司两个人，我故意抱怨，这个月的房租又涨了，饭票也涨了……言外之意，我的工资什么时候涨呀？

上司笑着说："别抱怨了，好好工作吧！大家的工资都是一样的！"

"是吗？真的一样吗？"我生气地脱口而出。怎么可能一样呢？我好像比同事少了好几百块呢！至于上司的工资，更不知道比我多多少倍呢！接下来，我把长久以来积聚的怨气都宣泄出来了："大家做的工作都是一样的，凭什么拿的工资不一样呢？要说工作经验，我也已经在这里工作半年了，什么经验没有呀？"

上司看了我半天，就像看一只怪物。当时我觉得自己理由充分，所以一点也不心虚。但是我错了！

第二天，办公室里的同事相继对我说："我们刚来的时候比你的工资还少呢，到现在才一点点提升上去。"我心里一惊，肯定是上司找我的同事谈话了！

我跑进上司的办公室，直接对上司说："你对我有什么意见可以直接问我，不要让同事来告诉我，我觉得你这种做法未免太卑鄙了！"

上司瞪了我一眼，说："没有哪个老板会喜欢一个总是抱怨的员工，如果觉得我这里的待遇不平等你完全可以另谋高就。"

我无话可说了，到这时我才知道自己错了，向上司抱怨是我不该做的，而和上司说这些偏激的话，更不是我该做的！

工作中对上司说抱怨的话，是最愚蠢的做法。即使你对上司有什么意见，也应该采取一种比较委婉的说法，而不是用偏激的话说出来，毕竟对方是你的上司，你应该对他有基本的尊重，也要注意维护他的面子。否则，吃亏的只能是你自己。

首次见面，自我介绍要别出心裁

在向陌生人做自我介绍时，首先要做的就是自报姓名，但许多人在这方面却做得不太好，在介绍时只是简单地报出自己的姓名："我姓×，叫××。"自以为介绍已经完成，然而这样的介绍肯定算不上有技巧，也许过了三五分钟，别人已经把他的姓名忘得一干二净了，无法给别人留下深刻的第一印象。

一个人的姓名，往往存有丰富的文化积淀，或折射凝重的史实，或反映时代的乐章，或寄寓双亲对子女的殷切厚望。因此，自我介绍时在个人名字上做文章能令人对你印象深刻，有时也会令人动情。

1. 利用名人式

在新生见面会上，代玉自我介绍时说："大家都很熟悉《红楼梦》里多愁善感的林黛玉吧，那么就请记住我，我叫代玉。"

再如王琳霞："我叫王琳霞，和世界冠军王军霞只差一个字，所以，每次王军霞获得世界冠军时，我也十分激动。"

利用和名人的名字相近的方式来介绍自己的名字，关键是选的名人应是大家都知道的，否则收不到效果。

2. 自嘲式

如刘美丽介绍自己时说："不知道父母为何给我取美丽这个名字。我没有标准的身高，也没有苗条的身材，更没有漂亮的脸蛋，这大概是父母希望我虽然外表不美丽，但不要放弃对一切美丽事物的追求吧。"

3. 自夸式

如李小华："我叫李小华，木子李，大小的小，中华的华。都是几个简单的字，就如我本人，简简单单、快快乐乐。但简单不等于没有追求，相反，我是一个有理想并执着追求的人，在追求的路上我快乐地生活着。"

4. 联想式

如一个同学叫萧信飞，他便这样做自我介绍："我姓萧，叫萧信飞。萧何的萧，韩信的信，岳飞的飞。"绝大多数人对"萧何月下追韩信"的典故和南宋名将岳飞都是熟悉的，这样一来，大家对他的名字当然就印象深刻了。

5. 姓名来源式

如陈子健："我还未出生，名字就早在我父亲的心中了。因为他很喜欢这样一句古语'天行健，君子以自强不息'，于是毫不犹豫地给我取了这个名字，同时希望我像君子一样自强不息。"

6. 望文生义式

与其他方法相比，望文生义式有更大的自由地发挥余地，例如下面这几例：

夏琼——夏天的海南，风光无限。

杨帆——一帆风顺，扬帆远航。

皓波——银色的月光照在水波上。

秀惠——秀外慧中，并非虚有其表。

7. 释词式

即从姓名本身进行解释。如朱红："朱是红色的意思，红也是红色的意思，合起来还是红色。红色总给人热情、上进、富有生命力的感觉，这就是我的颜色！"

8. 利用谐音式

如朱伟慧："我的名字读起来像'居委会'，正因为如此，大家尽可以把我当成居委会，有困难的时候来反映反映，本居委会力争为大家解决问题。"

9. 调换词序式

如周非："把'非洲'倒过来读就是我的名字——周非。"

10. 摘引式

如任丽群："大家都知道'鹤立（丽）鸡群'这个成语，我是人（任），更希望出类拔萃，所以，我叫任丽群。"

但是，自我介绍中光介绍名字显得有些单一，应该再加入更多的信息，这样会使你的自我介绍更加出彩，给人留下深刻的印象。你完全可以把自己的经历编成一个小小的故事，说给听众听，这样或许他们更有兴趣些。

总之，自我介绍有很大的发挥余地，我们应该想方设法把它丰富起来，不要放过这样一个吸引人注意的机会。

多准备一些话题，易于和陌生人交谈

当你面对一个从未谋面的陌生人，第一个问题就是如何与他开始交谈，这个时候选择什么样的话题就十分重要，你选择的话题要能引起对方的兴趣，让对方有与你交谈下去的愿望。但是，经常发生这样的情况，当我们见到陌生人时，内心的紧张会压倒表达的欲望，我们呆呆地站在那里，忘了该怎么开始……其实，交谈是一件很自然的事情，能够用来交谈的话题也有很多，你完全可以多准备一些话题，从中选择几个与对方交谈。

比如，对方可能感兴趣的事；衣、食、住、嗜好、娱乐；令人感动、感伤的事；家人、家庭、气候变化；旅行及有价值的话；利益及有关赚钱的事；新闻、时事问题；一些人生经验、人生经历的话；关于对方工作的话题等。

另外，在话题的选择下，还有一些讲究必须注意：不谈对方深以为憾的缺点和弱点；不谈上司、同事以及一些朋友们的坏话；不谈人家的隐私；不谈不景气、手头紧之类的话；不谈一些荒诞离奇、黄色淫秽的事情；不询问妇女的年龄、婚否、家庭财产等事情；不说个人恩怨和牢骚；不说一些尚未明辨的隐衷是非；避开令人不愉快的疾病详情，忌夸自己的成就和得意之处等。

抓住时机，巧妙消除与同事的隔阂

同事之间由于工作问题产生矛盾是在所难免的。因为人与人之间的观念、工作作风方面的差异必然会产生一些冲突。但出现冲突之后，双方一定要抓住各种时机，巧妙地消除彼此间的隔阂，和好如初，否则就会影响以后工作的开展。

1. 产生隔阂后主动改正自身错误

俗话说："一个巴掌拍不响"，双方产生矛盾隔阂后，不要一心想着是对方的错，要多从自己身上找原因，看是否自己哪句话说得有失分寸，或者哪件事办得有失偏颇，主动改正自身的错误，这才是消除隔阂的有效方法。

一个懂得说话办事之道的人，能够清醒地认识自身缺点与不足，在发生错误后，能够及时自省，而不是一味紧盯别人的不足。

改正自身错误，首先要直面自身的以及外界的问题，然后再拿出热情与诚意，将这些问题一一解决。不要担心别人看不到你的努力，只要你做了，别人就会感受得到。这样，不管是与同事相处，还是与其他人相处，你都会是受欢迎的一个。

2. 积极接触，适当补救

对你进行非议的同事，可能根本就不了解你，这时如果你针锋相对，会让他更加确定对你不好的印象，他会认为对你的非议是最正确的评价。其实，要想改变这些非议，最好的方法就是积极与同事多接触，让他明白你到底是一个怎样的人。

大科学家富兰克林，在参加一个地区的议会选举时，遇到了极大的困难。原来有一个新的议员，对他发表了一篇很长的反对演说，在那演说的词意里，竟把富兰克林批评得一文不值。遇到了这样一位出言不逊的同事，是多么棘手的事呀！那该怎么办才好呢？富兰克林做得很漂亮。他记得曾经有人讲过，这位新议员的藏书室里有几部很名贵且珍稀的书，他就写了一封简短的信给这位新议员，说希望借他的书看几天。议员立刻就把书送来了，大约过了一个星期，富兰克林就将那些书送去还他，另外附上一封信，很热烈地表达了自己的谢意。这件事彻底改变了新议员对他的态度，当他们再一次在议院里遇见的时候，那位议员竟然跑上前来，主动和富兰克林握手谈话了，而且非常客气。后来，他们逐渐成为知己，有了深厚的友谊。这就是富兰克林主动接触对方的结果。

所以，当你因为某些原因与同事之间产生隔阂时，就要积极地想办法迅速消除这种隔阂。只有这样工作才会更顺利，人缘也会更好。

第十七章

旁敲侧击，巧用暗语

巧妙类比，言在彼而意在此

人们为了各自的利益难免会陷入紧张或对立的状态。此时若用轻松的方式去解决，就可以巧妙地化解矛盾，比如用类比的方法。

在战国时期，齐国有个出身卑微的人叫淳于髡。他虽然身材矮小但口才很好，尤其善于讲笑话，使听者在笑声中受到启发。于是齐威王派他做齐国的使臣，出使各国。由于他有一副雄辩的口才，因而每次都非常出色地完成了使命，深得齐威王的器重。

一次，楚国发兵进攻齐国，齐威王派遣淳于髡带着黄金百斤、驷车十乘的礼物，前往赵国求救兵。淳于髡接到命令之后，放声大笑，直笑得前仰后合，浑身颤动，连帽子缨带都迸断了。齐威王问他道："先生是不是嫌我送给赵王的礼物太轻了？"

淳于髡回答说："不敢，我怎么敢呢？"

齐威王又问："那么，你为何这样大笑呢？"

淳于髡答道："不久前，我从东面来，看见路上有一个人正在向土地神祈祷。他拿着一只猪蹄，捧着一杯酒，嘴里念念有词：'高地上粮食满筐，低地上收获满车，五谷丰登，全家富足。'我看见他奉献给土地神的少，而向神索取的多，所以觉得好笑。"

齐威王听到此处明白了，淳于髡是在用隐语来劝谏自己增加礼物，于是决定把礼品增加到黄金一千斤、白璧十对、驷车一百乘。

淳于髡带着礼物前往赵国，说动了赵王。回国后齐威王便置办宴席庆贺，见淳于髡颇有酒量，就问他："先生最多能饮多少酒才会醉呢？"

淳于髡回答说："我饮一杯酒也会醉，饮一石酒也会醉。"

齐威王很惊奇，问他说："先生既然饮一杯酒就醉了，怎么还能饮一石酒呢？其中的道理可以说给我听吗？"

淳于髡说："如果在大王面前饮您所赐之酒，执事官吏在旁边看着，御史在后边监督，我心情恐惧，伏地而饮，这样的话，不过一杯就醉了。如果父母在家中接待贵客，我卷起袖子，陪侍于前，不时捧杯敬酒，恭敬陪侍，这样的话，不过两杯就醉了。如果朋友间一起游乐，由于很久没有见面，现在突然相逢，便互诉衷情，这样的话，大约饮五六杯才会醉。如果乡里相聚，男妇混杂在一起，细斟浅酌，一边饮酒，一边下棋、投壶，做各种游戏，随便与女郎握手也不受处罚，目不转睛地注视她也没有顾忌，前面掉有妇女的饰物，后面有姑娘遗落的发簪，我心中一高兴的话，便可饮八九杯。如果日暮酒残，将残席合并在一起，男女同席，促膝挨肩而坐，靴鞋交错，杯盘狼藉，一会儿堂上蜡烛尽熄，主人送走客人而独独把我留下，她敞开了罗袜的衣襟，我隐隐闻到一阵微香，当此之时，我心中最快乐，就能喝到一石。所以常言说'酒极则乱，乐极则悲'，一切的事情都是这样的。"

齐威王听了淳于髡这一番话语，明白了淳于髡是用幽默的隐语进行讽谏，从此不再做长夜之饮。

在一次新闻界的餐会上，美国总统艾森豪威尔应大家的要求站起来讲话。

他说："大家都知道，我不是善于言辞的人。小时候我曾经去拜访过一个农夫，我问这个农夫：'你的母牛是不是纯种的？'他说不知道。我又问：'这头牛每个星期可以挤出多少牛奶呢？'他也说不知道。最后，他被问烦了就说：'你问的我都不知道，反正这头牛很老实，只要有奶，它都会给你。'"

艾森豪威尔笑了笑，对所有在场的新闻界人士说："我也像那头牛一样老实，反正有新闻，一定都会给大家。"

说话兜圈子，绕道而行；用比喻、影射的方法举例说明；说故事，讲寓言，用幽默及双关语开开玩笑；采用游击战术，不正面冲突；拖延时间，爱理不理，静观其变……这些都叫迂回策略。

用不经意的话暗示别人

在日常交际中，当需要批评或提醒他人而又不便直接向他提出时，便可考虑使用侧面暗示法，从而达到启示、提醒、劝阻、教育他人的目的。

会说话的人知道哪些话可以说，哪些话不可以说。他们懂得用委婉含蓄的话语，不经意地暗示别人，在坚持自己原则的同时又不会令对方太过难堪。

有一次，小王家里来了客人，聊了几个小时后，这位客人还无意离去。

小王因还有其他事情要做，屡次暗示客人，但是那位客人却"执迷不悟"。小王无奈之中心生一计，对他说："我家的菊花开得正旺，我们到园子里去看看？"

客人欣然而起，于是小王陪他到花园里观赏菊花。看完后，小王趁机说："还去坐坐吗？"

客人看看天色，恍然大悟地说："不了，不了，我该回家了，要不就错过末班车了。"

小王没有直接说明自己有其他事情要做而是用不经意的话暗示对方，不仅没有让对方感到尴尬，而且也达到了自己的目的。

一天，几位青年人去拜访某教授。不知不觉已谈到深夜，教授接着其中一位青年人的话题说："你提的这个问题很值得研究，明天我去 A 城参加一个学术会，准备就这个问题找几位专家一块聊聊。"听完教授的话，几位青年立刻起身告辞："很抱歉，不知道您明天还要出差，耽误您休息了。"

如果遇上了一位不知情的客人，你让他走也不是，不走也不是，这可是件很让人尴尬的事情。这时，你不妨采取一些巧妙的暗示。诸如看看钟表，或者随意地问他忙否，然后再告诉他你最近都很忙。一般地，稍微敏感点的客人肯定就会起身告辞，但若是"执迷不悟"的客人对此"无动于衷"，我们就可以巧妙地转移一下地点，像小王那样用一下"调虎离山"之计，这样既维护了彼此的情感，又不至于拖延自己的事情，可谓两全其美。

在日常交际中，当需要批评或提醒他人而又不便直接向他提出时，便可考虑使用侧面暗示法，从而达到启示、提醒、劝阻、教育他人的目的。

在一家高级餐馆里，有一位顾客把餐巾系在脖子上，餐馆经理对此很反感。于是，他叫来了一个女服务员说："你要让这位绅士懂得，在我们的餐馆里，那样做是不允许的，但话要说得尽量委婉些。"女服务员来到那位顾客的桌旁，很有礼貌地问："先生，您是刮胡子，还是理发？"话音一落，顾客立即意识到自己的失礼，赶快取下了餐巾。

这位聪明的女服务员没有直接指出客人有失体统之处，却拐弯抹角地问两件与餐馆毫不相干的事——刮胡子和理发，表面上看来似乎是女服务员问错了，而实际上她通过这种风马牛不相及的事情来提醒这位顾客，不仅使顾客意识到自己失礼之处，又做到了礼貌待客，不伤害顾客的面子。

侧击迂回，举重若轻显真功夫

迂回就是一种拖延战术，目的是要争取更多的时间促进沟通的进行。如果沟通不畅，可以考虑用迂回的方式寻求外界支援或是跳离原来的沟通模式，以特殊方法突破沟通障碍，让沟通顺畅。

说话迂回虽然给人啰唆的感觉，但是它总能更好地突破沟通障碍，让沟通顺畅。

一次，德皇威廉二世派人将一艘军舰的设计图交给一个造船界的权威人士，请他评估一下。他在所附的信件上告诉对方，这是他花了许多年，耗费了许多精力才研究出来的成果，希望对方能仔细鉴定一下。

几个星期之后，威廉二世接到了权威人士的报告。这份报告附有一叠以数字推论出来的详细分析，文字报告是这么写的：

"陛下，非常高兴能见到一幅绝妙的军舰设计图，能为它做评估是在下莫大的荣幸。可以看得出来这艘军舰威武壮观、性能超强，可说是全世界绝无仅有的海上雄狮。它的武器配备可说是举世无双，舰内设施豪华。这艘举世无双的超级军舰只有一个缺点，那就是如果一下水，马上就会像只铅铸的鸭子沉入水底。"

威廉二世看到了这个报告，不但没为设计失败而气恼，反而禁不住笑了起来。

说话高手并不是指那些会说好听的话、使用华丽辞藻的人，而是善于运用迂回婉转说话技巧之人。

防止"弦外之音"伤人

弦外之音有时可以在不经意间起到暗示别人的作用，但有时也会在不经意间伤害别人。

我们常常夸奖别人说话含义丰富、深刻，有"言外之意""弦外之音"。

一般地说，我们说话要求简单明了，不要烦琐含糊。同时，还应该知道，有时候把话说得太直白会伤人，不如在话语中隐藏弦外之音。然而，有些人并不懂得如何运用弦外之音，从而在不经意间伤了他人。

一群人在看电视剧，剧中有婆媳争吵的镜头。张大嫂便随口议论道："我看，现在的儿媳真是不知好歹，不愿意和老人住在一起，也不想想以后自己老了怎么办。"话未说完，旁边的小齐马上站了起来，怒声说："你说话干净点，不要找不自在，我最讨厌别人指桑骂槐！"

原来，小齐平素与婆婆关系失和，最近刚从家里搬出自己住。张大嫂由于不了解情况，无意中揭了对方的短而得罪了小齐。

聪明的人善于把批评的意思压缩在一句貌似赞扬的话里，让人在体味"言外之意"的同时，意识到自己的错误。

某厂有一栋宿舍，一楼住着老工人，二楼住着年轻工人。一天夜晚，一些年轻工人喝酒猜拳，大吵大闹，到了凌晨1点还不罢休，影响了楼下老工人的休息。

一位老工人气愤地走上楼去，大声斥责说："安静！"

可这些年轻人连理也不理，吵闹得更凶了。

过了一会儿，另一位老工人也走了上去，笑着对他们说："小伙子们，你们辛苦了，该休息了。"

听了这位老工人的话，这伙年轻人很快静了下来。

这两句话表达的意思是一样的，但表现形式不一样导致结果迥然不同。我们分析一下：第一位老工人的话语直接，火药味十足，它让听者产生了逆反心理，所以，闹腾得更欢了。

第二位老工人则不同，他运用了隐含判断，话语中隐含着对这些年轻人"闹得太久，影响了他人休息"的批评，但话说得委婉含蓄。这些年轻人因第一位老工人的话而激起的反抗心理此时被击溃了，心悦诚服地改正了自己的过失。

不管什么人，都不喜欢别人说自己的坏话。因此，当他听到对方说自己坏话时，就会不高兴、生气，甚至想找机会报复。

因此，有些想说人家的坏话的人，就选择了说"弦外之音"。

说话的目的在于交流思想和感情，但万不能用"弦外之音"去伤害别人。有些人说话含蓄，爱卖弄，如果对方听懂了倒没关系，若是没听懂甚至听错了，不但起不到交流的目的，反而可能引起误会。

说话要隐晦些

直言直语固然好，但说话还是要隐晦一些。什么话该摊开来说，什么话该隐晦地说，我们要做到心中有数。

在表达一些意愿和请求时，如果能够合理地把握说话时的分寸，暗藏在话语背后的真意一样可以传达给对方。

1. 以退为进，让人主动接受

暑假时，某高校决定组织青年志愿者到孤儿院献爱心。

班主任向所有志愿者提出一项要求："希望每位成员能带一名孤儿到自己家中共同过暑假，让他们感受家庭的温暖。"把好不容易盼来的假期全部花在照料孤儿上，这的确有些勉为其难，当时，就遭到了大家无声的拒绝。

短暂的冷场后，班主任微微一笑，说："我知道这样可能使大家为难了。这样吧，我尊重大家的选择，把原计划改为每周抽出一天时间陪孩子一起逛逛公园、做做游戏，这样总可以了吧？"这一提议获得了大家的一致通过。

其实，这只不过是班主任的一个策略而已。他的真实用意实际上就是希望志愿者每周能抽出一天时间陪陪孤儿，不过他明白，在暑假里即使这样一个请求，实践起来也是有一定难度的。于是在提出这样一个请求前，他干脆提出了一个更大的请求——让他们整个暑假照料孤儿，这一请求不出所料地遭到大家的拒绝。只不过，在已经拒绝一次的情况下，再提出一个请求，大家也就不好意思再拒绝了。而且两次请求相劝衡，大家自然会选择后者。

2. 满足需要，让人自动回避

19 世纪，在维也纳上层社会的妇女中，时兴一种高筒、宽檐的帽子，帽檐上装饰着五颜六色的羽翎。当这些女士进入剧场时，坐在她们后面的观众就只能看到她们的帽子而看不见舞台，于是不少观众向剧场经理提出抗议。

剧场经理起初只是一味地请求女士们脱帽，但女士们谁也不理睬。后来，经理眉头一皱，计上心来，对女士们说："本剧场照顾年老的女士，只有她们可以不脱帽。"此言一出，剧场中所有的女士都摘下了帽子。

上面这个故事中，剧场经理抓住女士们都希望自己年轻貌美的心理需求而说出的话，让女士们乖乖地摘下帽子。因为剧场经理激起了她们维护自己年轻的心理需求。

以退为进，满足需求都是为了使隐晦的语言能够更好地发挥效用，因此，我们在说话时完全可以借助上面的表达方式，该明说的话要明说，不适宜明说的话要用隐晦的方式说出来。

善用闲谈，化解尴尬境地

生活中难免会碰上尴尬的事情。这个时候，我们完全可以随机应变，巧妙地说一下闲话，使气氛得到缓和。

面对尴尬的窘境，如果置之不理，会有损自己的尊严；如果斤斤计较，又会有损自己的风度；如果无所适从，会有损自己的形象；如果处理不当，又会激化矛盾。可是，若你懂得用巧言妙语回答，不但能够很好地化解尴尬，而且会使气氛变得温馨。那么，化解尴尬的方法都有哪些呢？

1. 自嘲式化解

自嘲，顾名思义，就是自我嘲解，调侃自己。自嘲是一种幽默，一种智慧。处理好复杂的人际关系可不是件容易的事，一旦陷入尴尬境地，不妨自我嘲解一下，既给自己找个台阶下，又能巧妙地缓和气氛。

某著名诗人应邀到某大学中文系作家班做学术讲座。诗人讲到自己的诗作时，准备朗诵一段，可诗稿却放在一个学员的课桌上，诗人便走下讲台去拿。但诗人在上台阶时，一不留神跌倒在第二级台阶上，学员们顿时哄堂大笑。诗人稳住身子，转向学员，指着台阶说："你们看，要升一个台阶多么不易，生活是这样，做诗亦如此。"这一哲理性的话语顿时赢得了热烈的掌声。诗人笑了笑，接着说："一次不成功不要紧，再努力！"说着，装着用力的样子走上讲台，继续他的讲座。

2. 反话式化解

林肯是一个富有幽默感的总统。有一次，林肯自己在擦皮靴，某外交官问道："总统先生，您总是擦自己的靴子吗？"林肯不动声色地回答说："是啊，那你是经常擦谁的靴子呢？"

林肯的高明在于他巧妙地绕开对方所提出的一个判断性问题，进而找出破绽，给对方回敬了一个特指性的反话。

3. 自圆式化解

一位主持人在主持一次知识问答类节目时，问道："国外公园里常常有武士模样的人摇着铃铛走东串西，请问这人是干什么的？"

参赛者的回答各种各样，可结果都是错的。最后主持人告诉大家谜底："是卖茶水的人。"此时主持人见参赛者情绪有些低落，赶快补上一句："看来这地方的水真是太宝贵了，卖茶水的人也穿戴得这么漂亮，把我们都迷惑了。"

这句话看来很平常，可句中的"我们"拉近了双方的距离，化解了参赛者由于回答错误可能带来的尴尬。

面对尴尬时，如果我们能够巧妙地说一些闲话，不仅可以化解尴尬的境地，还可以转移对方的注意力。因此，面对尴尬的局面时，幽默地说一些闲话是非常必要的。

淡化感情色彩，间接地表达你的不满

旁敲侧击，比喻说话、写文章不从正面直接点明，而是从侧面曲折地表明观点或加以讽刺、抨击。

在公众活动中，可能经常遇到让人尴尬而不满的情景。在这种情景下是不该强硬地表达不满的，而应该淡化感情色彩。

前英国首相丘吉尔在他执政的最后一年，出席一个政府举办的仪式，在他身后不远的地方有几个绅士窃窃私语："你看，那不是丘吉尔吗？""人家说他现在已经开始老朽了。""还有人说他就要下台了，要把他的位子让给精力更充沛更有能力的人了。"当这个仪式结束的时候，丘吉尔转过头来，对这几个绅士煞有介事地说："唉！先生们，我还听说他的耳朵近来也不好用了。"

丘吉尔知道，自尊自爱就要以适当的方式来表达自己的思想感情，他在这里的幽默一语，既淡化了感情色彩，给自己解了围，表达了不满，又使那些绅士自讨没趣。

美国前总统威尔逊在一次竞选演讲中，遭到一个捣乱分子的挑衅。演讲正在进行，捣乱分子突然高声喊叫："狗屁！垃圾！臭大粪！"这个人的意思很明显，是骂威尔逊的演讲臭不可闻，不值得一听。威尔逊对此感到非常生气，但只是报以微微一笑，安慰他说："这位先生，我马上就要谈到你提出的环境脏乱差的问题了。"随之，听众中爆发出掌声、笑声，为威尔逊的机智幽默喝彩。

社交场合碰到别人的不恭言行，还真不能发作，但憋在心里也不好受。海明威曾说过："告诉他你不高兴，但在话中别出现'不高兴'这个词。"把表示不满的语言的感情色彩淡化一下，让对方知道你不高兴，又不致破坏友好气氛，是个不错的方式。

说得巧，逐客令也能变得美妙动听

古人云："有朋自远方来，不亦乐乎。"友人来访，彼此促膝长谈，交流思想，应该是令人十分愉快的事。

但现实生活中也有与此截然相反的情况。茶余饭后，你刚想静下心来读点书或者做点事，不料不请自来的"长舌客"扰得你心烦意乱。他东家长西家短，没完没了，一再重复着你毫无兴趣的话题，而且越说越来劲。你勉强敷衍，心不在焉，焦急万分，想对他下逐客令，但又怕伤感情，难以启齿。那么，该怎样对付长舌客呢？最好的对付办法是运用高超的语言技巧把逐客令说得美妙动听，这样你就能两全其美：既不挫伤其自尊心，又能使其知趣地告别。

下逐客令时，主人必须掌握两条原则。

有情。长舌客一般是邻居、亲戚、同学、同事，主客之间相当熟悉，切忌用冷冰冰的表情和尖刻刺耳的语言刺伤对方，一定要使对方感觉到主人对他还是很有情谊的。有情，才能使逐客令真正变得美妙动听。

有效。要使长舌客听了你得体的话语后明显减少来你家的次数，缩短闲扯的时间，这样，主人的语言技巧便真正起到了逐客的作用。

第十八章

职场交流有技巧

说别人爱听的话让别人打心眼里高兴

说别人爱听的话，让别人打心眼里高兴，才能达到捧场的目的。

很多人都对赞美话不屑一顾，认为没有必要或者很庸俗。但是我们不要忘记，赞美从另一个角度上是对人的肯定，是对人的信心的培养和尊重。

卡耐基曾经说："我们滋养我们的子女、朋友和员工的身体，却很少滋养他们的自尊心。我们供给他们牛肉和洋芋，培养精力；但我们却忘了给他们可以在记忆中回想好多年像晨星之音的称赞。"要得到对方的倾心，最有用的方法是通过自己的语言或行为使对方高兴。

说话一定要看对象，要根据说话对象的不同情况来确定自己说话的方式。如果对方是一个豪爽的人，那你说话就应该豪爽一点；如果对方是一个内秀的人，你说话就应该文明一点。

每一个人都有自己的爱好、自己的风格，如果我们在说话的时候能够抓住对方的喜好，说别人愿意听的话，就能够起到很好的交流效果。所以首先要了解对方的为人和爱好，在张口说话前一定要注意观察，循序渐进地进行交流。

说赞美话还要看当时的情况。赞美话一定要选好合适的词语，掌握"度"永远是最重要的。只要赞美话让人家受用，自己的目的也能达到。

赞美话不要忘记倾听，听别人谈话本身也会使对方高兴。在听对方说话的时候应该适当地点头，表示出你对对方的谈话饶有兴致，而且还要适时地夸奖对方。

察言观色是捧场的基本功

懂得察言观色的人才能从对方的一言一行中猜测到对方的真正意图，进而说出打动对方的捧场话。

汉元帝刘奭上台后，将著名的学者贡禹请到朝廷，向他请教国家大事，这时朝廷最大的问题是外戚与宦官专权，正直的大臣难以在朝廷立足，对此，贡禹不置一词，他可不愿得罪那些权势人物，只给皇帝提了一条，即请皇帝注意节俭，将官中众多宫女放掉一批，再少养一点马。其实，汉元帝本来就很节俭，早在贡禹提意见之前已经将许多节俭的措施付诸实施了，其中就包括裁减宫中多余人员及减少御马，贡禹只不过将皇帝已经做过的事情再重复一遍，汉元帝自然乐于接受，于是，汉元帝便博得了纳谏的美名，而贡禹也达到了迎合皇帝的目的。

察言观色是捧场的基本功。要注意观察，从对方的一言一行中猜测到对方的真正意图。

唐高宗李治将要立武则天为皇后，遭到了长孙无忌、褚遂良等一大批元老重臣的反对。一天，李治又要召见他们商量此事，褚遂良说："今日召见我们，必定是为皇后废立之事，皇帝决心既然已经定下，要是反对，必有死罪，我既然受先帝的顾托，辅佐陛下，不拼死一争，还有什么面目见先帝于地下！"

李勣同长孙无忌、褚遂良一样，也是顾命大臣，但他看出，此次入宫，凶多吉少，便借口有病躲开了；而褚遂良由于面折廷争，当场便遭到武则天的切齿斥骂。

过了两天，李勣单独谒见皇帝。李治问他："我要立武则天为皇后，褚遂良坚持认为不行，他是顾命大臣，若是这样极力反对，此事也只好作罢了。"

李勣明白，反对皇帝自然是不行的，而公开表示赞成，又怕别的大臣议论，便说了一句滑头的话："这是陛下家中的事，何必再问外人呢！"

这句回答真是巧妙，既顺从了皇帝的意思，又不会给其他大臣制造攻击他的机会。

让上司心里舒坦的捧场技巧

上司与下属之间的关系是十分微妙的。他们既是一种管理与被管理的关系，又是友好合作的伙伴关系。必要的时候，运用幽默的捧场技巧让上司笑一笑，这样既可以赢得上司的好感，同时也有利于工作的顺利进行。

作为一个下属，在恰当的时间、场合，和上司开一个玩笑，有利于维护你同上司的关系。

"伴君如伴虎。"在与上司相处时一定要保持合适的距离，距离太远了不好，距离太近了也可能会很糟。

怎样才能获得上司的好感呢？这是很多人都在思索的一个问题。很多人拼命工作，却得不到上司的赏识，这确实是有点冤枉的。那么，怎么才能脱颖而出呢？或许你可以试试在上司面前化严肃为幽默的交流方法。

上司不论身居什么样的要职，也是人而不是神，他一样会有普通人的喜怒好恶，也可能在个人喜怒好恶的支配下说出一些令人尴尬的话，做出一些有可能招致他人误解的举动。此时，下属应抓住人们对上司错误言行不解的心理，采取适当的举动顺水推舟，把上司无意说出的过于直白、犀利的话向幽默的方向引导，使人们认为上司在开玩笑，从而放松紧张的情绪。这就让上司觉得你是和他站在一边的，你自然也就获得了上司的赏识和信任。

把上司的想法"看"在眼里

适当的察言观色，适当的说话技巧能让你更有可能在职场里出类拔萃，

一个善于察言观色的员工，一定善解人意，机灵乖巧。能了解上司在想什么、需要什么，什么事情都逃不过他的眼睛。这是一种沟通上的优势，有了这种优势，可以洞察先机，知道上司的想法，觉察上司心中的取向，在心里有所准备；也可以对上司的反应，妥善安排自己的进退应对，把话说在适当的时机；发现上司不悦，及时刹车，避免沟通恶化，随机应变，事情就不会搞砸了；随时留心上司的脸色，适可而止地指责，让对方有个台阶下。这样子的沟通，一切都掌控在自己的手中，

你在职场办公室中就会一帆风顺，万事俱备了。

李续宾是曾国藩手下善于揣测其意图的爱将。一天，曾国藩召集众将开会，谈到当时的军事形势时说："诸位都知道，洪秀全是从长江上游东下而占据江宁的，故江宁上游乃其气运之所在。现在湖北、江西均为我收复，仅存皖省，若皖省克复……"此时，李续宾早已明白曾国藩的意图，趁势插嘴道："涤帅的意思，是要我们进兵安徽？""对！"曾国藩以赞赏的目光看了李续宾一眼，"续宾说得很对，看来你平日对此已有思考。为将者，踏营攻寨计算路程尚在其次，重要的是要胸有全局，规划宏远，这才是大将之才。续宾在这点上，比诸位要略胜一筹。"

李续宾一句话赢得了这么高的赞扬，实在是高明之举。因此，适当的察言观色，适当的说话技巧能让你更有可能在职场里出类拔萃，以下的办公室常用句型，不但能帮你化危机为转机，更可以让你成为上司眼中的得力助手。

1. 传递坏消息时

句型："我们似乎碰到一些状况……"

你刚刚才得知，一件非常重要的工作出了问题，此时，你应该以不带情绪起伏的声调，从容不迫地说出本句型，千万别慌慌张张，也别使用"问题"或"麻烦"等字眼，要让上司觉得事情并非无法解决。

2. 被传唤时

句型："我马上处理。"

冷静、迅速地作出这样的回答，会令上司直觉地认为你是有效率、听话的好下属。

3. 闪避你不知道的事时

句型："让我再认真地想一想，三点以前给你答复好吗？"

当领导问你某个与业务有关的问题，而你不知该如何回答时，千万不可以说"不知道"，可利用本句型暂渡危机，不过事后应做足功课，按时交出你的答复。

建立好人缘，做个"人见人爱"的好同事

与同事建立良好的合作关系十分重要，但在日常工作中，有不少人对怎样处理好同事之间的关系感到束手无策。其实，做个"人见人爱"，受人欢迎的好同事并

不难，不妨从以下几个方面入手：

1. 向老同事学习

那些比你先进公司的同事，相对来说比你积累了更多的经验，有机会不妨听听他们的见解，从他们的成败得失里找到可以借鉴的地方，这样不仅可以帮助自己少走弯路，还能让他们感受到你对他们的尊重。尤其是那些资历比你老，但其他方面比你弱的同事会有更多的感动，而那些能力强的同事，则会认为你善于进取，更会乐于关照并提携你。

2. 乐于帮助新同事

新到的同事对手头的工作还不熟悉，当然很想得到大家的指点，但是会心有怯意，不好意思向人请教。这时，你如果主动伸出援助之手，往往会让他们打心眼里感激你，并且会在今后的工作中更主动地配合和帮助你。切不可自以为是，不把新同事放在眼里。

3. 用自己的性别优势关心异性同事

尽管只是同事，并不是在家里，但每个人都渴望得到同事们的关心和理解，若能发挥自己的长处，对异性同事多些关心和帮助。如男性多为女同事分担一些她们觉得较为吃力的事，女性则多做一些要求细心的工作，多为办公室的环境美化做些事，这并不难，效果却很好，对方会将你视为可以信赖的好同事。

4. 适当淡泊名利

对那些细小的，不会影响自己前程的好处，多一些谦让，比如，单位里分东西不够时少分些，一些荣誉称号多让给即将退休的老同事等；再比如，与其他人共同分享一笔奖金或是一项殊荣等，这种豁达的处世态度无疑会赢得他人的好感，也会增添你的人格魅力，带来更多的回报。

如果在工作中从以上几个方面努力，那么你在同事中一定会建立起好人缘。

取得领导信任的技巧：经常保持接触

与上司之间若缺乏联系，会使双方愈来愈不信任和不尊重，更重要的是会很大地影响到你升迁的机会。

即便你与上司互不欣赏，但处处表示你的支持，多少可以赢得上司对你的尊重。多考虑以下的问题：上司最需要什么资料？怎样可以帮助他？你以往犯过什么错，将来可以避免吗？对你定有裨益。

与上司经常保持接触，以便保持良好的沟通是升迁必不可少的。这种技巧十分微妙，给上司简洁、有力的报告，切莫让浅显和琐碎的问题烦扰他或浪费他的时间，但重要的事必须请示他。

有些时候，领导做出的决定与你的想法大相径庭，你思想上有时可能会想不通，但是，虽然有太多的疑虑，你也必须首先去执行领导的决定，因为领导的一切决策都有待于下属的拥护和支持。你可以私下里找领导交流一下思想，了解一下领导究竟是出于何种考虑、何种目的，才做出让你如此出乎意料的决定。

许多场合、许多情况都是你了解公司意图和想法的途径。如果你对此熟视无睹，那么领导想的到底是什么，你也就无从知晓。这样一来，你就无法配合领导协调工作，也就无法完成工作任务，实现工作目标。

与领导经常保持接触，绝不是让你去奴颜婢膝地讨好他、奉承他，对他阿谀巴结，如果那样，往往不会给领导留下好印象。

为彼此的关系抹上甜美的蜂蜜

潘敏在某家塑料制品企业经营部任职。一天，经理心急火燎地过来问："杨丽呢，她的那份合同做好了没有？"恰巧杨丽出去办私事，临走时对潘敏说了一下。潘敏当时说："杨丽刚刚出去，可能上厕所了吧，您需要哪份合同？""就是与宏达塑钢窗厂签订的那份合同，越在节骨眼儿上越找不着人！"经理答道。"杨丽一会儿就回来，我先找一下。"经理走后，潘敏马上给杨丽打电话，找到了那份合同，及时给经理送了过去。关键时刻潘敏解决了难题，杨丽非常感动。此后两个人的关系非常密切，成为知己。

在工作中，一个人肯定会遇到各种各样的困难，在同事遇到困难时帮他一把，不仅播下人情，得到同事的感激，还为彼此的关系抹上蜂蜜，融洽而甜美。况且，帮助别人搬开脚下的绊脚石，有时恰恰也是为自己铺路——帮助同事即是帮助自己。在帮助别人时，任何一种努力都不会白费。帮助同事，既赢得了同事的尊重，也容易得到老板的器重，因为你在帮助同事的同时，也向老板展示了自己的能力。

在同事有困难的时候帮助他，是我们分内的事情，切不可以此作为人情记在心头，不要沾沾自喜，自鸣得意，时常将对别人的帮助挂在嘴边，这样的人，人们也不愿意接受他的帮助。也不要期望对方给你回报，否则不但加深不了感情，反而落得个"势利"的帽子。

晓庄在设计单位计算机房工作，对计算机比较精通，开始其他科室的人家里的计算机出了毛病后喜欢找他帮忙。晓庄经常对那些他曾经帮助过的人说："×××，你还不请我吃一顿，你少花了好几十块钱呢。"有时没有饭局就直接找到他人家里，弄得他人特别反感。后来，很少有人请他去帮忙了。

同事间的相互帮助并不一定表现在工作上，有时生活中的小事也会给人留下极深刻的印象，从而改变在工作中对人的看法。

玛丽是一个单身女子，住在纽约的一个闹市中。有一次，玛丽搬了一个大箱子回家。电梯坏了，玛丽只好自己扛着箱子上 8 层。约翰与玛丽是同事，但玛丽平时看不起约翰，有时还冷嘲热讽。因为约翰平时没事总是不在办公室，工作很差。此时，恰巧碰上约翰，约翰想帮玛丽把箱子搬上楼去。玛丽很难为情，约翰却主动上前，将箱子搬上楼去。事后，玛丽对约翰表示感谢，并开始重新认识他。

热心帮助同事，可以赢得同事的感激。你的热心会使同事也乐于帮助你，更能为你营造一个融洽的办公环境。

与上司说话的禁忌

与上司说话应有一定的分寸、尺度，有些禁忌是必须铭记于心的。否则，将会给你带来许多不利的后果，影响当前乃至今后的事业发展。

1. 切忌问及老板的经济收入

不少员工在和老板交谈时，常常会无意地问及老板的月收入或年收入。尽管老板的收入状况不具有很强的商业机密性，但老板还是不希望员工过多问及。

"女人不问年龄，男人不问钱财。"古训早已有之，其中的道理很浅显，因为，这种询问往往有"瓜田李下"之嫌。事实上，正像越是漂亮的女人，越不喜欢陌生人问她的年龄一样；越是富有的老板，越不希望陌生的员工问及自己的收入状况。

问及老板的收入状况必定会引起老板的反感，特别是对于那些刚刚到企业上班工作，与老板比较陌生的员工来说，就更是如此。

2. 切忌问及老板的财产

一般来说，那些合法经营的老板，无论其当前拥有多大的家产，都是他们一滴血、一滴汗，辛辛苦苦经营积攒起来的，没有什么见不得人的地方。

但是，老板并非行政官员，国家未作要求，也不必进行个人资产申报。资产申报是国家约束政府官员清正廉洁的必要措施，而老板拥有资产的多寡，往往代表着其经济实力和商业竞争能力。

不言而喻，商战中经济实力的保密是关系企业生存、老板发展的关键因素之一。

因此，一名员工在一位老板手下工作，对于老板、企业的经济实力和财产来源，切忌过多询问和议论，或者故意无中生有地乱宣传。假如你违反了这些商业竞争的禁忌，比如多次问老板或向他人问及老板的经济实力和财产来源、财产去向等有关此类的企业商情时，一旦被老板察觉，他怕你图谋不轨，你就极有可能被"炒鱿鱼"。

所以，作为一个员工应切忌询问老板的财产。

3. 切忌议论老板的身体相貌

人的身体相貌，一般来说是先天决定的。任何人的身体相貌都不可能是完美无缺的。

员工在和老板交谈时，尤其要注意这个问题，切忌对老板的身体相貌品头论足。特别是不要谈论老板的身体缺陷。

比如，不要涉及老板及其配偶的健美情况；身体的高矮胖瘦；对于女老板，则不能谈论其着装的款式和化妆的效果。对此，作为一名员工，你最好的做法是：熟视无睹，权当什么也没有看见。因为，你议论他的长处、赞扬他的健美，则有可能被怀疑图谋不轨或阿谀奉承；而议论其不够健美的地方，则又会被视为故意诋毁或为人放肆。

因此，当与老板打交道之时，不谈论老板及其配偶的身体相貌，往往是明智之举。

4. 切忌询问老板的婚姻状况

一位法官曾经感叹道，婚姻案件是最难说得清楚的案件之一。不少人的婚姻状况往往看起来良好，实际上却存在着很多问题。幸福的、甜蜜的婚姻只不过是人们的一种追求。任何人的婚姻都有不幸福、不甜蜜的一面。但是，任何理智的人又都倾向于把自己婚姻不幸福的一面隐蔽起来，秘而不宣，这也就是人们常说的"家丑不可外扬"。

基于以上认识，任何主动询问他人婚姻状况的人，将会被对方视为不明智的人。

老板自然也不能脱离现实，他们的婚姻状况也不可能完美无瑕。事实证明，不少有作为的人，其婚姻状况往往较常人更为复杂，更难说得清楚。没有哪一位老板会主动把自己婚姻的不幸方面宣扬一番。因为，在世俗观念中，在竞争的环境里，有那么一些品质不好、层次较低的人，往往像苍蝇那样专门喜爱追逐他人，特别是对手的所谓"桃色新闻"和婚姻逸事，以期吊起舆论界的胃口，以将对方搞"臭"。

诚然，作为一个品德高尚的人，是绝不会拿对手的婚姻缺憾和所谓的"桃色事件"去攻击对手的。但是，老板是在商业竞争的海洋里拼命挣扎、搏击的"弄潮儿"，换句话说，任何老板都有自己公开的和潜在的商业对手。因此，为了不给对手以攻击的口实和把柄，他们又往往刻意掩饰自己的缺憾。

所以，作为下属，其最大的禁忌之一，是切不可主动询问老板的婚姻状况及其他私生活方面的情况。比如，不可问及老板爱人的性情、爱好，不要问及老板的婚姻是否幸福。有时，老板可能会有意无意地谈起自己的婚姻状态，在这种情况下，你最好是"洗耳恭听"，不要随便插嘴询问，更不要向外传播。假如，你到老板家中或在其他场合遇到老板夫妇双方正在发生争执，你绝不要出于善良的意愿，帮人家调解。正确的做法是：迅速避开。否则，可能给你造成不利。

获得领导器重的秘诀

领导始终是权威，拥有最终决策权，而你是下属，记住你的建议只能作为一种参考，好的情况被录用，不好的情况石沉大海，这都是有可能的。

把握发展的机会的最好办法就是做好老板的参谋！做好老板的参谋要从几方面着手。

1. 尊重领导意见，合理提出自己的看法

尊重领导意见，保持对领导的尊重，处处替领导着想，切不可流露出对上司意见不屑一顾的态度，一定要把谈论工作同个人的能力或尊严区别开来，时刻留意，不能把对工作的看法误当作对人的看法；也不能让对方误解，认为自己对领导本人有看法。只要上级感到你仍然维护他的权威，你的意见是针对工作而非是借工作之名进行人身攻击，他们多半会冷静下来，仔细研究你的看法，如果合理，甚至会采纳。

"打人不打脸，揭人不揭短。"在现代社会中"面子"是很重要的，有时为了"面子"可能导致关系破裂，更有甚者会闹出人命。在公司里，如果你不顾及领导的面子，总有一天会吃亏的。经验老道的员工从不轻易地在公共场合指出领导的错误，这样既能顾及领导的面子，又能使自己得到赏识，这种双方有利的事情，何乐而不为。

要想在尊重上司的基础上，巧妙地提出可以让领导接受的建议，那你必须预先下一番工夫。

（1）请教有方，言语有度。

可别轻视这简单的请教，请教可以帮你看清你的领导，领会领导的真正意图。

向领导请示的问题必须是关键性的有价值的，才能更好地使上司感受和体会到自己权力的有效性。而有一些人喜欢自作主张，无论大小事，只要是领导安排的，一切包揽下来，往往在关键的地方、关键的时刻出现差错，还有一些人害怕向领导请示，害怕被领导认为没有能力，害怕被领导看不起。这些大可不必，都是多余的顾虑。

在日常工作中，要把握关键的"5W1H"，即 Who（谁）、What（事情）、Where（地方）、When（时刻）、Why（原因）、How（方式），进行请示，才能恰到好处。

领会了上面的意图，如何让领导心悦诚服地接受，那得靠努把力！

因此，在说明自己的想法时，要以一种能让领导更容易接受的方式。语气要温和，言辞要中肯，重要的是有分析、有根据，条理清晰，能够说服别人，不要选用那些过于肯定的词语或方式，而是要用建议的语气委婉地加以表达。用心去发现去搜集，你会随时听到："是否可采用这样的方式？""我觉得应该向您反映一些情况……""我想这样是不是会更好些？也许这些看法会对您的计划有所补充。"

（2）"抱怨"的话要有所隐藏，切忌直言不讳。

在我们平常的工作中，难免要看领导的脸色办事，领导的赞美也好，批评也好，都要当作是你应得的，这对于你的发展来说，不能说是无所谓而是大有所谓，尤其是在你接受批评的时候，如果掌握不适度，那你的前程将毁于一旦，但是过分地否定自己，那你也只能做个故步自封的老古董。那究竟如何面对老板的训斥，如何把"抱怨"的话说得天衣无缝呢？

在此，我们不是提倡个性，但是如果能够在领导面前坦诚地为自己争辩，不仅是个胆量问题，也是个技巧问题。有时候，以自我批评、直抒肺腑的方式出现，比用有损领导面子的据理力争或者辩护的效果好得多。

（3）了解领导，省时又省力。

摸清了领导的脾气，办事的阻力就会减少80%，事事都尊重领导，还有什么领导不愿接受的，这不是既省时又省力嘛！作为下属，要想把自己的见解移植到领导头脑中，对领导的性格、喜好的了解是必不可少的。

在接受下属的意见时，有人喜欢白纸黑字的书面报告，有人则喜欢简短的口头报告。有些领导要求下属自己作出决定来完成任务，但有些却要求下属定时向他报告，凡事皆以他的意见为准。

多多了解你的领导，多多分析你的领导，只需动用一定的脑力就足够。

（4）时不再来，见机就要行事。

时不我待，要告诉你的是珍惜每一次成就你的机会，甚至是分秒，说不定就那么一瞬间你就获胜了。作为下属，应当把握自己进言的时机，尤其是当领导主动征询你的意见，更应当表达出自己独特的见解与主张，这样才能给自己一个发挥的机会，同时在上下级之间形成交流与共鸣。

每个人都有自尊心，这是做人的资本，尤其是对你的领导，要想给自己在事业上留条后路。请记住：领导的尊严不容侵犯。当领导理亏时要给他留下台阶，当众纠正领导是万万不能的。领导的忌讳不能冲撞。消极地给领导保面子不如积极地给领导争面子。如果发现领导有某种错误或不妥之处，可以在一对一的情况下，或下班后，以低调或不经意间婉转向他提出，但要特别注意不可过分强调，以免引起他的反感。在交谈中要时刻注意他的反应，如果他表现出满脸的不高兴，或找出各种理由极力为自己辩解、推脱责任，这时你就要立即停止，不可再三提示他的错误。如果听完你的提示，他承认自己所造成的错误或做的不足之处，并为此表示非常烦恼，你可以找出适当的借口为他开脱，使他得到心理上的安慰，这样他才会把你看作知心人。

2. 手脚要勤快，头脑要灵活，随时随处帮领导分忧解难

任何工作都不可能是一次性完成的，都可能会遇到这样或那样的挫折。作为领导，统管全局，责任重大，压力也最大，某些工作可以凭借自己的能力或以往的经验就能办成功，而有些工作则需要群策群力才能解决。这时，如果下属除了干好本职工作外，还能及时伸出援助之手，帮领导出谋划策，共同渡过难关，对于领导来说犹如雪中送炭，他肯定会十分感动的。像这样的帮助，如当商品销路出现堵塞时，积极采取办法，联系销售渠道，当上级需要某一方面的人才时，帮助物色、推荐等，都会让领导倍感欣慰。

再有就是，若能帮助领导发挥其专业水准，对你必然有好处。例如，领导经常找不到需要的资料，你就替他将所有档案系统地整理一下；要是他对某客户处理不当，你可以得体地代他把关系缓和；如果他最讨厌做每月一次的市场报告，你不妨代劳。这样，领导觉得你是好帮手后，自然会重用你，你自己也可以多积累一些工作经验。

按理说，作为领导，不应该被日常事务困扰，而要把主要精力放在组织重大决策和进行战略思考上。但现实生活中，领导却常常成了公务的"集合—分散区"，一方面忙着把上级的指示精神领回来，把下属的愿望要求带上去，另一方面，又要把这些指标和要求化作各项工作任务落实下去。大小决策要拍板，大小会议要主持，大小责任要承担，因此一年到头有开不完的会，签不尽的文件，了不断的麻烦事。在这种情况下，有事业心、责任感的下属，不应袖手旁观，而要努力做到"该出手时就出手"，帮助领导解围。

除了在工作上帮领导解围外，对于领导周围的怨气，作为下属也应该进行一下恰当合理的疏导。

3. 勇于承担重任，不给领导增添麻烦

领导作为把握大局的舵手，不可能对任何事情都事必躬亲，他的精力也不允许他对每件事情都操心过多，更何况有些领导不便于出面，也没有必要出面，下属就应该自告奋勇，替领导解决一些棘手的问题。独当一面更多地体现在能干大事上。

4. 做好领导的"信息搜集站"

为领导提供综合性的信息，这是身为下属义不容辞的责任。由于领导主要关心的是决策问题，那么大量信息的汇集、整理、筛选与剔除就要交给下属去承担。那些善于观察体会，能够正确理解领导的意图，为其提供所需的独特信息的下属，才会"搔痒搔到正痒处"，为领导解决关键性问题，获得领导的赏识。无疑，这会大大促进领导与下属的情感，缩短距离，建立一种和谐、默契的上下级关系。

这就决定了搜集信息的工作不仅要强调综合性，还要注重独特性；不仅要实干，还要巧干。这样才能抓住要点，突出重点，解决难点，真正做好工作，赢得领导的好感。

如果遇到领导没有明确指派问题，你就应发挥主观能动性，变被动工作为主动工作，去发现它，并提供相关的资料。

只要你心思细腻，善于观察与领会，是不难发现领导正在关注的问题的。你可以通过下面几个方面加以延伸：领导在正式场合中的讲话，对哪些问题作出了强调，领导在私下谈话里对哪些问题发表过看法，褒贬如何；领导在文件批文中做过哪些删节、改动和指示；领导最近喜欢阅读哪方面的书籍报刊，对哪些部门的活动比较留意……这些问题有时还是尚处端倪，没有形成系统的思路和观点，你有必要加以延伸，使之成为有理有据、符合实情的东西。下属在给领导提供信息的时候还应注意本着实事求是、有利工作的原则，既给上司讲"好消息"，也给上司说"坏情况"，才便于领导全面掌握情况，正确决策。聪明的领导是会领会到部属的这种良苦用心，从正反两方面的意见中总结出正确的结论的。

5. 对领导一定要多加肯定

适当宣扬上级的优点就是对领导最好的肯定。这里的宣扬长处则是以客观存在为标准的，实事求是。对绝大多数上级领导来说，之所以能够走上领导岗位，一定是有他可以凭借的资本，否则他的上级就不会信任他，提携他，群众也不会投他一票。善于发现领导的长处，不仅有利于自己的进步，而且可以促进下属与领导关系的协调和谐。如果大家都对自己的领导的优点了如指掌，那就会更加尊重他，努力配合他的工作，而领导如果有这样的一些下属，也就不会摆架子，而会多为下属着想，关心他们的生活，那这个团体还会不上进吗？当然，无论上下都不会忽视你这个桥梁的，尤其是你的领导，会对你更加重视。

第十九章

爱意无限，让恋爱不再复杂的甜言蜜语

决定成败的两秒钟

当你同你的恋人第一次见面的时候，对方的容貌、仪表、举止言谈、服饰打扮，在双方的心中都会留下深深的印象。

有人说："这是个一两秒钟的世界。"这句话深刻提示了第一印象对一个人的重要性，别人对他的感觉和决定以及要不要跟他交往，很多时候就在于初次见面的那一两秒钟的印象。男女初次约会时，第一印象就更要加倍重视。

首先，要注意自己的仪表。因为我们通常短时间内对一个人产生好感是来自于他的外在美的。

热爱美，追求美是人类的天性。

年轻男女初次约会，双方都刻意装饰仪容。然而，许多人都不知道，就仪态美而言男女是有别的，跟传统的观念恰恰相反，装饰的重点应各有不同。装饰得好，可以充分显示青春的魅力，否则就会给人以别别扭扭的印象。当你同你的恋人第一次见面的时候，对方的容貌、仪表、举止言谈、服饰打扮，在双方的心中都会留下深深的印象。"这个人整洁清秀，举止大方"，你对他产生了好感；"这个人邋邋遢遢，蓬头垢面"，你对他印象不佳。也许你们彼此一言未发，可内心深处的好恶都在无声中和盘托出了。据说有一位颇有才华的年轻小说作家与一位漂亮的姑娘初识，尽管作家的长相无可挑剔，但是，他不得体的着装，一头蓬乱不堪的头发以及不拘小节地跷二郎腿的"风度"，使他们的相会只持续了难堪的5分钟。姑娘对介绍人说："看他那邋邋遢遢的样子，很难想象他会对生活有什么信心。所以，我对他的信心就失去了。"这话虽有偏颇，但也不无道理。

女性尽管没有倾国倾城之姿，也未必令人"一见钟情"，但女性的仪态美和人情味，却能深深打动男子的心。女性在第一次约会时，仪态方面请注意以下各点：

（1）衣饰不宜过于豪华。男人虽然喜欢女人打扮得漂亮，但如果你打扮得像富翁的女儿，反而会把他们吓跑。他们会考虑能否负担得起衣饰如此讲究的妻子。

（2）不可多搽化妆品。唇膏的色泽要淡一些，宁可讲究点技巧，不要打扮得过于妖艳，白天不宜浓妆，否则使人感到俗气。

（3）举止要端庄文雅。尤其在公共场所，不应有过于热情的举动。因为这不但显得你太随便，失去矜持，而且在别人看来，也很不顺眼，觉得你不够庄重。

当然，在现代生活中，人们的穿衣打扮，已经远远超出了御寒遮羞的狭义范围，而被看成是社会文明程度、生活条件和人的精神面貌的反映。穿衣打扮要注意时代特点、个人的性格特点和自己的形体特点。

其次，要学会开口说话。

不少青年男女第一次约会时不知如何开口，或说些什么话，由于紧张、畏惧或别的什么原因，原本健谈、幽默和风趣的人也会变得木讷、寡言甚至手足无措。

其实你大可不必那么紧张，也不要封闭住自己的感情和心灵，如果初次见面你觉得对方还不错，就大胆地向他表示自己的真心和热情，就算你有什么具体的实际要求，也不妨诚恳地说出来；而不要遮遮掩掩，想问不敢问，想说不敢说，把约会变成一个别扭、难堪的聚会，那样就没什么意思了。遇到称心如意的人，就拿出真心和勇气，放开胆子，大方地追求吧！

在任何场合，男性主动同女性打招呼、问好都是一种礼貌；在恋爱时，男性更要主动开口，并尽量展开话题，不要出现冷场。

张明经人介绍与李晴姑娘认识。在一个星光灿烂的夜晚，他们两人见面了。

张明首先开口说："你好！我已经等了你很长时间了，真怕你突然改变主意不来了，那我就惨了。你觉得我怎么样？首先外观上你能通过吗？我这个人最大的缺点是不会收拾装扮自己，所以迫切想找个贤内助帮我料理收拾。如果能那样子的话，你一定会发现，一经打扮，我还挺不错的呢！不要笑，我这个人就好开玩笑，虽然工资不高，但生性乐观，爱好广泛，如听音乐、打篮球、游泳、看书等，又好动又好静，你呢？"

如此这般，张明很自然地展开话题，并诱发姑娘说话，从中探测她的志趣爱好，可谓一举两得。

大多数女孩子表达感情的方式比较含蓄，内心爱情如潮涌，表面上却很平静，看不出丝毫痕迹，甚至还略显冷漠来掩饰自己的真情实感。她们在第一次会见自己喜欢的人时，往往不大愿意多说话，但又不能不说，所以言语多较为谨慎，带点探询、含糊其辞等特征，或假装天真、糊涂，让对方多说，以便观察、了解他的为人。

"我是不是来晚了？我没想到你会约我。"

"我也不知道怎么回事，最近总是心神不定。"

"我第一次看到你，就觉得你挺特别的。"

"你觉得你自己有什么优点？"

女孩子的爱一般表现在行动上，而在语言上不大能表现出来。所以恋爱时，还是以男孩子主动开口说话为主，如果你能掌握她的心理、爱好，有针对性地开口说话，那样效果更佳。

要明白，女孩子喜欢大胆、直率和真诚的男孩子，只要你把握住夸奖、赞美的原则，让她听了感觉愉快、甜蜜，你们就一定能继续交往下去。但切忌说肉麻、太露骨的话语，那样反而会把她吓跑。

有一种传统的由媒妁牵线、撮合发生恋爱关系的恋爱对象。基于这种情况的男女大多是些性格内向、忠厚老实且默默无闻的人。当你赴约相见的时候，无论男方或女方，都要克制忐忑不安的心境，用不着羞羞答答，更不应该寡言少语，吞吞吐吐。而要落落大方，主动交谈。就身边的一些小问题，做简单交谈，譬如：谈天气、谈周围环境、谈所见所闻，然后再言归正传，谈年龄、谈文化程度、谈工作、谈性格、谈嗜好、谈家庭状况、谈社会关系等。对于心灵深处的流露、情感方面的表白，可含蓄、委婉、曲折些——这毕竟是"第一次交谈"，留点话题为以后交谈提供条件。

在当今的现代文明社会中，仅仅以貌取人、以风度定优劣固然不可取，但不可否认，一个人的言谈举止、音容笑貌、服饰打扮，在一定程度上反映着这个人的精神世界和审美情趣，一个人一举手一投足，一笑一颦，都会给人留下或美或丑的印象。人与人的相识相知总是从第一印象开始的，虽然这只注重了外在与表层，不无片面和虚假的弊病，但在恋人之间，它的作用实在不可小觑，尤其对通过第三者介绍认识的恋人。爱情的萌发来源于好感，而人们的好感离不开第一印象。因此，我们一定要加倍重视第一印象，给对方一种良好的感觉。

女孩要哄

男孩在邀请女孩的时候以情真意切为主打，让女孩感觉到温暖、真心。

邀请自己的心上人出去游玩在很多男孩子看来不是一件很容易的事，因为女孩碍于矜持和体面，通常会拒绝邀请。然而，你在此处止步不前了，自然也会无果而终。其实女孩都需要男孩"哄"，只要你哄得恰到好处，问题看来也不是那么难。

多数时候，你最好单刀直入，不给她说"不"的机会。

当你要去邀请她时，不要用商量的口气问她："愿不愿意……"之类的话，而最好武断地说："咱们一道去吧……"

虽然女人也有不愿意与你同行的时候，但是，如果她想说"不"的话，则多少会给她造成心理负担，使她对你有一种歉疚感。

然而，你如果用"愿意不愿意……"这种问法，乍看起来好像非常"绅士"，但事实上却了对方说"好"或"不"的两种机会。不用多说，责任上的分担，都推给了对方，而女人又不习惯于承担任何责任，所以警戒心高的女人，为了不节外生枝，干脆就摇头对你说"不"了。

"愿意不愿意……""要不要……"这种模糊的言辞被接受的可能性实在太小了，你可能也有这种经验吧。

相反的，如果你用单刀直入的问法："咱们去吧……"那就大不一样了。

下面这一段，是一位小伙子煞费苦心地劝说女朋友答应他的邀约的对话：

"你今天真漂亮，晚上6点钟我们出去吃顿饭，聊聊天，好吗？"

"不行。"

"我们应该彼此多了解一点。就在6点钟好了，到时我来接你。"

"不行。"

"说不定我们可以遇到一个我们喜欢的人，或是一件有趣的事呢！就今天晚上6点钟吧！"

"不行。"

"6点钟见面以后，我们可以吃顿饭，看场电影，然后到咖啡厅去坐坐，我们会有一个非常美妙的夜晚，还是去吧！"

"是吗？"

"我发觉我越来越喜欢你，今天晚上一定要见到你，就6点钟，我来接你。"

"那好吧，就6点钟再见。"

这是一个聪明的男孩，他使出了浑身解数，终于让对方由说"不"到说"是"。他不断地给对方勾勒出一幅美好的预期的画面，最后女孩终于动心了。

还有一些男孩在邀请女孩的时候以情真意切为主打，让女孩感觉到温暖、真心。这是一封男孩写给他喜欢的女孩的邀请信，它饱含着满怀的激情和热爱、执着与关怀：

在这之前我想先向你道谢，谢谢你借我一双手和我一起抵御寂寞的冷，战胜寂寞，谢谢你为我剪短思念，照亮黑夜。

《哈利·波特》是一部很不错的电影，不是吗？主角们受到攻击时，我听见你细声低喊。舞会那一幕，我们都看得很入迷，我恨不得拉着你跳进去和他们一起共舞。主角与巨龙战斗那8分钟，你的呼吸被音乐操控了，我陪你一起紧张。年轻有为的角色死得如此可惜，你的叹息让我的心跳漏了一拍。

回程的时候，车里空气很薄，我的呼吸有点急促。能和你交谈的话题很少，因为我不健谈。我的CD播放很多歌，张栋梁的、杜德伟的、李圣杰的、品冠的、光良的，你只哼过李圣杰的《痴心绝对》。唔，我会记起来。痴心绝对。

我双手握着方向盘，我知道回家的方向，却不知道自己的方向。你总是让我迷惘。空调散出的低温空气是绷紧的气氛，笼罩车子里的两个人。你说再见、晚安，把我的快乐辛酸留了下来。我把车子停在原地，才发觉车子里缺少的气体是勇气。我说再见，因为我想再见。

我想向你道歉，原谅我的不健谈。我决定再邀你看一场电影以示歉意。放心，我会预先选好位子，不会像这次坐在F15和F16的位子。坐在这位子会令我们的脖子很酸，这一家电影院的冷气也特别的冷。唔，好的，下次我会记得带外套。

再次向你道歉，原谅我不够细心，忘了带外套为你御寒，忘了预先选好位子，忘了买好可乐和爆米花给你享用。一切的一切，我都感到深深的歉意。

别担心我，得不到你的原谅，我只是会魂不守舍，上课没心思听讲，导致成绩下降，走路撞得柱子搞到头昏脑涨，忘记吃饭令我虽生犹死，睡不了觉引起情绪不稳定，驾车不专心撞出一场世界性的创举而已。基本上，死不了，所以你有权利不原谅我。但是，基于基本的礼貌，我觉得我还是得等你原谅。等你给我一个赎罪的机会。

这样诚挚的话语，恐怕对方是很难拒绝了。这个男孩无疑又增多了一次让对方了解他的机会。

"谨慎""谦恭""有风度"是女人的传统美德和本能表现。因此，在邀请她们出游的时候要拿出你的勇气，让她们看到你的决心与诚意，女孩子其实都是需要耐心哄的，也是很容易心软的。

情真意切是爱情的灵魂

当恋爱中的人真情流露时，都会让对方感动至深，情真意切是爱的灵魂，没有真心实意，谈爱就是空洞或虚假的，只有对对方表露诚意，对方才会做出同样的回应。

孙犁的名作《荷花淀》，如一幅富有诗意的爱情风俗画。水生夫妻的对话仿佛是一首回味无穷的爱情诗篇，其中洋溢着深厚的真诚和关切之情。

月亮升起来了，院子里凉爽得很，干净得很！水生嫂手指上缠绞着柔润修长的苇眉子，坐在院子里，等候着丈夫。身边是一片洁白，淀里是一片洁白，透明的雾，柔和的风，荷叶荷花香飘了过来。在这朴素干净的农家院中，一片安宁，一片温馨，一片思念牵挂的温情。辛劳了一天的公公熟睡了，玩耍了一天的儿子也进入了梦乡。水生嫂在月光下，一天的担心，一天的思念，不正是可以在这种静寂的夜景中，轻柔地同丈夫叙说吗？宁静之夜是夫妻对话的一个充满诗意的极好环境，美妙的夜会给爱情增添甜蜜温柔。

水生嫂以温柔体贴的话语表达出了对丈夫的深情，她了解丈夫——朴实勤劳，积极能干，小苇庄的游击组长，党支书记，她怎能不爱他呢？所以，当水生从区上回来时，她首先要问的便是："今天怎么回来得这么晚？"语气温柔，充满了体贴关切的感情。轻轻的一句话，却包含了这样的意思：今天你在外面怎么样？这么晚怎不叫人心急？你吃饭了吗？有的只是宽厚贤淑和温柔之情。这柔柔的一声仿佛是荷花淀飘来的温馨的荷香，让水生顿觉轻松，一天的疲劳也消失了，当水生询问儿子的情况时，她又轻言细语地说："和爷爷收了半天虾篓，早就睡了。"言语不多，却有许多信息。她讲了儿子和公公的一天活动，她以"儿子早睡了"含蓄地露出了那种嗔怪丈夫回来太晚的心境，但这种嗔怪却是一种关心，一种疼爱。

在水生和水生嫂这样一对仅仅是粗通文墨的青年农民夫妻的对话里面，没有丝毫语言修辞的炫弄。这里有的只是夫妻间倾心商谈的平常话语，有的只是夫妻间倾注了深厚情爱的言辞。正因为此，这里的语言才显得像他们的感情一样朴实无华，简洁明了。

水生和水生嫂的感情是令人羡慕的，他们之间没有丝毫掩饰和造作，用简单的语言诉说各自的最真的情感，夫妻间的融洽也就是在平淡如水的话语中不知不觉地增强了。

耍"小性子"可以说是女孩子的天性，恋爱中的女孩子更是如此。她们常为男友的言行不符合自己的心意而耍性子赌气，挤眼抹泪。其实，她心里并不是真的生男友的气，而是故意生气，看男友是不是会过来哄她，这时候男士就应该抓住机会表达真情实爱。

一天傍晚，李云与张亮两人为一件小事闹了点别扭。分手时，张亮本想按惯例送李云回家，可李云却执意不肯。张亮拗不过李云，只好答应，但又担心李云的安全，只好在后面远远地跟着，看李云进了家门。10点多钟，李云回到家，刚一推门，电话声就响了。她抓起电话，听筒里传来张亮的声音："云，我是亮。"李云听说是张亮，正要放下电话，又听张亮说："云，看见你到了家，我也就放心了，晚上好好休息，我也回家了。"听了张亮的一番话，李云跑到窗边，看到张亮离去的背景，泪水夺眶而出，此时的她，心里只有感动，哪还顾得上生气啊。

张亮不失时机的一番关爱之语，向恋人传送了自己的关心与牵挂。语虽短，意却浓；话虽简，情却真。令对方不由得怦然心动，怨气全消。

当恋爱中的人真情流露时，都会让对方感动至深，情真意切是爱的灵魂，没有真心实意，谈爱就是空洞或虚假的，只有对对方表露诚意，对方才会做出同样的回应。

多理解，少抱怨

谈恋爱时，要多一分理解，才能把握好爱情。

这是一段妻子给丈夫的话。周末晚上，妻子做好饭菜左等右等不见丈夫归来，邻家传来热闹的嬉笑声，妻子更觉孤独，于是她给晚归或可能不归的丈夫写下这么一段话：

晓军，等至夜深，依旧不见你归来，想是到同事家打麻将去了。一周末繁忙的工作之后，确实应该轻松一下，但愿你能确实轻松。

晚上，我独自一人立在阳台边数天上的星星，并猜测哪一颗星星属于你所在的位置，有一颗最初很亮很亮，可我看得久了，却发现它又黯淡下去，最后我都找不着了。

起风了，吹得门窗砰砰作响，每一次门响，我都以为是你回来了，兴奋地打开门，外面却是黑漆漆的夜……

我在等待一个不回家的人，我想你一定不愿意这样，虽然你人留在了一个我不可知的地方，但家里到处都闪现出你的身影，厨房的餐桌上还留着你早起喝剩的半杯奶，已没有了早晨热腾腾、飘着黄油的香味，我只好把它倒掉了，等你回来，我再重新为你冲上一杯，但愿你不会再把它剩下。

请再看另一段妻子留给不归丈夫的话，比较一下二者的效果。

我就知道你今晚心又痒得难受，你是无可救药了，像这样下去，日子没法过了。

你在外面轻松快活，却留下我孤独一人，早知道我还不如回娘家去，还待在这破家干什么。

我郑重警告你：你再这样，我告诉你爸妈，我不相信，你的毛病我治不了，别人还治不了。

两段话的效果应该是截然不同的，后者充满了怨恨、责怪，这样尖锐的话说出来非但达不到效果，反而会令对方更为反感。

一次李丽的一些朋友邀请她周末出去玩，还特别嘱咐她带上她的男朋友阿强，李丽兴致勃勃地打电话告诉阿强，但是阿强说："丽，我不能去，周末我要陪领导出差，下次吧！"李丽听后顿生不悦，对着电话筒大声说："你好牛啊，请都请不动，也太不给我面子了！"阿强听了这话，默默地放下电话，好长一段时间都没有主动找过李丽。

在恋爱中，由于主观或客观原因，不可能自己的每个要求每次都得到满足。当对方不能满足自己的要求时，一定要保持冷静，多一些理解，少些抱怨和指责。上一个故事，对李丽的邀请，阿强不是不想去，而是公务在身不能去。如果李丽能考虑到这一点，把指责变成一种理解，说出"我很遗憾你不能去，我原本想我们一定会玩得很开心，不过你工作重要，下次有时间再玩"等一类的话，双方的关系非但不会受到影响，反而会使爱情更上一层楼。

很多做妻子的，往往刀子嘴，豆腐心。虽然洗衣、做饭全包，丈夫回家，可口饭菜端上桌，嘴里却唠唠叨叨没个完。不是回来晚了，就是衣裤不整，要么是左右邻里一大串，你家如何如何又如何，结果听得丈夫一忍二，二忍三，实在忍不了，拍桌而起，或默然无语，或拂袖而去。饭菜没吃多少，烦恼塞了一肚，实在厌烦无奈，蒙头就睡，不识相的妻子是一通指责：不脱衣就睡，吃好饭也不洗碗。就这样没完没了，家庭成了两个人的负担，两个人的灾难。可在心里面，她真有这么多的怒气和愤慨吗？

其实，每个女子都会认为做家务是自己不可避免也难以逃避的一种责任，没有一个女子会以为自己成了家以后是什么也不需要做的。既然嫁人之前，就多少对做家务有心理准备，因此那些唠叨的话语就成了她向丈夫夸耀自己能干和贤惠的特殊语言。也成为她和丈夫交流的唯一语言方式，她不知道同一内容、同一意思用不同的话说出来，效果就会大不一样。

"回来了有没有兴趣帮我择一下菜？"

"看你疲倦的样子，一定很忙吧？"

"我想，你是没有兴趣跟我一起睡了。"

"不对吧，你原来挺爱干净的。"

"我嫁给你，就是因为你很有能力。"

"你一定会把那事做好的，你一向都很机灵。"

"你该不会是个吝啬鬼吧！"

"真是你想到了！"

"别多想了，我知道你有难处。"

"给家买点东西带回去吧！"

"你做的菜比我做的好吃多了。"

用这样一些软话来说服对方，效果会更好。男人一般都是遇刚则刚，遇柔则柔的，他们通常经不起女人的柔言细语。所以刀子嘴最好还是早早放弃。

善意的谎言

夫妻之间如果你什么事情都实话实说，只会给自己制造出一些不必要的麻烦，甚至会将夫妻关系搞僵。

一天晚饭后，二人靠在沙发上欣赏正在热播的青春偶像剧，影片里男女主角正爱得如火如荼，女主角深情地问对方："你到底爱不爱我？"男主角随即说道："我当然爱你，因为你是我身体的一部分。"王永听了这句话后，自言自语道："好！这是个精妙绝伦的回答，简直堪称经典。"王永的妻子听他这么一说，将他仔细打量一番，便开始不停地质问王永："你是不是也把我当成你身体的一部分呢？"王永被问烦了，只好敷衍回答说："你当然是我身体的一部分了。"王永以为这样回答就可以交差了，谁料他的妻子听完之后却并不满足，而是继续质问他："那么，我到底是你身体的哪一个部分？"妻子本来是想听几句甜言蜜语的，可是，王永却无奈地笑了笑，想尽量回避这个问题，妻子步步逼近，再三追问，无奈之中只好将答案脱口而出，他笑嘻嘻地对妻子说道："你是我的盲肠！"妻子听了他这句话，失望至极，气呼呼地提出要和他解除婚姻关系。

一句不经意随口而出的玩笑话给王永带来了偌大的麻烦，这就是直言直语惹的祸。其实，当你面对妻子打破砂锅问到底的时候，千万别在情急之中，就将心中那个"正确的答案"脱口而出，因为这个"正确答案"可能会让你吃足苦头。

生活里没有绝对的真实，世间万物本来就不是完美的。你又何必老老实实地把自己完全地暴露在别人面前呢？

有些秘密该保留的就要让它留在心中。

不管对于恋人信任到怎么可靠的程度，有些事情，如果没有说的必要，在开口之前，最好还是考虑一下，这当然是为着彼此安宁的缘故。

在这一原则下，唯一告诫的是千万不要把你过去的恋情告诉她！这容易在她的心中留下阴影。

如果你的目的是在说明旧恋人不好，那根本就没有说的必要。如果你在说旧恋人比她好，则她的心理反应是："为什么你又爱我？"同时，在这心理发展之下，你将会碰到许多的麻烦，日后你也不会安宁。

过去的恋情既然不应该告诉你的恋人，那么，属于过去恋情的痕迹也不应该出现于恋人的眼前。

有些太痴情的男子，对于曾经的恋人念念不忘，往往保存着曾经的恋人的照片或别的东西作为纪念，这种行为是新恋人所不能接受的。

为了爱情而定制的谎言，往往会收到很好的效果，这也是女性的魅力之一，是与女人会话绝对需要的技巧。尤其是恋爱中的男女之间，谎言的作用好像润滑油一样。

有效的谎言有很多种："上次跟你见面回去后，我又独自在公园里徘徊，虽然时间已经很晚了，可是我却没有一点儿倦意。我觉得那天的夜色，好美，好静！"这种谎言，是属于那种略带神秘性的谎言。

"每次和你约会时，总是在家柜里翻半天，老觉得每件衣服都不好看，真觉得自己有点发神经了……"这种谎言，是一种俏皮、可爱的谎言，更深远的意思，已经在无言中流露出来了，对方必定会为你所动。

有的女性很会为自己的男友着想，担心对方的经济能力不够，因此，在约会的时候说：

"不知道怎么回事，我对出租车有畏惧感"，或"每次坐在高级餐厅或咖啡厅时，我总觉得浑身不自在，似乎那种地方太过于庄严，不适合我这个土包子。说起来，我还是喜欢坐在阳台上欣赏夜色。吃自己煮的面，这样比较没有拘束感"。若对方真的没有很充裕的经济条件时，听到这些话，一定会为女方的温存体贴而感动。

例如，约会那天，刚好跟公司的同事发生了一些不愉快的事情，心情非常不好。不过，在见到男朋友的时候，应该马上改变态度，含笑说："我今天过得很愉快，你呢？"说也奇怪，当你这样讲了之后，原本非常懊恼、郁闷的心情，会立刻一扫而空。这种谎言，不但令对方快乐，同时也暗示自己追求快乐，何乐而不为？

谎言还有避免争吵、化解危机的功效。

一次，小吴与单位几位同事去北京旅游，观名胜、赏古迹，寻奇涉险，尽情而游，竟把当初答应妻子给她在长安街上购物的事忘得干干净净。直到乘车返回家时，才猛地想起。不得已，他只有在本市的一家商场里买了一套裙子。回家以后，对妻子不敢如实相告，而以谎言哄之：

"平日里，你提篮买菜，洗碗刷锅，相夫教子，毫无怨言，真得好好感谢你。这次去北京，为了买这身裙子，我几乎跑遍了各大商场，才选中了它，也不知道你喜欢不喜欢，来，试试看！"

妻子笑逐颜开，欣然试装。试想，如果小吴如实相告，岂不大煞风景，甚至可能会引起一场小小的"内战"。夫妻间理应真诚相待，来不得虚伪和欺骗，但如果每件事都得实言相告，每一句话都不掺半点假，则不仅不能为家庭增添欢乐，反而还会使原本和睦温馨的家庭出现裂痕。因而，在不涉及大局，无关"宏旨"的家庭琐事上，有时不妨以"谎言"来润润色，营造一种温情脉脉的氛围。

电话恋爱——距离产生美

当你思念恋人而不得相见的时候，不妨拿起你的话筒。

有人说："在谈恋爱时，距离产生美感。"但也不是说什么都不管不问的。这时，用电话来谈恋爱是最好的方式了。电话恋爱，的确有许多独到之处：双方可以敞开心怀去谈，含情脉脉地侃侃而谈，或低声细语或哈哈大笑，此时绝不必担心各自的相貌不雅或衣冠不整，对于一些容易害羞而不会表达的人更是一种好办法，尤其是在电话中与异性沟通，谈到不对劲时，可随时挂断，想好话题后，可立即重新开始，也不至于太尴尬。

恋爱开始后，很多女孩子就自然而然地产生被动心理，你对她的关心体贴程度如何，成了她注意的焦点。恋爱中的女孩感到最幸福的莫过于成为你注意的中心。

假如你每天打一次电话给她，那么她就会觉得你每时每刻都在关心着她，同时，从她的眼里到心里也很难进驻第二位异性。

利用电话谈恋爱有很多种方法：

1. 气氛电话

女孩子在傍晚或晚上时分，比较放松自己，也最容易动情。这时谈情往往比白天好，一面播放她喜欢的音乐，一面谈有趣的事，可以使感情增进。

2. 旅行电话

当你外出旅行时，一定要打电话给她，表示"真希望能和你一起去旅行""我会带礼物给你的，你想要什么""我很想你"等。

3. 慰问电话

如果对方生病时，要在第一时间打电话给她，并以开朗的语气安慰她，但不要让她太累，谈话时间不要太长。

4. 倾诉电话

在想念她的时候不妨直接告诉她，碰到自己高兴的事与她分享，遇到烦恼的事可与对方分担，对方会认为她是你第一个想到的人。

电话恋爱最好准备些使人听起来温馨浪漫的语句，比方说：

"生日快乐，希望你一天美似一天。"

"你的声音真动听……"

"我只是想听到你的声音，只有听到你的声音，我的心才能平静下来。"

男人在女人意想不到的情况下拨个电话温柔地说："没什么特别的事，只想听听你的声音。"

男人被女人拒绝后仍带着深情地说："即使你不爱我，我也会一生保护你。"

男孩向初恋情人天真烂漫地说："你是我最初也是最后爱的人。"

痴情男子向女朋友说着伟大誓言："不管将来发生什么事，你变成什么样子，依旧是我最爱的人。"

男人和女人聊了很长时间说："和你一起总会令我忘记时间的存在。"

男人在工作期间不忘给女友留下动人话语："此刻我很挂念你，请为我小心照顾自己。"

情路即使受着外在因素影响跌跌撞撞，男人却一直坚定执拗地向所爱的人说：

"只要和你一起，我不管要付出怎样大的代价。"

男人一脸痴情，愿为她赴汤蹈火："任何时候，任何情况，只要你需要我，我立即赶来，尽我全力为你做事。"

一天甜蜜约会结束，凌晨时分，男的还捧着电话筒向远方的她充满渴望地说："现在能够见面多好啊！"

男欢女爱，恋人聚在一起谈天说地，那种感觉的确很好，但有时不能相聚，适时拿起电话，随着话筒轻震，你的爱意也会轻敲恋人的耳膜，使他如同在你的身边，备尝甜蜜。

恋人间"斗嘴"的技巧

有过玩碰碰车经验的人都知道，这其中的乐趣全在于东碰西撞、你攻我守，这种游戏的新鲜与刺激绝非四平八稳的行车能比的。在许多青年恋人中，尤其是有较高文化素养的情侣之间，有一种十分独特、有趣的语言游戏，很像这种碰碰车游戏，那就是"斗嘴"。斗嘴，不是吵嘴，不是口角。天真无邪的斗嘴是"爱的养料"。

恋人之间斗嘴具有哪些特点呢？

1. 目的模糊。恋人之间斗嘴一般并不是要解决什么实质性的问题，做出什么重要的决定，而仅仅是借助语言外壳的碰撞来激发心灵的碰撞，从而达到两颗心的相知与相通。因而恋人们常为一句无关紧要的话，一件微不足道的事"斗"得不可开交，局外人很难领会到其中的奥妙与乐趣。

2. 形式尖锐泼辣。恋人间的斗嘴从形式上看和吵嘴很相似。你有来言我有去语，你奚落我，我挖苦你，毫不相让，锱铢必较。但与吵嘴不同的是："斗嘴"时双方都是以轻松、欢快的态度说出那些尖刻的言辞，有了这层感情的保护膜，"斗嘴"就成了一种只有刺激性、愉悦性却无危险性的"软摩擦"，成了表现亲密与娇嗔的最好方式。

正因为斗嘴具有形式上尖锐而实质上柔和的特点，它就比直抒胸臆式的甜言蜜语有了更大的展示情侣间真实感情与丰富个性的空间。所以沐浴爱河的许多青年男女都喜欢进行这种语言游戏，在这种轻松浪漫的游戏中，加深彼此的了解，增进相互的感情，同时也调剂爱情生活，使恋爱季节更加多姿多彩。

斗嘴，既然是一种游戏，就有它的规则。千万不可因为刻意追求效果而不顾一切。

1. 要顾及对方的心境

斗嘴虽然是唇枪舌剑的交锋，但也需要有一个宽松的环境，才能享受它的快乐，因此斗嘴时要特别注意恋人当时的心境。大家都有这样的体验，心情愉快时，可以随便耍嘴皮、开玩笑。可如果你的恋人正在为工作调动没有结果而一筹莫展时，你却来一句："你怎么啦？满脸旧社会，像谁欠你八百吊钱似的。"

她准会埋怨你："人家烦都烦死了，你还有心取笑，我看你是没心没肺了。"

这样斗嘴的味道就变了。

2. 要把握好感情的深浅

谈话有一个总的原则"浅交不可深言"，这话同样适用于恋爱。如果双方还处在相互试探、感情朦胧的阶段，最好不要选择"斗嘴"的方式来加深了解。因为毕竟你对对方的个性还不是很了解，容易产生不必要的误会，而且很容易将斗嘴演化成辩论，那就更大可不必了。要想以斗嘴来加深了解，可以选择一些不涉及双方感情或个人色彩的一般话题，如争一争是住在大城市好还是隐居山林好，斗一斗是"左撇子"聪明还是"右撇子"聪明等，这样双方可以不受拘束，"安全系数"也大。如果已是情深意笃，彼此对对方的性格特点都比较了解，那斗嘴就可以嬉笑怒骂百无禁忌了。

3. 不要伤及对方的自尊

恋人间斗嘴，最爱用戏谑的话语来揶揄对方，往往免不了夸张与丑化。但是这种夸张与丑化，也要顾及对方的自尊，最好不要涉及对方很在乎的生理缺陷或挖苦对方很敬重的人，更不可攻击他（她）很敬重的父母或对方的偶像，也不要挖苦对方认为神圣的人和事，否则就有可能自讨没趣，弄得不欢而散。

不要吝惜甜言蜜语

甜言蜜语对整个爱情的加固起着重大作用，它是爱情运转的润滑剂。

男女相处的时候，有时甜言蜜语非常受用，尤其是爱侣已到了接近谈婚论嫁的阶段，不妨大胆些，在言语间多放点"蜜"。沐浴在爱河中的人，是不用客套的字眼的。任何海誓山盟，"爱你爱到入骨"的话也可以说，不必怕肉麻，除非你并不爱他。与他久别重逢时你可以讲：

"好像在做梦，多么希望永远不要清醒。"

"总是惦念着你！别的事我一概不想……我的感觉，好像一直跟你在一起。"

这是"无法忘怀、时时忆起"的心境，只要谈过恋爱的男女，一定有此体验。除了他以外，任何事都不放在眼中，总是想念着他。上面那句话不用怕羞，可以反复使用。相爱之初，热烈的甜言蜜语绝对不会使人感到厌烦，也许还认为不够呢！

"你喜欢我吗？"你不妨大胆地问他。

"说说看，喜欢到什么程度？"或用这样的语气追问。

"请你发誓，永远爱我！"甚至你可以这样单刀直入地对他撒娇说。

"世界是为我们而存在，对不对？"

"你爱我，我可以抛弃一切！你也是这样？爱就是一切。"

"如果你爱我，有什么为证呢？"这是女人经常挂在嘴边说的话。女性就是希望在有形的、眼睛和耳朵都能感觉到的形式上确认"自己对他是不可缺少的人"。例如，恋人之间在见面的时候，男方没有搂搂她的肩或握握她的手，她就要怀疑他是否爱她，甚至因此而解除婚约的女性也大有人在。妻子新做的一个发型，或穿上了一件新衣服时，做丈夫的假如不发一言，她会认为你无动于衷，这样她就会感到不满。

女性要求认可的欲望很强，恋爱中的就更不用说了，就是在结婚后，女人也爱问："亲爱的，你爱我吗？"她时常要求确认"爱"，而对此感到退却的大多是丈夫。在男人看来，不管如何爱她，"我爱你"这三个字只要讲过，就不想说第二次。男人总是这样认为，我是否爱你，可以在实际行动中表现出来。

可是，对女性来讲，语言比行动更为重要。假如男人不在她们耳边重复着说"我爱你"，她们就认为不能与对方沟通。处于幸福、甜蜜状态的女性，都是根据丈夫的"爱语"或反复的动作得到安心和了解的。

因此，满足这种心理是男性的任务，"我爱你""我喜欢你"这些话对女性是非常重要的。她们认为这样是女性显示内在价值和魅力的标志所在。

当她们想要得到认可的欲望被满足后，她们就会心安理得安安分分地去做一个好妻子，爱情就会变得更加和睦。

通常，男子都爱花言巧语，何不把美丽的话语多用在妻子身上呢？

"你不要对我这么凶，好吗？我心里很难过。"

"这个家没有你，简直就难以想象。"

"我的老婆，做的菜真好吃。"

"你真伟大，我怎么想不到？"

"结婚纪念日，我们去照张合影吧？"

"爬高爬低的事我来做，你别上上下下的，小心些。"

总之，做丈夫的要把你的爱通过甜言蜜语表现出来，让她时刻体会到你深爱着她，并时时创造一种美妙的生活环境取悦于她，那样你们的感情会一天比一天深厚，妻子对你的爱也会一天比一天深，这对于你并不麻烦。同时她的愉快传染给你，成为两个人的愉快；她的美丽心情成了你的财富，丰富你的情感生活。

很多人在谈恋爱时把恋人看得很完美，花前月下，卿卿我我，有时明知道对方的某种缺点自己难以接受，可指出来又怕伤害对方的感情，于是就装出一副菩萨心肠，一忍再忍。其实这和父母溺爱孩子一样，终究是会酿成苦果的。那么，年轻的恋人怎样既能指出他（她）的缺点，又不伤他（她）的心，更重要的是还能让他（她）接受你的意见呢？

其实有许多窍门，对对方进行旁敲侧击，促其反思并改正。

某局长的千金小徐和本单位的小李谈恋爱时总是显示出某种优越感。因为小李是农家子弟，大学毕业分在局里做科员，没有什么"靠山"。有一次小徐到小李家做客，对小李家人的一些生活习惯总是流露出看不顺眼的情绪，并不时在小李耳边嘀嘀咕咕。吃过晚饭把小姑子使唤得团团转，又是叫烧水又是让拿擦脚布什么的。小李看在眼里很不是滋味。他借机笑着对妹妹说："要当师傅先做徒弟嘛！你现在加紧培训一下也好，等将来你嫁到别人家里，也好摆起师傅的架子来。"小李这么一说，小徐当时似乎听出了什么，过后不得不在小李面前表示自己有些过分。

小李不失时机地用"要当师傅先做徒弟"的俗话来提醒小徐，避免了直接冲突。即使对方当时略有不满，过后也会有所感悟。

当对方的所作所为引起自己的不满时，也可用诙谐的言谈让对方笑着接受自己的"不满"。

雅倩非常喜欢跳舞，男友小张偏是个好静的人，正参加自学考试，常被她拉去"看"舞。雅倩有个很不好的习惯，不跳到舞厅关门不尽兴，久而久之小张就受不了了。有一次他们从舞厅出来已是夜里12点多了，小张说："你的慢四跳得很棒，我还没看够。你一路跳回宿舍怎么样？"雅倩撒娇说："你想累死我啊！"小张一副认真的样子："不要紧，我用快三陪你跳。"雅倩扑哧一乐："亏你想得出，丢下我一个人也不怕我碰上流氓。"小张这时言归正传："那你在舞厅丢下我一个人也不怕我打瞌睡被人掏了包儿。"雅倩这时才知道男友压根儿没有兴趣跳舞，以后就有所收敛了。

对恋人的不满不用憋在心里，可以适当对对方提出自己的意见，但是要用对方法，否则只会破坏感情而于事无补。

如何进行初恋的"第一谈"

交谈是人与人之间传递思想、交流感情的最基本手段。如果人不善言辞，不会交谈，很难想象他如何在社会这个广阔的舞台上演好自己的角色。尤其是初恋的时候，恋爱中的人如何使用妥帖的语言把自己丰富的思想、复杂的情怀、微妙的心声表达出来，语言更是需要配以艺术的感染力。

掌握初恋这一"艺术"，可以使双方相互接触，并将丰富的思想、复杂的情怀、微妙的心声，用妥帖的语言表达出来，从而点燃爱的火花。当然，怎样掌握这门艺术，也要因人因境而异。

有些男女属于性格内向、忠厚老实且不善言辞的人。在赴约相见的时候，无论男方或女方，都要克制忐忑不安的心境，用不着羞答答，"犹抱琵琶半遮面"，更不应该木讷寡言，吞吞吐吐，而要落落大方，主动交谈。可以谈天气、谈周围环境、谈所见所闻，然后再言归正传，谈年龄、谈文化程度、谈工作、谈性格、谈嗜好、谈家庭情况、谈社会关系等。

在交谈中，对于是非性的话题，可以谈清楚一些，有利于双方的了解，以免将来产生误会。对于心灵深处的流露、情感方面的表白，可含蓄、委婉、曲折些，这毕竟是"第一次交谈"，留点悬念，以便下次交谈时易于"畅谈"。值得注意的是，交谈的双方，都必须注意以适宜对方理解、接受能力为基础，不然你的"高谈"让对方一知半解，可能会造成误解。

有许多青年男女往往一见钟情。但凡"一见钟情"的恋人，当触及"真爱"时，总是这样表述：我好像被你深深地吸引住了；我或许爱上了你；你是我接触的女性中唯一吸引了我的心的人；你真的很可爱，只是这时间过得太快了，明天我……

青年男女是很容易"变"友情为恋情的。对于这种形式的恋人，不能去谈他们"第一次交谈"了，只能说：在经历了初识至普通朋友的漫长过程中，随着时间，随着年龄，随着互相了解和感情的加深，逐渐发展到恋情。首次坦诚萌芽了的爱情，启开对方的心扉时，才可以称为"第一次"。

毋庸置疑，所谓第一次同恋人怎样进行交谈，并没有什么固定的模式。因为人的性情不同、文化修养不同、气质不同、职业不同、爱好不同、追求不同，他们的表达方式、言谈内容都会不尽相同。

相亲择偶时该如何交谈

现代社会中，虽然许多青年男女都会采取自由恋爱的方式结合，但是传统的相亲择偶仍然存在。许多将要相亲的人都会这么问："见面后，我应该先跟他（她）说什么，才不会失礼呢？"的确，第一次相亲见面时的交谈是很重要的，甚至是相亲能否成功的关键。那么，相亲择偶时，我们到底应该说些什么，又该怎么说呢？

相亲的青年男女，在见面之前对对方已经有了初步的了解，例如，学历、年龄和家庭状况等。因此前来相亲者，多数对于预知的概况都是感到满意的。在相亲过程中，就可挑些双方都感兴趣的话来说。下面我们来看一下一对男女相亲时的对话：

"我喜欢吃，也喜欢烹饪，从中学时代就常常帮妈妈的忙，所以我对烹饪十分有信心。"

"那很好！这样一来，我经常可以品尝美味了。当你先生的人一定很幸福。"

"我学过葡萄牙菜和中国菜，现在正在学习日本料理和下酒小菜。"

"很好啊！下回再来拜访你，就让你请客。我的嗜好也是吃。"

"欢迎！我特别下点功夫，弄几道菜，像蚝油鸡片、八宝鸭、芙蓉鱼片汤，不错吧？"

"哇！这是正式的宴会名菜，不是一流的餐馆还做不出来呢！"

相亲时的交谈如果能够如此进行，最后缔结良缘的机会就相当高了。

同时，前来相亲的男性的目的往往是为了选择终生的伴侣，所以想结婚的女性在相亲的时候，一定要给对方留下美好的印象。"讨老婆，麻雀胜凤凰"，有人这么想，何况相亲双方早就看过照片，要是不中意也就不来了。因此，女性要使相亲成功，就要努力展示自己的魅力，让男性感觉你是一位有知识、有教养的女性。例如，钢琴弹得好、舞技高超、英语流利等等。这些素养你不说，他是难于发现的。但魅力必须配合对方的兴趣来表达才正确，并且在宣传自己的魅力时要干净利落地表现出来。

倒追怎么开口最好

在中国古代社会中，女孩都是矜持的，从不主动开口说"爱"，倒追男孩的女孩肯定是为世俗所不容的。但现在的女孩子在接受开放思想的熏陶以后，大多数都不会再羞答答地等待男孩表白了，当她们有了心仪的对象时，都会主动创造机会与男孩相处。

积极主动、会沟通的女孩，追到自己喜欢的男孩的几率比不主动、不会沟通的女孩要高很多。那么，女孩要如何打动男孩子的心呢？

倒追男孩，聪明的女孩会主动创造机会，而不是等待机会。她们享受追求的整个过程，这个过程浸透了她的耐心和技巧。

有一个女孩住在一家医院附近，她看上了一个医生，苦于没机会接近他，于是想到一个方法。有一天，女孩双手抱满东西，和迎面匆匆而来的一个人撞了个满怀，东西散落一地。这个人当然就是那个医生，他为自己的不小心连声道歉，同时帮她捡起散落的物品。女孩一脸害羞又通情达理地说："没关系，你也是太忙碌了，才弄成这样嘛！"

初次的计划成功后，女孩每天在医院的下班时间牵着小狗在附近徘徊。几天后，她又遇到了那个年轻医生，两个人攀谈起来，不久之后成为了恋人。

还有一个女孩追一个男孩，她发现这个男孩早晨有跑步的习惯，于是她也开始跑步。

一次在跑到男孩面前时，她友好地和他打招呼，脚下却失去平衡摔倒在地，她碰破了膝盖，男人把她带回住处，并给她敷药。这样，她虽然跌伤了，却得到了和男孩接近的机会。

适当地使用一些小计谋，往往都是你成功倒追的开始。

还有一些女孩总是很烦恼，因为她们在和自己心仪的男孩相处时，会感到十分紧张，也找不到合适的话题。

如果你因赴约会而紧张，有一个秘诀就是：把紧张诠释成兴奋。聪明的女孩会把和男孩约会、谈话当成一种乐趣。她会细心地去了解男孩对她说的每句话的真正含义。因为一句玩笑，一句对工作的怨言，都可以泄露男孩内心的问题和麻烦。而只有真正了解了对方的想法，聊天才不会流于表面，而是可以更深入地接触到对方的内心。

争吵有度，和好有理

俗话说："谁家的烟囱都冒烟。"即使最恩爱的夫妻，也难免发生争吵。一般口角，吵过之后也就完了，但是，如果争吵起来不加控制就可能激化矛盾，引发意想不到的坏结果。所以，夫妻争吵有必要控制好"度"。

有的夫妻争吵时，喜欢把过去的事情扯出来，翻旧账，历数对方的"不是"和"罪过"。这种方式是很不理智的。夫妻之间的旧账很难说得清。如果大家都翻对自己有利的那一页，不但无助于解决眼前的矛盾，而且还容易把问题复杂化，让新账旧账纠缠在一起，加深怨恨。夫妻争吵最好"打破盆说盆，打破罐说罐"，就事论事，不前挂后连，这样处理问题，才容易化解眼前的矛盾。

有的夫妻争吵时，不仅彼此指责，而且可能把对方的父母、亲属也扯进来。如说："你和你爸一样不讲理！""你和你妈一样混账！"等。如此把争吵的矛头指向长辈是错误的，也是对方最不能容忍的。

一般来说，夫妻双方十分清楚对方的毛病和短处。比如，对方存在生理缺陷，个子小，不生育，或有过失足等。在平时，彼此顾及对方的面子而不轻易指出。可是一旦发生争吵，当自己理屈词穷、处于不利态势时，就可能把矛头对准对方的短处，挖苦揭短，以期制服对方。有道是"打人莫打脸，骂人不揭短"，任何人都最讨厌别人恶意揭短，这样做只会激怒对方，扩大矛盾，伤及夫妻感情。

有的夫妻争吵时，总爱拿别人家的丈夫、妻子做比较，来贬低自己的丈夫或妻子，"你看看人家老王，有手木匠活多好，光是每月给别人做几个大柜，就几百块了"。俗话说："人比人，气死人。"要是对方接受数落，咽下这口气倒也罢了，就怕对方敬你一句："你觉得他（她）好，怎么不跟他（她）过呀！"长此下去，夫妻关系必然产生裂痕。

总之，夫妻争吵只要把握好了度，才能为和好时留下余地，才能"雨过天晴"，和好如初。

让对方不失体面地收回"爱"

爱情是一件美好的事，如果爱你的人正是你所爱的人，那么被爱是一种幸福。但是，假如爱你的人并不是你的意中人，那么被爱就不是一种幸福了，可能会是反感甚至是痛苦。别人向你求爱，他（她）没有错；你拒绝他（她）的爱，你也没错。最关键的是怎样拒绝，如果拒绝得恰到好处，对双方都是一种解脱。如果你不讲方式，不但伤害了他人，说不定还会伤害自己。

初次交朋友，你也许有过这样的难题，由于对方是你上司介绍的，或者是上司的子女，让你在拒绝上产生了犹豫。虽然每次见面都会使你感到不舒服，但一想到对方的身份、上司的威严，总是很难开口说出那个"不"字。你被这份"多余"的爱折磨得痛苦不堪，不知该如何去做。

很多人遇到不喜欢的人的示爱都不知道该怎样拒绝，由于处理得不当，导致了"害人害己"的后果。可见，掌握一定的拒绝方法是相当重要的。

1. 若已有意中人，又遇到求爱者，那么就直接明确地告诉对方，你已心有所属，请他另选别人。但切忌向求爱者炫耀自己恋人的优点、长处，以免伤害对方的自尊心。

2. 倘若你认为自己年龄尚小，或是有学业上的压力或事业上的追求，暂时不想考虑恋爱问题，那就讲明情况，好言劝解对方。

3. 不要直接指出或攻击对方的缺点或弱点，也不能以一种"对方不如自己"的优越感来拒绝对方。

4. 如果不喜欢求爱者，可以在尊重对方的基础上，婉言谢绝。但是，态度一定要真诚，言辞也要十分小心。